옥삼이가 쓰는
김지하 이야기

옥삼이가 쓰는 김지하 이야기

초판 1쇄 인쇄 2023년 9월 1일
초판 1쇄 발행 2023년 9월 6일

지은이 · 박삼옥
펴낸이 · 김경옥
디자인 · 류요한
펴낸곳 · 도서출판 온북스

등록번호 · 제 312-2003-000042호
등록일 · 2003년 8월 14일
주 소 · 서울시 은평구 은평로 194-6, 502호
전 화 · 02-2263-0360
팩 스 · 02-2274-4602

ISBN · 979-11-92131-23-8   03990

잘못 만들어진 책은 교환해 드립니다.
이 출판물은 저작권법에 의하여 보호받는 저작물이므로
무단 전재와 무단 복제를 할 수 없습니다.

옥삼이가 쓰는 김지하 이야기

박삼옥 지음

온북스
ONBOOKS

책을 열면서 006

제1부 타는 목마름으로!

제1장. 나는 그를 '지하 형'-그는 나를 '옥삼'이라 했다! 010
제2장. 한일굴욕회담 반대 서울대 문리대생들 궐기하다! 024
제3장. 김지하, 굴욕회담 반대 단식투쟁 주도하다! 042
제4장. 계엄령 선포로 도피 후 체포·압송되어 투옥되다! 055
제5장. '김지하'를 저항시인으로 만든 3편의 시(詩)! 072
제6장. 우리는 '6·3투쟁'을 어떻게 평가해야 하는가? 100

제2부 아! '살림길'에서!

제1장. 생명·환경운동 위해 "한국자전거문화포럼" 설립! 110
제2장. 김 시인과 중원지역 자전거투어 협의하다! 121
제3장. '박달재'에서 '고천제(告天祭)'를 올리다! 133
제4장. '박경리문학상 고유제'-축하 자전거 퍼레이드! 143
제5장. 생명·환경 위해 자전거 '살림길'운동 전개하다! 164
제6장. 쪽빛자전거! 전국 순방-소설 "토지" 무대에 가다! 175

제3부 뜻깊은 '우주생명학'

제1장. 강원도 '정선'은 우리 민중문화의 근원이다!   194

제2장. '우주생명사상'과 '궁궁 유리 화엄 대개벽'!   213

제3장. '우주생명사상'에서 금과옥조로 인용한 구절들!   226

제4부 오! '흰 그늘'이여!

제1장. 김지하에게 정파 따위는 처음부터 없었다!   248

제2장. 이 세상에 '흰 그늘의 미학'을 남기다!   272

제3장. 시인 김지하, 그의 아내 김영주를 모시다!   283

제4장. 책을 마치며~   299

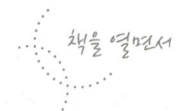

'김지하'를 제대로 잘 알리고픈 희망에서 펴낸다

정작 이제는 저 세상으로 떠나간 '지하 형!' 그러니까 '김지하' 시인이 스스로 이 세상에서 이룩한, 결코 예사롭지 않았던 비범한 삶의 모습을 내가 글로 쓰게 될 줄은 상상도 못하였었다. 그럼에도 불구하고 [옥삼이가 쓰는 김지하 이야기]라는 제목으로 이렇게 책을 펴내게 된 것은 어인 연유인가?

딱히 그 까닭을 찾는다면 김 시인이 저 세상으로 가는 마지막 길에 배웅을 하지 못한 아쉬움을 홀로 달래려 함일까. 아니면 마지막 통화 내용이 너무나 절절해서일까. 그도 아니면 김 시인과 나와의 관계를 잘 아는 몇 분의 격려 때문일까. 이 세 가지 요소가 두루 다 어우러진 것으로 여겨진다.

이 책에 대해 저 세상의 김 시인은 뭐라고 할까. 그냥 '옥삼이 잘 했어!'라고 할까. 아니면 '옥삼이 네가 뭘 안다고?'라고 할까. 아마도 '그래? 옥삼이가? 허허!'라고 할 것 같다. 왜 책 제목에 "옥삼이가 쓰는"이라고 했는가? 김 시인의 할아버지 이름이 참 묘하게도 내 이름 '삼옥(三玉)'의 거꾸로인 '옥삼'이었다. 그래서 그는 유독 나를 정겹게 '옥삼'이라고 불렀기 때문이다.

1960년대 대학생시절엔 한일굴욕회담을 반대한 '6·3투쟁'에 주도적으로 참여하였고, 1970년대엔 반독재 투쟁의 '저항시인'으로 살았으며, 1980년대 이후엔 사랑과 살림의 '생명사상가'로 우뚝 섰었고, 만년엔 우리나라와 세계의 이상향을 희구하여 '우주생명사상'을 창안한 김지하 시인! 그와 내가 서울대 문리대 시절부터 쌓은 이야기들을 회상하며 쓰다 보니 이렇게 책이 되었다.

결국 이 책엔 김지하와 내 이야기가 반반 정도 씩 담겨있다. 그것은 김지하의 평전이 아니라 그와 나의 오랜 인연, 특히 후반부 김지하의 삶 이야기까지를 기술하다 보니 그렇게 엮여버렸다. 아무쪼록 이 책이 한 시대를 드날린 '김지하'의 참모습을 알리는 길라잡이에 보탬이 된다면 더 바랄게 없겠다.

2023년 5월 8일
김지하 시인의 일주기(一週忌)를 맞이하면서~
'한떨기 들풀처럼(一草)' 살고픈 박삼옥 모심

제1부
타는 목마름으로!

흰 구름, 붉은 해, 고운 학 무리! '목마름' 싹 가시는 아름다운 세상!

제1장.

나는 그를 '지하 형'
–그는 나를 '옥삼'이라 했다!

'지하 형'을 회상하고 추모하기 위해서 쓴다!

이 책은 내 삶의 궤적 가운데 김지하(金之夏, 본명 金英一) 시인–이하 '김 시인' 또는 '지하 형'–과 연관된 내용을 쓴 것이다. 따라서 이젠 '저 세상'으로 떠난 김 시인이 80여 년 동안 '이 세상'에서 이룬 삶의 모습들을 감히 평가하려는 것은 결코 아니다. 실제로 나는 김 시인에 대해 왈가왈부할 이유와 필요성을 가지고 있지도 않다. 그럼에도 이렇게 쓰게 된 까닭은 오로지 김 시인에 대한 추모의 마음에서였다. 그런데 쓰다 보니 그와의 회상이 꼬리에 꼬리를 물고 사족까지 곁들여져 한 권의 책이 되었다. 이왕에 출간케 되었으니 김 시인의 참모습을 알리는데 도움이 되기를 바라는 마음도 생긴다.

잘 아는 바와 같이 김 시인의 삶과 사고의 영역은 넓고 그가 쓴 글과 책의 종류와 내용도 방대하다. 여기에 김 시인과 관련된 내 삶의 행적도 되돌아보아야 하는 까닭에 쓴다는 것이 그렇게 쉽지는 않았다. 아무튼 나는 김 시인과 1962년부터 서울 종로구 동숭동 〈서울대

학교 문리과대학〉-이하 '서울대 문리대' 또는 '문리대'-캠퍼스에서 학연으로 첫 인연을 맺었다. 그래서 대학 시절엔 '한일굴욕외교 반대투쟁'과 '민주화운동'으로, 또한 거의 반세기가 지난 훗날엔 '생명·환경운동'을 통하여 서로 존중하고 신뢰하며 쌓은 소중한 사연들을 간직하고 있다. 이제부터 그런 사연들을 진솔하게 쓸 것이다.

그러나 미리 살짝 조금만 내비치면 나는 2011년 4월에 〈한국자전거문화포럼〉이라는 생명·환경단체를 만들었다. 당연히 내가 생명·환경운동에 관심을 가졌기 때문이었고, 이에 따라 생명운동을 펴고 있는 김 시인과 손을 맞잡았고 도움을 받았다. 그리하여 첫 번째 행사로 김 시인의 자문을 받아 7월에 원주를 비롯한 한반도 중원지역 '역사·문화 탐방 자전거투어'를 실시하였다. 이어서 10월엔 원주 〈토지문화재단〉의 '박경리문학상' 첫 시행에 앞서, 경남 통영 미륵산 〈박경리 선생의 묘소〉에서 '고유제'를 올렸다. 또한 시상식 날엔 원주 단구동 〈박경리문학공원〉에서 매지리 〈토지문화관〉까지 축하 자전거퍼레이드도 펼쳤다.

아울러 끝내 이루진 못했으나 2015년에 김 시인이 [아우라지 美學의 길]이라는 저서를 통해 우리 민족문화의 뿌리라고 밝힌 강원도 정선군 일원의 폐교 등을 활용하여, 그리고 또 〈토지문화재단〉 김영주 이사장의 동의를 얻어 원주 매지리 〈토지문화관〉에 '학생자전거 힐링캠프'를 설치하여 박경리 문학 정신을 함양하면서 '생명·환경운동'을 펼치려고 추진하였다. 그렇지만 끝내 실현하지 못한 것이 지금까지 못내 큰 아쉬움으로 남아있다.

왜 '죽으면'이라 하고, 굳이 '김지하'라고 할까?

새삼 되돌아보니 내가 생전의 '김 시인'과 마지막으로 통화를 한 것은 2021년 늦가을의 어느 날로 기억된다. 그러니까 대하소설 [토지(土地)]의 작가인 박경리(朴景利, 1926~2008) 선생의 외동따님으로서, 김 시인의 부인인 김영주(金玲珠) 〈토지문화재단〉 이사장 겸 〈토지문화관〉 관장이 2019년 11월에 별세하고 김 시인이 홀로 지낸지 2년 정도 된 때였다. 들리는 소식에 많이 편찮다고 해서 참으로 오랜만에 안부 전화를 했더니 무척 반가워하며 서로 이런저런 대화를 한동안 나누었다.

그런 연후에 자신이 마지막으로 쓴 두 가지 책을 보내줄 터이니 자기가 죽으면 생전의 '김지하'를 회상하며 읽어 달라고 했다. 분명히 '나'라고 하지 않고 '김지하'라고 했다. 왜 하필이면 '죽으면'이라는 말과 굳이 '김지하'라는 이름을 거론할까라는 이상한 생각마저 들었다. 그러면서 두 사람 몫으로 4권을 함께 더 보낼 터이니 자신의 서울대 문리대 절친 동료 학우이며, 나에겐 1년 선배들인 현승일(玄勝一) 전 국민대 총장과 최혜성(崔惠成) 전 백범연구소 부소장에게 꼭 전해달라고 당부했다.

 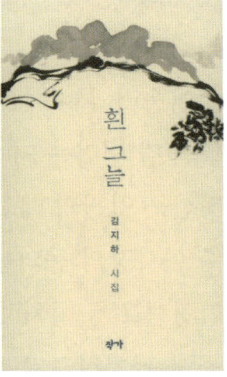

김지하의 마지막 저서

이후 두 가지 책을 받아 두 선배께 전했다. 그리고 살펴보니 둘 다 '작가'라는 출판사에서 2018년 7월 25일에 발행한 것으로, 하나는 2014년 1편, 2015년 1편, 2016년 3편, 그래서 합쳐 5편을 [우주생명학] 이라는 제목으로 엮어서낸 자신의 생명사상에 관한 저작이었다. 또 하나는 2016년에 쓴 71편의 시를 수록한 [흰 그늘]이라는 제목의 시집이었다. 김 시인과 오랫동안 교류하다보니 자연스레 그의 여러 저서들을 두루 읽게 되었다. 그런데 이번에 받은 두 가지 책에서 김 시인이 쓴 자서(自序)의 내용이 왠지 마음에 걸렸다.

이젠 어릴 적 한(恨)-'그림'과 산 밖에 없다!

　즉 [우주생명학]에선 "나는 이제 어릴 적의 한(恨) '그림'으로, 그리고 저 산으로 돌아가는 것 그것뿐"이라 했고, [흰 그늘]에선 "이제 내겐 어릴 적 한(恨) '그림'과 산 밖에 없다"라고 쓰고 있다. 둘 다 쓴 내용이 너무나 똑 같았다. 그래서 내 나름으로 '심상치가 않다'라고 생각되어 "이제 김 시인 자신에겐 어릴 적에 한이 맺히도록 그리고 싶었던 그림들을 실컷 그리다가, 종국에는 죽어서 산으로 돌아가는 것만 남았다"는 뜻으로 풀어서 새겼다.

　왜냐하면 그게 바로 삶의 끝자락에서 김 시인이 밝힌 그의 진솔한 고백이며 일종의 미리 쓴 유언장이라고 여겨졌기 때문이었다. 문득 두 책을 보낸다고 하면서 내게 던진 의문이 확 깨달아 졌다. 내가 나중에 알고 보니 그즈음 김 시인은 전립선암으로 투병 중이었다고 한다. 따라서 김 시인이 자신의 마지막 저서라고 밝힌 [우주생명학]과 [흰 그늘]의 발간에 즈음하여 쓴 두 가지 서문은, 우리들과 함께 격동의 시대를 살다간 김 시인의 굴곡 많은 삶을 이해하는데 길잡이가 될 것 같아 여기 그대로 인용한다.

- 우주생명학 -

"나는 최근 누군가를 나도 모르게 더듬어 찾고 있었다. 누굴까? 잃어버린 선생 수운(水雲)이시다. 그런데 겨울 어느 날 선생님이 오셨다. 그래서 이 책이 시작된다. 모른다. 나는 이 책이 이제부터의 이 나라와 세계의 길이라는 것, 그것뿐! 그리고 짧은 '시김새'와 함께 나는 이제 어릴 적의 한(恨) 〈그림〉으로, 그리고 저 산으로 돌아가는 것 그것뿐!" (병신/丙申, 2016년 12월 31일 아침-원주, 대안리 흥업 다물/多勿 집에서)

- 흰 그늘 -

"마지막 시집이다. 교정하지 않는다. 마지막 다섯 줄 '아내에게 모심' 한편으로 끝이다. 이제 내겐 어릴 적 한(恨)'그림'과 산 밖에 없다. 끝."
--- (2018년, 새봄 원주 대안리 흥업 다물/多勿 집에서)

불기 2566년 '부처님오신날' 부음을 듣다!

나는 불가피한 사정으로 2022년 5월 10일 김 시인의 영결식이 거행된 원주 세브란스 기독병원엔 가지 못하였다. 그래서 매우 안타까웠다. 일찍이 1960년대 초반의 서울대 문리대 시절 특히 한일굴욕외교 반대투쟁을 함께하면서 인연을 맺은 이래 민주화운동을 했으며, 이후 2011년부터 내가 〈한국자전거문화포럼〉을 만들어 〈자전거'살림길'운동〉을 펼치며, 김 시인이 마지막으로 원주에 살던 때까지 어림잡아 50여 년에 걸쳐 교류하였다. 그래서 그의 삶과 고뇌를 가까이서 지켜 볼 수 있었던 까닭에 더더욱 회한(悔恨)이 되고 있다.

김지하 영결식 사진

우리가 익히 아는 바와 같이 1970년에 당시의 한국 사회현실을 신랄하게 풍자한 '오적(五賊)'이라는 담시(譚詩)와 1975년에 '타는 목마름으로'라는 처절한 절규시(絕叫詩)를 통해, 불굴의 '저항시인'이나 '민주투사'로서, 또 한편으론 많은 강의와 저술을 펴낸 예지(叡智)의 '생명운동가'나 '생명사상가'로 거듭난 김 시인이 향년 81세로 세상을 떠났다. 그런데 내가 그 비통한 소식을 처음 들은 것은 2022년 5월 8일 오후 7시 경 '부처님오신날' 점등행사로 인파가 부산한 서울 강남의 봉은사(奉恩寺) 경내에서였다.

그날 나는 불기(佛紀)로는 2566년 '부처님오신날'을 맞아 아내와 서울대 자연대 물리·천문학부(물리학 전공) 3학년에 다니는 외손자와 함께, 지금껏 살아오며 쭉 인연을 맺어온 사찰들을 찾는 이른바 '3사순방(三寺巡訪)'에 나서서, 첫 번째로 경기도 남양주시 예봉산 세정사(世淨寺)에 들린 후, 이어서 두 번째로 경기도 하남시 청량산 광덕사(廣德寺)를 거쳐 마지막 세 번째로 서울 강남구 수도산 봉은사(奉恩寺)에서 점등행사에 참여하고 있었다.

그때 동행한 외손자의 어머니로서 제주도에 사는 내 여식(女息)으로부터 전화가 걸려왔다. 대뜸 어디냐고 묻기에 서울 강남 봉은사에 있다고 했더니 김 시인이 별세했다는 뉴스가 방금 TV속보에 뜬다고 했다. 내 여식이 김 시인과 나의 관계를 익히 아는 까닭에 그렇게 바로 전한 것이었으리라 여겨졌다. 최근 많이 아프다고 하시더니 "아~! 결국 저 생명의 근원으로 환지본처(還至本處)하셨구나! 끝내 지하 형이 그 비범한 삶을 이제 마감하셨구려!" 참으로 우리네 삶은 무상하다 싶었다.

마침 그곳이 '부처님오신날'의 봉은사라는 유서 깊은 전통 사찰이었기 때문일까, 화엄경 등 불교적 진리를 곁들이며 자신의 '생명사상'을 역설하던 생전 모습이 뚜렷하게 떠올랐다. 특히 충북 제천의 '박달재'에서 2011년 김 시인이 제안하고 지켜보는 가운데 내가 설립한 〈한국자전거문화포럼〉의 발전기원 '고천제(告天祭)'를 정성껏 올렸던 기억이 뇌리를 스쳤다. 잠시 마음을 가다듬고 누구보다도 나와 김 시인과의 관계를 가장 잘 아는 곁의 아내에게도 이를 알렸다. 첫 반응은

"옛! 뭐라구요!"라는 탄식이었다.

학내에선 '김영일' 아닌 '김지하'로 알려졌다!

이미 모두(冒頭)에서 밝힌 것처럼 김 시인의 본명은 김영일(金英一)이다. 하지만 김지하(金之夏)나 김지하(金芝河) 또는 김지하(金地下)로 두루 널리 알려진 데는 그럴만한 까닭이 있었다. 즉, 내가 1962년 서울대 문리대 정치학과 1학년에 입학하고 얼마 되지 않아서, 미학과(美學科)에 나보다 3년 앞선 1959년도에 입학한 판소리·서화(書畵)·연극 연출 등에 뛰어난 재능을 지닌 '김지하'라는 선배가 있다는 것을 알게 되었다.[1]

아무튼 정확히 언제부터인지는 알 수 없으나 이미 서울대 문리대 안에서는 '김영일'은 '김지하'라는 이름으로 학우들에게 회자(膾炙)되고 있었다. 왜냐하면 서울대 문리대 종합 학술축제인 〈학림제(學林祭)〉를 비롯해서, 문리대 학생회 기관지인 '새세대'에 '김지하'라는 필명으로 시를 발표하고, 시화전(詩畵展)이나 연극 등 각종 문화예술행사에선 단연 으뜸으로 활동했기 때문이다. 그런데 내가 이 글을 쓰며 김 시인 자신이 이 부분에 대해 확인한 내용은 이러하였다.

---

[1] 김지하는 당초 1959년 서울대 미술대 미학과에 입학하였다. 그러나 1960년 4·19 직후에 미학과가 실기 중심의 미술대에서 이론 중심의 문리대로 편입되었다. 따라서 김 시인은 나의 문리대 2년 선배가 된다.

"1963년 서울 동숭동 〈학림다방〉에서 첫 시화전을 열었을 때 지하(之夏)라는 필명을 썼죠. 이름 때문일까 지하(地下)에 끌려가고 사형도 선고받고 천덕꾸러기 노릇만 했어요. 한번은 성명 학자에게 물었더니 매일 감옥에 갈 이름이라나, 나 참. 이제는 그럴 일도 없고 그림에서는 본래 이름(金英一)으로 돌아갔어요. 꽃 한 송이, 좋잖아요."
– 〈박정호의 사람 풍경〉 '수묵산수전' 여는 시인 김지하(중앙일보, 2014.10.25.)

1963년, 학교 밖에서 처음 '김지하'라는 필명을 썼다!

그동안 서울대 미학과 재학생인 '김영일'이 학교 밖에서 '김지하(金之夏)'라는 필명을 처음 사용한 것은, 지금까지는 1963년 3월 [목포문학]지에 '저녁이야기'라는 시 1편을 발표하면서부터라고 알려졌었다. 아무튼 김 시인 스스로 확인한 것처럼 학림다방 시화전이 먼저이고 [목포문학]지 게재는 그 다음인지는 알 수 없으나 학교 밖에선 1963년에 최초로 김지하(金之夏)라는 필명을 쓴 것은 확실한 것 같다.

그렇다면 필명을 처음 쓴 시점은 1963년이지만 김지하라는 인물이 본격적으로 학교 밖에 알려지기 시작한 것은, 그가 1964년 대일굴욕외교 반대투쟁과정에서 5월 20일 '민족적 민주주의 장례식'을 하였을 때 그가 쓴 '조사(弔詞)'가 각 일간지에 천하명문으로 특필됨으로써였다. 아울러 1966년 8월 서울대 문리대 미학과를 졸업한 이후인 1969년 11월, [시인(詩人)]지에 '황톳길'를 비롯하여 '비' '녹두꽃' 등 5편의 자작시를 발표하고 정식으로 등단하면서부터 그의 이름은 명인

(名人)으로 굳혀졌다.

그 후부턴 주위에서 김 시인을 '김지하'라고 불렀고 '김영일'로 부르는 사람은 한 사람도 보지 못했다. 그 만큼 인간 '김영일'은 일찍이 '김지하'로 살아갈 운명을 지녔던 것 같다. 이와 관련하여 한 가지 흥미로운 것은 내가 2011년부터 '자전거문화운동'을 펼치며 원주〈토지문화관〉으로 여러 번 김 시인을 찾아갔었다. 그리고 함께 간 자전거동호인들이 그의 저서들에 자필 서명을 받을 때 유독 나에겐, "옥삼아, 내 사인을 '김영일'로 해줄까 '김지하'로 해줄까"라고 물은 적이 있다.

아마도 그렇게 물은 것은 대학시절부터 오랫동안 인연을 이어온 나에겐 본명으로 사인을 해서 남기고픈 그런 애틋한 마음이 있었던 것 같았다. 그렇지만 난 그때 별 생각 없이 "지하 형 마음대로 하세요"라고 대답하니 잠시 머뭇하다가 한글로 '김지하'라고 썼다. 그래서 내가 지닌 그의 저서들엔 모두 '김지하'라는 사인이다. 분명 문리대 시절엔 '金之夏'였었지만 훗날 한자로는 어떤 '지하'를 선호하는지는 알 수가 없었다. 지금 생각하니 그 때 '김영일'로 받지 못한 것이 퍽이나 아쉽다는 생각이 든다.

우린 서로 '지하 형'과 '옥삼'으로 부르게 되었다!

일찍이 김 시인은 1941년 전남 목포에서 태어나 강원도〈원주중학〉과 서울〈중동고(中東高)〉를 졸업했고, 나는 1943년 경북 대구에서 태어나 〈경북고(慶北高)〉를 졸업했으며. 아울러 김 시인은 1959년에 서울대 미술대 미학과에 입학하였고 나는 1962년에 서울대 문리대 정치학과에 입학하였다. 따라서 객관적으로 출신 지역과 출신 고교와 전공 학과 등을 얼핏 보면 나와 김 시인이 인연을 맺을 사연은 그리 많을 것 같지가 않다. 그렇지만 실제로 김 시인과 나는 나름대로 인연이 꽤나 깊고 길다.

지금 돌이켜봐도 누가 김 시인과 나를 처음 연결했는지는 잘 기억되진 않는다. 하지만 당시엔 강의가 끝나면 학교 앞 〈학림다방〉이나 〈쌍과부집〉 등 선술집과 중국음식점인 〈진아춘〉 등 여러 곳에서 서울대 문리대생들끼리는, 전공학과 구별 없이 자연스레 어울려 때로는 막걸리나 소주잔을 기울이며 대화와 토론을 하는 개방된 분위기여서 그저 그렇게 만났던 것으로 짐작한다. 사실 나도 그랬지만 당시 서울대 문리대생들의 술 실력은 엄청 쎈 편이었고, 특히 김 시인은 밤새워 안주 없이 술을 마시는 강술꾼으로 유명하였다.

'지하 형'의 할아버지 이름은 '옥삼'이었다!

바로 그 무렵부터 나는 김 시인을 편하게 그냥 '지하 형'이라고 불렀고, 반면에 지하 형은 내 이름인 '삼옥'을 뒤집어 나를 주로 '옥삼이', 때로는 '할아버지'라고 불렀다. 그 까닭은 자신의 할아버지 성함(姓銜)이 '김옥삼(金玉三)'이었기 때문이라고 했다. 정말 김 시인의 조부는 내 이름인 '삼옥(三玉)'과 순서만 바뀌었을 뿐 한자까지 똑 같은 '옥삼(玉

三)'이었다. 우연인지 필연인지 아무튼 우리는 진짜 혈족이나 된 것처럼 정말 빠르게 가까운 사이가 되었다. 훗날 김 시인은 자신의 저서인 [흰 그늘의 길1. 학고재, 2003.](31쪽, 36쪽)의 '할아버지' 편에서 이렇게 회상하고 있다.

"함자는 옥삼(玉三). 우리 할아버지는 무서운 분이다. 내게만 아니라 집안 모든 이들에게, 심지어 이웃에게까지도. 장대한 체격, 높은 이마, 짙은 눈썹 아래 노여움이 이글거리는, 타는 듯한 눈. 짙고 검은 긴 수염, 희고 넓은 동정 받친 시커먼 두루마기, 솥뚜껑 같은 손, 집안이 흔들리는 그 큰 성음. 무서운 어른! 나의 기억은 그렇다. 범접할 수 없는 우뚝한 성채였다. 〈中略〉 최후로 뵈었을 때의 할아버지 모습이 눈에 선하다. 내 손을 만지며 낮고 떨리는 음성으로 단 한마디. '영일아, 집안을 일으키라.' 운명하시기 전 나를 애타게 찾으셨다 한다. 그 무섭기만 하던 할아버지가 나를. 허나 나는 그때 감옥에 있었다."

이렇듯 지하 형은 유독 나를 '옥삼'이라 불렀지만 학우들 거의 모두는 '삼돌'이라고 불렀다. 그 까닭인즉슨 내 키와 몸집이 작고 얼굴 모습이 마치 차돌처럼 야무지게 생겼다고 여겼기 때문이다. 여기에 또 하나 그럴듯한 뜻도 담아 주었다. 그러니까 비록 이름은 '삼옥(三玉)'이나 아직은 옥(玉)이 아닌 '돌(石)'이므로 '삼돌(三石)'이다. 그래서 '삼돌'은 '옥돌(玉石)'을 부지런히 갈고 닦아서 '구슬(玉)'로 만드는, 바로 '절차탁마(切磋琢磨)'이며 '옥불탁불성기(玉不琢不成器)'의 뜻이라고 했다.

김지하, 미대 입학하여 문리대생이 되었다!

먼저 한 가지 특기할 것이 있다. 지하 형은 당초 1959년 서울대 미술대 미학과에 입학하였다고 한다. 그런데 2학년이 된 이듬해 1960년 바로 4·19혁명이 일어난 후에 미학과가 실기 중심의 '미술대'에서 이론 중심의 자유 분망한 '문리대'로 편입되었다. 이에 따라 지하 형은 본인 의사와는 무관하게 뜻밖에 미대생에서 문리대생이 되었다. 이것은 훗날 지하 형이 저항 민주시인으로 등장하게 되는 첫 번째 운명적인 전환점이 되었다고 여겨진다.

'김지하'와 '옥삼이'와 서울대 문리대 학우들! [2]
- 1963년 겨울, 동숭동 교정에서 -

---

[2] 1963년 겨울 동숭동 교정에서 찍은 사진이다. 앞줄 왼쪽부터 이원재(사회61), 송재윤(정치62), 박삼옥(정치62), 안택수(정치62), 둘째 줄 왼쪽부터 성유보(정치61), 김영배(철학62), 박용환(정치62), 김중태(정치61), 김지하(미학59), 박재일(지리60), 뒷줄 왼쪽부터 조화유(사회61), 김유진(정치61), 백승진(사학63), 송진혁(정치61), 이수용(정치60), 배한룡(정치61), 최혜성(철학60).

그렇다면 지금부터는 지하 형이 민주투사로 등장하고 사회 풍자를 곁들인 저항 시들을 써서 발표하며 주목받는 뚜렷한 인물로 부각되는 과정을 살펴보려고 한다. 그 동안 많은 분들이 이와 관련된 많은 글들을 썼다. 그러나 김지하의 학창시절 모습과 관련한 기록은 미흡한 것으로 보인다. 그래서 나는 1962년 대학생활을 시작할 당시의 내 이야기부터 시작하여 1960년대 초 서울대 문리대의 학내 분위기와, 1964년 한일굴욕외교 반대투쟁의 최초 도화선이 된 3월 24일 '서울대 문리대 데모'에 관해 살펴봄으로써 그 부분에 접근해 가려고 한다.

내가 1962년 3월에 시작한 서울에서의 대학생활 1년은 전광석화처럼 빠르게 지나갔다. 나의 대학생활은 두 가지 측면에서 새로운 경험이며 도전이었다. 하나는 태어나 처음 부모의 곁을 떠나 객지에서 살게 된 것이며, 또 하나는 사물과 사건을 바라봄에 있어 고교생 때의 일률성과 한정성에서 벗어나 자유롭고 분망한 탄력적인 시각을 갖게 되었다. 따라서 생활에서는 자립과 학문에서는 대지평이라는 2가지 명제를 동시에 풀어 가야만 했다. 나는 이 과정에서 세상과 역사에 대해 소년 때와는 다른 눈과 귀를 가지게 되었다.

제2장.
한일굴욕회담 반대
서울대 문리대생들 궐기하다!

후진국의 열악한 상황이 눈앞에 잡혀졌다!

당시 서울대 문리대는 인문학과 사회과학 및 자연과학 관련 여러 학과와 여기에 의예과·치의예과까지 포함하고 있어 학문적 다양성이 차고도 넘쳐흘렀다. 따라서 서울대 문리대생들은 그 누구나 '문사철리(文·史·哲·理)'의 학문을 자연스럽게 접하면서 나름대로 지적 풍요로움을 만끽하였다. 그래서 당시 동숭동 문리대 캠퍼스에는 늘 "자유와 토론, 낭만과 다양성"의 기운이 넘쳐나고, 학문적 진리를 탐구함에 있어 '대학 중의 대학'이라는 자부심으로 충만하였다.

이런 분위기에서 서울대 문리대생들은 자연스레 우리 주변과 나라의 열악한 후진적 상황에 대해 깊은 관심과 걱정과 해결책을 갈구하였다. 특히 정치원리와 정치현상을 그 연구의 대상으로 하고 역사와 민족 앞에 떳떳함을 추구하는 정치학과 재학생들은, 보다 더 적극적으로 그런 문제들을 바라보며 해결책을 모색하게 되었다. 또한 당시 서울대 문리대의 각 학과는 4학년 재학생 가운데 1명을 회장으로 선출하고, 각 학년마다 1명씩 4명의 대의원을 선출하여 모두 5명으로 '학과학생회'를 구성하여 운영하고 있었다.

그리고 대의원에게는 서울대 문리대 학생회장을 선출하는 투표권이 주어졌었다. 그런 가운데 나는 1963년에 정치학과 2학년 대의원으로 선출되어 활동하였고, 해가 바뀌어 1964년 3월에는 3학년이 되었지만 새로 대의원을 뽑기 전이어서 당분간 계속 대의원 역할을 하고 있었다. 그런 가운데 우리나라의 정국(政局) 상황은 한마디로 매우 뒤숭숭한 모습을 노정하고 있었다.

지난 날 내가 대구 경북고 3학년 때인 1961년 5월 16일 군부 쿠데타로 집권한 군사정권은, 내가 서울대 문리대 정치학과에 입학하여 1, 2학년으로 재학 중이던 1962년과 1963년 동안에, 헌법 개정(1962.12.26.)과 대통령 직접선거(1963.10.15.)를 통해 1963년 12월 17일 박정희 전 〈국가재건최고회의〉 의장이 제5대 대통령으로 취임하였다. 이 과정에서 곡절이 많았지만 아무튼 헌법적인 민정이양 절차를 거쳐 군사 쿠데타 정권에서 헌법에 따른 민간정권으로의 절차적인 이행은 이루어졌었다.

박 정권, 굴욕적 한일국교정상화 강행하다!

비록 헌법에 따른 절차적인 과정은 이루어졌지만 태생적으로 안고 있는 권력의 정통성 문제는, 군사정권의 맥을 이은 박정희 정권의 아킬레스 건(腱)이 되고 있었다. 따라서 이런 취약성을 빠르게 해소하기 위해 박 정권은 민생안정, 그러니까 경제개발에 전력을 경주해야 하는 화급한 상황에 직면하고 있었다. 하지만 우리나라는 일제강점을 벗어나자 곧바로 6·25 전쟁을 겪었고, 여기에 초토화된 국토에는 부존자원마저 없었다. 또한 축적된 변변한 기술력도 거의 없는 전형적인 후진국가로 머물러 있었으므로 경제개발을 할 수 있는 동력이 거의 없었다.

따라서 공화당 박정희 정권에겐 체계적인 중장기 경제개발을 위한 마치 펌프의 마중물 격으로 일본의 '자본과 기술'이 절실히 필요하였다. 그래서 한·일간의 국교를 정상화하는 것은 피할 수 없는 시급한 과제였다. 물론 한일국교정상화는 단순히 경제적 측면 외에도, 프랑스와의 국교수립으로 자리를 굳혀가는 중공(中共)을 견제하고자하는 미국의 의지, 즉 한·일을 화해시켜 반공 벨트를 구축하려는 국제정치적인 측면도 작용하고 있었다.

사실 그동안 1945년 광복 이후 1952년부터 1960년까지 자유당과 민주당 정권을 거치며, 일본과 5차례[3]에 걸쳐 국교정상화 방안을 모색하는 회담을 가졌었다. 하지만 일본 측의 고자세와 지연책으로 인해 양국 간의 입장 차이를 좁히지 못했고 따라서 이렇다 할 성과를 내지 못하였다. 이런 가운데 한일국교정상화의 핵심인 청구권 협상이 박정희 정권에 의해 적극적으로 강구되고 있었다.

"김(金)·오히라(大平)" 메모 밀약에 분노하다!

말하자면 대일 청구권 문제는 실무협의를 통해서는 해결되기가 어렵다고 보고 정치적인 일괄타결을 모색하게 되었다. 즉, 군사정권 때인 1961년 11월 22일 당시 박정희 국가재건최고회의 의장이 일본을 방문하여, 이케다 하야토(池田勇人) 총리와 면담하고 조속한 시일 내에 국교를 정상화한다는데 합의하였다. 이에 따라 이듬해인 1962년 10월 20일 제6차 한일회담이 개최되었으나 역시 한·일 양국의 이견으로 타결까진 이르지 못했다.

그러나 얼마 후 11월 12일, 대일 특사로 파견된 김종필(金鍾泌) 당시 중앙정보부장은, 일본 외상인 오히라 마사요시(大平正芳)와 두 차례 단독 회담을 갖고 전격적으로 청구권 문제에 합의하였다. 이른바 '김(金)·오히라(大平) 메모'로 불리는 그 내용은, '무상 3억 달러·유상 2억 달러·민간차관 1억 달러 이상'을 '독립축하금'이라는 이름으로 한국에 제공한다는 총체적인 대강(大綱)을 규정하고 있었다.

이것은 일본 측이 과거 조선침탈의 불법성을 시인하지 않음으로써 청구권이 사실상 소멸한 것을 의미하였다. 그 외에 우리의 해양 주권인 '평화선'은 철폐하고, 한국의 전관수역은 12마일로 하며 독도는 폭파한다는 등, 우리로서는 도저히 받아들여서는 안 될 내용도 포함

---

3) 제1차 회담은 1952.2.15.~4.21. 제2차는 1953.4.15.~7.23. 제3차는 1953.10.6.~10.21. 제4차는 1958.4.15.~4·19로 중단. 5차는 1960.10.25.~5·16으로 중단.

된 것으로 알려졌다. 비록 그 메모가 최종적인 합의는 아니라고 하드라도 매우 극비리에, 그것도 역사적 인식과 사죄는 깡그리 무시한 채 한·일 수교회담이 졸속하게 굴욕적으로 진전되고 있었다.

한편 문리대에서는 그 동안 학생 서클을 허용하지 않던 군정(軍政)이 종식됨에 따라, 1963년 인문사회계열 학생들이 중심이 되어 학술연구 단체인 〈민족주의비교연구회(약칭 '민비연')〉가 결성되었다. 나는 곧바로 '민비연'에 가입하여 연구 활동에 참여하고 있었다. 그런 가운데 '민비연'은 한일회담의 진행 내용을 면밀하게 분석하여 그 당시 진행 중인 한일국교정상화 회담이 한국 측에 지나치게 '굴욕적'이라고 결론을 내렸다.

즉, '민비연'은 강압에 의해 체결된 1910년의 한일합방조약은 국제법상 '불법부당'한 조약으로서 '원천무효'임에도 불구하고, 우리 정부가 '이미 무효'라는 일본 측의 이상야릇한 주장에 섣불리 동의함으로써, 청구권 포기를 포함하여 한반도 강탈과 지배에 대한 사죄마저 받아 낼 길을 봉쇄해 버렸다고 보았다. 이런 상황에서 '민비연' 회원이 아닌 문리대 각 학과의 재학생들 사이에서도, 이런 굴욕적인 한일회담의 진행을 그냥 방관해서는 안 되겠다는 의견이 점차 팽배해 갔다.

서울대 문리대생들, 굴욕회담 반대행동 결심하다!

때마침 정치학과 1년 선배들인 '민비연'의 김중태(金重泰)·현승일

(玄勝一)·김도현(金道鉉)은 보안을 유지하기 위해 부득이 3인만이 비밀리에 회동을 했다. 그리고 한일회담과 관련한 정세를 검토하고 박 정권이 한일굴욕회담을 만패불청하고 타결시킬 것으로 전망하면서도, 우리로서는 짚을 것은 짚고 넘어가야 한다는 데에 의견을 모으고 굴욕회담 반대를 위해 행동에 나서기로 결의하였다. 이에 맞추어 〈서울대학교 한일굴욕회담 반대투쟁위원회〉-이하 '투위'-를 결성하여 김중태 선배가 위원장을 맡기로 하고 3인 사이에 대충 책임을 분담하였다.

즉, 김중태 '투위' 위원장은 여러 대학과의 연계투쟁을 추진하고, 현승일 '민비연' 회장은 서울대 문리대 데모를 준비하며, 문리대 학보인 '새세대'의 편집장인 김도현 선배는 선언문 등 각종 문안을 작성하는 것으로 각각의 역할을 정하였다. 그래서 1963년 말 겨울방학 동안 은밀하게 착착 준비를 진행하였다. 이렇듯 한일굴욕회담 반대투쟁은 4·19의거에 비해 보다 더 면밀히 사전에 기획되고 준비된 집합행동이었다.[4)]

당시 나는 '민비연' 회원이면서 정치학과 3학년 대의원을 겸하고 있었기 때문에 누구보다도 4학년 선배들과 긴밀히 소통하며 시위에 적극 동참하기로 결심하였다. 따라서 나는 앞서 말한 정치학과 선배들과 사회학과 조봉계 선배와 함께, 3학년 동기생들인 김헌출(사회3)·

---

4) HYUN Syng-il, "Memoir of the 6·3 Student Movement : Normalization of Relations between Korea and Japan in 1965" PP. 191~194 in Journal of Contemporary Korean Studies, Volume2-Number2, December 2015, Seoul : National Museum of Korean Contemporary History.

김영배(철학3)·홍승재(사학3) 등과 각각 역할을 분담하고 긴밀히 소통하며 굴욕회담 반대 데모 준비에 철저를 기하였다.

1964년 3월 24일, 서울대 문리대 첫 데모 일으키다!

마침내 1964년 3월 24일 오후 1시 30분 서울대 문리대 학생 400여 명은, 굴욕적인 한일수교회담을 반드시 저지하겠다는 결연한 마음으로 교정 정문 앞에 모였다. 일본 이케다(池田) 수상과 매국노 이완용(李完用)의 형상으로 만든 허수아비를 단상에 세워놓고, 국내에서는 첫 번째로 '한일굴욕회담'을 반대하는 서울대 문리대 학생들의 시위(데모)인 이른바 "제국주의자 및 민족반역자 화형식"을 거행하였다. 집회가 정식으로 개회되자마자 나는 맨 처음 단상에 올라 다음과 같이 시작하는 3·24 선언문을 힘차게 낭독하였다.

서울대 문리대 3·24 제국주의자 및 민족반역자 화형식

"피어린 항쟁(抗爭)을 통하여 전취(戰取)한 해방조국(解放祖國)의 민족자주성(民族自主性)은 다시 제국주의적(帝國主義的) 일본 독점자본(獨占資本)의 독아(毒牙)에 박살(撲殺)되기 한 걸음 직

전(直前)에 있다."
- 〈1964년 3월 24일 서울대 문리대 3·24 선언문 중에서-김도현 작성〉

그리고 계속해서 김중태 '투위' 위원장과 현승일 '민비연' 회장이 등단하여, 과거 일본제국주의가 조선에게 행한 악행과 다시금 제국주의적인 작태를 서슴없이 내보이는 일본을 질타하고, 한일국교 정상화 회담에서 나타난 굴욕적인 내용들을 신랄하게 규탄하는 웅변을 토하였다. 당시 우리들은 총체적으로 졸속하게 추진하는 굴욕적인 한일 수교는 새로운 제국주의의 등장이며 이에 의한 예속과 굴종을 방지해야한다는 인식을 강하게 갖고 있었다.

이케다·이완용 화형식을 한 후 가두로 진출하다!

허수아비 화형식은 학생들을 동원하기 위한 현승일 회장의 아이디어였다. 그는 자신의 정릉 하숙집에서 짚과 마분지로 일본제국주의자와 매국노를 상징하는 2개의 허수아비 인형을 만들고, 거사 전날 밤 야음을 틈타 정치학과 4학년 송진혁과 한양대 전기과 4학년 김언휘와 하숙집 아들인 동국대 1년생 권석충 등이 이를 교내로 은밀하게 반입하였다.[5] 김·현의 규탄 연설이 끝난 후 마지막으로 이케다 일본 수상과 이완용을 형상화한 허수아비를 화형에 처하는 퍼포먼스를

---

5) Hyun Syng-il, P. 196, 앞의 책.

펼쳤다. 학생 한 명이 허수아비에 휘발유를 붓고 불을 붙이자 불길이 단박에 활활 타올랐다.

그 순간 누구의 지시도 없이 일제히 '대한민국 만세'를 목청껏 외쳤다. 이렇게 굴욕적인 한일 수교회담을 반드시 저지하겠다는 서울대 문리대생들의 의기(義氣)는 충천하였다. 곧바로 집회참가 문리대 학생들은 그런 기운을 널리 확산하기 위해 평화적인 가두시위에 들어갔다. 교문을 재빠르게 나선 시위대는 바로 왼쪽으로 꺾어 종로5가 쪽을 향해 최순(사회1) 군과 다른 학우가 든 '사수하자 평화선!'이라는 플래카드 등을 앞세우고 "굴욕적인 한일 회담 즉각 중단하라" "고개 드는 제국주의 쇠몽치로 후려치자"라는 구호 등을 목 터지게 외치며 200여 미터 쯤을 진출하였다.

문리대 교문을 나서는 3·24 데모학생들

바로 그 지점에서 완전 무장한 경찰들이 우리 시위대를 향해 최루탄을 발사하고 곤봉을 휘둘러 가차 없는 타격을 가하였다. 순식간에 송재윤(정치3)이 최루탄 덩어리를 머리에 맞고 실신하였고, 송진혁(정치4)과 안삼환(독문3)은 이마에 곤봉을 정타로 맞아 피를 흘리며 쓰러졌다. 마침 그 옆에 있던 박용환(정치3)이 안삼환을 업어서 급히 병원으로 이송했다. 서울 종로 4~5가 일대는 순식간에 수많은 학우들이 피를 흘리고 쫓고 쫓기는 아수라장이 되었다. 첫날부터 폭력을 휘두른 정부 측의 초강경 진압은 앞으로 경찰과 학생 간에 물리적 충돌이 불가피함을 예고하는 것이었다.

나는 즉시 체포되어 동대문경찰서로 연행되다!

나는 가두시위 직전 단상에 올라 선언문을 낭독한 탓에 단박에 주동자로 지목되고 또한 군복 상의를 까맣게 염색한 내 복장 등 인상착의가 쉽게 눈에 띄어, 출동한 경찰 여러 명으로부터 팔을 강제로 뒤틀리며 즉시 체포되어 인근 동대문 경찰서로 연행되어 갔다. 막상 동대문 경찰서에 당도해 보니 이미 시위에 참가한 문리대 학우들이 많이 잡혀와 있었다. 그 가운데는 나와 3학년 동기인 안택수(정치3)와 심재주(사학3)도 눈에 띄었다.

나는 데모 주동자로 간주되어 즉시 따로 독방에 구금되었다. 그리고 밤새워가며 그때까지 잡히지 않은 4학년 선배들(김중태·현승일·김도현)의 소재와 선언문을 낭독하게 된 경위를 집요하게 추궁했다. 한편 어제 함께 연행되었다가 석방된 안택수와 심재주 등은, 이튿날 학우들과 함께 동대문 경찰서 앞에 와서 우리의 석방을 촉구하는 시위를 벌였다. 그런 영향인지 아닌지는 알 수 없었으나, 구금된 학생 전원을 석방하라는 당국의 지시에 따라 나는 하루 만에 풀려났다.

그러고 나서 뒤늦게 확인한 것이지만 어제 3월 24일 우리 문리대의 가두시위 때에 서울대 법대생(200여 명)들이 자발적으로 합세하였다는 것을 알았다. 그 외에 타 대학과의 연계투쟁 방침이 계획대로 실현되어 우리 문리대에 뒤이어 고려대생들(1,500여 명)은 대광고 학생들이 합류한 가운데 오후 3시경 동대문까지 진출했고, 연세대생(2,500여 명)도 함석헌·장준하 선생의 강연을 들은 뒤 5시경 노고산동 로터리까지 나왔다는 보도가 있었다.

고대 시위는 박정훈 정경대 회장과 이명박 상대 회장과 법대 이경우 회장이 주동적인 역할을 하였고, 연세대 시위는 안성혁 총학생회장과 박동혁 부회장이 선두에 나선 것으로 알려졌다. 그리고 다음날인 3월 25일에는 성균관대(오성섭, 홍사임 등 주도)와 동국대(이원범, 박동인 등 주도)를 비롯한 학생 시위가 전국으로 확산되었다. 경기고에서는 3학년 손학규, 조영래 등의 주도로 "이것이 민족적 민주주의드냐?"라는 플래카드를 들고 시위에 나섰으며, 이를 시발점으로 전국의 고등학교로까지 확산되었다.

그 다음 날에도 또 다음 날에도 학생 시위는 전국의 대소도시에서 잇따랐다. 이렇듯 계속되는 학생 시위와 야당의 공세에 대처하기 위해 4월 25일 공화당 중앙위원회는 박정희 총재에게 개각을 포함한 9개 항목의 시국 대책을 건의하였다. 이에 따라 5월 9일 최두선(崔斗善) 내각이 물러나고 5월 11일 정일권(丁一權) 내각이 출범했다. 4·19혁명 4돌을 계기로 재연된 학생 시위는 일단 주춤했었지만 정일권 내각을 앞세운 박 정권은 한일회담을 재개하고 타결을 향해 돌격태세로 들어갔다.

굴욕회담 반대투쟁 지속대책을 강구하다!

3·24 데모 이후 문리대에서는 당분간 시위가 없었다. 하지만 이 기간에 전국 각 대학의 데모 주동자들이 문리대를 찾아왔고, 또한 내외 기자들이 몰려들어 정치학과 학생연구실은 굴욕회담 반대투쟁의 총사령부가 된 것 같았다. 그런 가운데 우리 3학년 동기들은 4학년 선배 지도부가 현장을 떠난 후에라도 굴욕회담 반대투쟁을 보다 더 지속적·조직적으로 전개하기위해서는, 문리대 학생회와 학생회장의 역할이 매우 긴요하다고 판단하였다.

그래서 나는 정치학과 동기인 박영조(朴榮祚) 군을 문리대 최초의 직선회장으로 당선시키기 위해 선거운동에 총력을 경주하였다. 서울대 문리대 학생회장은 1963년까지는 각 학과의 대의원이 선출하는 간접선거였다. 그러나 1964년부터는 전학생이 직접 투표로 학생회장을 선출하는 방식으로 제도가 바뀌었다. 그리하여 1964년 5월 5일에 시행된 학생회장 직접선거에서 박영조 군이 차기 학생회장으로 당선되었다. 그래서 나는 사찰 당국으로부터 더욱더 요주의 인물로 지목된 것 같다.

1964년 5월 20일, '민족적 민주주의 장례식' 거행!

그런 가운데 5월 20일 오후 1시, 문리대 운동장에서 3·24데모 주역들에 의해 결성된 〈대학생연합투쟁위원회〉가 주최하는 '민족적 민주주의 장례식'이 거창하게 거행되었다. "축! 민족적 민주주의 장례식" 이라고 쓴 만장(輓章)을 장대에 매달아 앞세우고, 두건(頭巾)을 쓴 상여꾼들이 시커먼 관(棺)을 메고 "에이고~ 에이고~" 망곡(望哭)을 하면서 중앙에 자리를 잡았다. 각종 만장을 준비하고 관을 둘러맨 상여꾼들은 이원범(행정4) 등 동국대 학생들이었다. 맨 처음 등단한 동국대의 특위위원장 장장순(정치4)이 개회사를 하였고 이어서 이름을 알 수 없는 타 대학 대표들이 한일굴욕회담과 5·16군사쿠데타를 맹렬히 성토하였다.

5·20 민족적 민주주의 장례식

이어서 조사(弔詞) 낭독이 있었다. "시체여! 너는 오래 전에 이미 죽었다. 넋 없는 시체여! 반민족적, 비민주적 민족적 민주주의여!"로 시작하는 장례식 행사의 조사(弔詞) 낭독은, 문리대 정치학과 4학년 송철원(宋哲元) 선배가 담당했다. 송 선배는 약 한달 전인 4월 23일 문리대에서 개최된 '학원사찰 성토대회'에서 학내 프락치 조직인 YTP(靑思會)를 폭로한 바 있었다. 이윽고 장례식이 끝나자 운집한 약 3천 명의 '조객(弔客)'은 상여(喪輿)를 앞세우고 교문을 나서 "5·16은 4·19의 배반이다!" "정보정치 물러가라!" "굴욕회담 중단하라!" 등 구호를 외치며 데모를 감행함으로써 경찰과 크게 충돌하였다.

당국은 학생들이 본격적인 반정부투쟁으로 선회한 것으로 판단하고 눈에 뜨이는 학생은 끝까지 추적하여 무차별적으로 검거하였다. 그래서 100여 명이 부상하고 200여 명이 연행되었으며, 서울대에서는 이수용(정치4), 손정박(정치4), 이원재(사회4) 등 주동자 13명이 수배되었다. 특히 문리대의 김중태·현승일·김도현 등 3인방에게는 현상금을 붙여 지명수배를 내리고 그 포스터를 전국의 요소요소에 도배질했다.

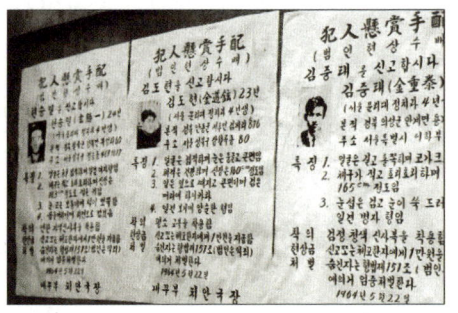

현상수배(김중태, 현승일, 김도현) 벽보

미학과 김지하, '조사(弔詞)-시체여!'를 쓰다!

장례식에서 "조사(弔詞)-시체여!"를 낭독한 송철원은 21일 새벽 서울중부경찰서원을 자칭하는 괴청년들에게 끌려가 산속 외딴 건물에서 발길로 차이고 담뱃불로 지지는 등의 린치를 당했다. 그러나 경찰이 신청한 영장은 법원에서 기각되어 22일 밤 석방되었다. 그런데 "조사(弔詞)-시체여!"는 미학과 4학년 김지하가 쓴 것이었다. 그는 그 전날 '투위' 측으로부터 갑작스런 부탁을 받고 문리대 캠퍼스 벤치에 앉아 단숨에 썼다고 한다. 김지하의 시국관련 첫 문건인 "조사-시체여!"의 전문(全文)은 다음과 같다.

조사(弔詞)-시체여!

　시체여! 너는 오래 전에 이미 죽었다. 죽어서 썩어가고 있었다. 넋 없는 시체여! 반민족적 비민주적 민족적 민주주의여! 썩고 있던 네 주검의 악취는 사꾸라의 향기가 되어, 마침내는 우리들 학원의 잔잔한 후각이 가꾸고 사랑하는 늘 푸른 수풀 속에 너와 일본의 이대(二代) 잡종, 이른바 사꾸라를 심어 놓았다. 생전에도 죄가 많아 욕만 먹든 시체여! 지금도 풍겨 온다. 강렬하게 냄새가, 지금 이 순간에도 충혈된 사냥개들의 눈으로부터 우리를 엄습한다.

　시체여! 죽어서까지도 개악과 조어(造語)와 식언과 번의와 난동과 불안과 탄압의 명수요, 천재요 거장이었다. 너 시체여! 너는 그리하여 일대의 천재(賤才)요, 희대의 졸작이었다. 구악을 신악으로 개악하여 세대를 교체하고 골백번의 번의에 번의를 번의하여 권태감의 응분으로 국민정서를 쇄신하고, 부정불하, 부정축재, 매판자본 육성으로 빠찡꼬에 새나라에 최루탄 등등 주로 생활필수품만 수입하며 노동자의 언덕으로 알았던 워커힐에 퇴폐를 증산하여 민족정기를 바로잡아 국민도의를 고취하고 경제를 재건한 철두철미 위대한 시체여!

　해괴할손 민족적 민주주의여! 너는 또한 뉴 코리아의 무수한 유리창에서 체질마저 개악하였다. 어둡고 괴로웠던 3년 전 안개 낀 어느 봄날 새벽. 네가 삼천만 온 겨레에게 외치던 귀에도 쟁쟁한 그 역사적인 절규를 너는 벌써 잊었는가? 절망과 기아선상에서 허덕이는 민생고를 시급히 해결하겠다던 공약(空約) 밑에 너는 그러나 맨 먼저 민족적 양심세력에 대한 무자비한 탄압을 시작하였다. 그때 이미 우리는 맡았다. 너의 죽음의 저 야릇하게 피비린내 감도는 낌새를. 우리는 보았다. 죽음으로 죽음으로만 향한 너의 절망적 몸부림을.

우리는 들었다. 우리에게 정사를 강요하는 너의 맹목적이고 소름끼치도록 무서운 목소리를. 그리고 우리는 맛보았다. 극한의 절망과 뼈를 깎는 기아의 서러움을. 시체여! 반민족적 비민주적 민족적 민주주의여! 석학의 머리로서도 촌부(村夫)의 정감으로서도 난해하기만 한 이즘이여! 너의 정체는 무엇이냐? 절망과 기아로부터 해방자로 자처하는 소위 혁명정부가 전면적인 절망과 영원한 기아 속으로 민족을 함몰시키기에 이르도록 한 너의 본질은 과연 무엇이었드냐? 무엇이드란 말이냐? 말하지 않아도 좋다.

말 못하는 시체여! 길고 긴 독재자의 채찍을 휘두르다가 오히려 자신의 치명적인 상처를 스스로 때리고 넘어진 너, 구데기와 악취와 그 위에서만 피는 사꾸라의 산실인 너, 박 의장의 이른바 민족적 민주주의여! 너의 본질은 곧 안개다! 어느 봄날 새벽의 안개 속에서 튀어나온 너, 안개여! 너는 안개 속에서 살다가 안개 속에서 죽은, 우유부단과 정체불명과 조삼모사와 동서남북의 상징이요 혼합물질이었다.

한없는 망서림과 번의, 종잡을 길 없는 막연한 정치이념, 끝없는 혼란과 무질서와 굴욕적인 사대근성, 방향감각과 주체의식과 지도력의 상실. 이것이 곧 너의 전부다. 이처럼 황당무계한 소위 혁명정신으로, 이 같이 허무맹랑한 이념의 몰골을 그대로 쳐들고서 공약을 한다. 재건을 한다. 유대를 더욱 공고히 한다. 고리채 어쩌구, 5개년 계획에 심지어 사상논쟁

까지 벌리던 그 어마어마한 뱃장은 도시 어디서 빌려온 것일까? 그것은 〈덴노헤이까〉에게 빌린 것이 분명하다. 일본군의 그 지긋지긋한 전통의 카리스마적 성격은 한국군 구조의 바닥에 아직도 남아 허황한 권력에의 야망과 함께 문제의 그 뱃장을 길러 낸 것이다.

시체여! 고향으로 돌아가라! 너는 이미 돌아갔어야만 했다. 죽어서라도 돌아가라. 시체여! 우리 삼천만이 모두 너의 주검 위에 지금 수의를 덮어 주고 있다. 들리느냐? 너의 명복을 비는 드높은 목소리, 목소리, 목소리들이. 이미 죽은 네 육신과 정신으로는 결코 반공도 재건도 쇄신도 불가능 하다는 저 민족의 함성이 들리지 않느냐? 저 통곡이 들리지 않느냐? 가거라. 말없이 조용히 떠나가거라! 그리하여 높은 산골짜기를 돌고 돌아가 다시는 돌아오지 말아라,

시체여! 하나의 어리 디 어린생명을, 꽃분이 순분이의 까칠 까칠 야위고 노오랗게 부어오른 그 얼굴을, 아들의 공납금을 마련키 위해 자동차에 뛰어드는 어떤 아버지의 울음소리를 결코 잊어서는 안된다. 백의민족이 너에게 내리는 마지막의 이 쌔 하얀 수의를 감고 훌훌히 떠나가거라! 너의 고향 그곳으로 돌아가거라. 안개 속으로! 가거라 시체여! 돌아가거라! 이제 안개가 걷히면 맑고 찬란한 아침이 오리니 그때 너도 머언 하늘에서 북받쳐 오르는 기쁨에 흐느끼리라. 일찍 죽어 복되었던 네 운명에 감사하리라!

그러나 시체여! 지금 너는 무엇을 하고 있는가! 지금 너는 무엇을 획책하고 있는가? 바로 지금 거기서 네 옆 사람과 후딱 주고받은 그 입가의 웃음은 무엇을 뜻하고 있는가? 대량 검거의 군호인가? 최루탄 발사의 신

호인가? 그러나 시체여! 우리는 믿는다. 그것은 목 메이도록, 뜨거운 조국과 너의 최초의 악수인 것을! 우리는 안다. 그것은 죽은 이의 입술 가에 변함없이 서리는 행복의 미소인 것을. 시체여!

김지하의 첫 시국관련 글로써 길이 남을 문건이 되었다!

이상과 같은 내용의 '조사-시체여!'는 도하 신문들에 보도되었고 어떤 신문은 전문(全文)을 게재하기도 하였다. 이는 김지하의 첫 시국 관련 글로써 학생운동사에 길이 남을 문건이 되었다. "민족적 민주주의 장례식"의 '조사'를 쓸 때까진 김지하는 그동안 굴욕회담 반대투쟁에서 소외돼 있었으나 이를 통해 그는 굴욕회담 반대투쟁의 전면에 부각되기 시작하였다. '장례식'을 계기로 서울·부산·대구 등 3개 도시의 학생들이 그 다음 날 가두로 진출하여 대대적인 항의시위를 전개했으며, 500여 명의 고교생들은 미국대사관 앞에서 연좌농성을 벌였다.

이렇듯 시위가 과격화하고 학생연행과 지명수배로 긴장이 고조되는 가운데 법원에서 학생들의 구속영장을 기각하자, 5월 21일 새벽 4시 30분경 완전 무장한 8명의 공수단 소속 군인과 공수단 출신 민간인 2명이 법원에 난입하여 영장 기각을 항의하면서 소란을 피웠고 영장 발부 담당 판사 집에 까지 찾아가서 협박했다. 그러나 정부는 군인들의 이러한 행위를 애국적 충정에서 나온 우발적 행위로 규정하였고, 오히려 학생들의 시위를 국기문란 행위라고 주장하였다. 정부는 계엄령 선포를 준비하는 것 같았고 그것은 시간문제인 듯하였다.

제3장.

김지하, 굴욕회담 반대 단식투쟁 주도하다!

31명이 모여 4·19기념탑 앞에서 단식을 시작하다!

이런 긴박한 상황 속에서 5월 25일에는 전국 37개 대학에서 총학생회장 주도로 '난국타개 학생총궐기대회'가 열렸다. 문리대에서도 4·19기념탑 앞에 500여 명이 모여 규탄대회를 열었다. 또 대학생 외에도 고등학생들이 시위에 참여하는 등 그 불만은 점점 더 고조되었다. 5월 30일에는 정치학과 중심의 3·24시위 주도자들이 대거 피신한 상황에서, 문리대 학생회(회장 김덕룡) 주최로 '자유쟁취궐기대회'가 개최되었다. 그리고 3시경부터 학생 및 교수를 구타한 경찰의 폭거와 대학 난입을 규탄하는 단식농성으로 이어졌다.

이 단식 농성은 처음엔 김지하(미학4)를 비롯해서 박지동(정치3)·안삼환(독문3)·송재윤(정치3)·이현배(사학2)·백승진(사학2)·최순(사회1)·박영호(외교4)·이영섭(국문3) 등 31명이 누구의 권유도 없이 자발적으로 〈4월학생혁명기념탑〉 앞에 앉아서 산만하게 시작하였다. 미학과 4학년인 김지하는 열흘 전인 5월 20일 '민족적 민주주의 장례식'에서 낭독된 '시체여'라는 조사를 쓴바 있지만, 본인이 직접 행동으로 농성 시위에 참여한 것은 이것이 처음이었다. 말하자면 김지하라는 인물이 민주투사로 등장하는 계기가 되었다.

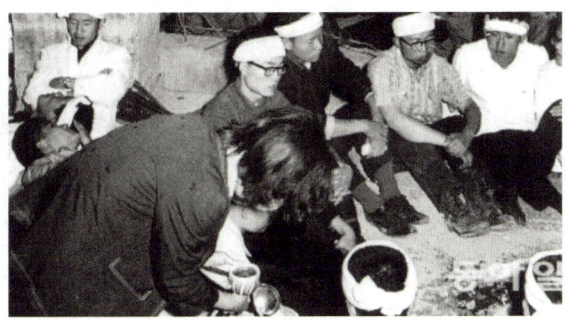

4·19탑 앞에서 단식투쟁하는 학생들

나는 단식 시작 2일째부터 차기 서울대 문리대 학생회장 당선자인 박영조 군과 함께 참여하였다. 첫날부터 참여하지 않은 것은 이 농성은 방금 말한 대로 김지하 등 문리대생들에 의해 자발적으로 시작된 것인데, 차기 학생회장인 박영조 군과 내가 첫날부터 참여하면 당국으로부터 직선 첫 학생회가 주관해서 시작된 것으로 인식될 수 있었기 때문이었다. 그렇게 되면 향후 공식적인 학생회를 통해 지속적으로 반대 시위를 추진하려는 우리의 계획이 좌절될 수도 있다는 조심성을 가졌었다.

아무튼 차기 회장인 박영조 군과 내가 가세한 이후에는 그 동안 방관자적 태도로 중앙도서관에서 공부하던 학생들과, 특히 당시 여학생회장인 조형(외교4)·이오연(영문4)·노미혜(사회3)·전명애(불문3) 등 여학생 20여 명도 적극 동참을 하여 단식투쟁 인원은 수백 명으로 불어

났다. 비가 쏟아지는 바람에 신축 중이던 문리대 이학부 건물 콘크리트 바닥으로 장소를 옮겨 투쟁을 계속하였다. 여기서 특기할 것이 하나 있다. 단식이라는 힘든 농성을 지루하지 않고 흥미롭게 이끈 것은 전적으로 김지하 선배가 농성에 풍류를 더한 덕택이었다.

단식농성 중인 문리대 여학생들

'문화·예술'로서 시위문화를 확 바꾸다!

김지하 선배는 평소 시화전(詩畵展)과 연극, 탈춤, 판소리 등에 몰입하며 시국과 관련된 문제에는 일체 무관심했었다. 그런데 의외로 5월 20일의 장례식에 이어 30일의 단식 농성에는 적극적으로 간여하였다. 그동안 역사적 불행과 민중의 수난에 대해 내재되었던 분노와 관심이 드디어 표출된 것이리라. 또 하나 그의 참여로 이전까지 단조로웠던 시위(示威)에 문화예술적인 요소를 도입한 '풍류'는 생김치를 삭이는 멸치젓, 새우젓과도 같이 단식농성에 풍미(시김새)를 가져왔다.

'민족적 민주주의 장례식'이 있은 지 열흘 후인 5월 30일부터 6월 3일까지 진행된 문리대 단식농성 상황을 수록한 책인 [인물로 보는 오늘의 한국정치와 6·3세대, 신동호, 예문, 1966](65~75쪽)의 '김지하의 문화투쟁' 내용을 간추려 인용하면 다음과 같다.

"이날 오후 3시부터 시작된 단식농성은 우리나라 학생운동 사상 최초로 채택된 새로운 투쟁형태였다. 당시 학생시위는 선언문이나 읽고 곧바로 가두 진출하는 단순한 방식이었다. 데모가도 '애국가'나 교가, '삼일절 노래' 따위가 고작이었다. 그런데 김지하가 단식농성을 주도하면서 학생운동은 한 차원 격상됐다. 춥고 배고프고 을씨년스런 단식의 밤이나 비에 젖어 축축한 거적때기 위에는 새로운 시위문화가 꽃피고 있었다. 즉, 단식 농성을 계속하면서 틈틈이 등장하는 선동가·선동시·풍자연극·화형식·매장식·모의투표 등은 삭막한 단식장을 흥겨운 마당으로 만든 활력소였다."〈中略〉

"단식부대는 매일 기상식과 취침식을 가졌다. 첫날 밤에는 낮에 낭독했던 선언문을 다시 읽으며 결의를 다지고 만세 삼창 후 취침에 들어갔다. 기상식은 4·19영령에 대한 묵념과 애국가 봉창 순으로 진행됐다. 5월 31일 오후 단식 24시간 돌파 기념으로 거행된 '반민주 요소 소각식'에서는 '검은 안경을 쓴 황소와 매카시가 악수하는 그림'이 불태워졌다. 이들은 백지에 '사찰폭력 사형(私刑) 기만' '통일대책 없는 무능' '소영웅적 배민주의(背民主義)' '조국 없는 매판자본' '추체 잃은 외세의존' '무르익는 일본예속' '불온문서 연구서적' '단 1년만 기다려라' 등 8개 항목을 써서 노끈에 나란히 걸어 놓고 박수 속에 소각했다."

"이날 밤에는 김지하가 지은 풍자극 '위대한 독재가'를 4·19 기념탑 앞에서 공연했다. 박산군(朴山君)과 이완용을 등장시켜 썩은 쌀, 민족적 민주주의, 한일회담, 워커힐 의혹사건 등을 비꼰 현장 연극이었다. 힘겨운 하루하루가 지나면서 집회방식이 날로 다양하고 풍부해졌다. 6월 1일 오전 11시에는 '국민총궐기 호소대회 및 학원침입·민생고책임자 화장식'이 거행됐다. 김지하의 사회로 진행된 이 대회에서 김덕룡은 비장한 목소리로 대국민 호소문을 낭독했다. 〈中略〉 이어서 김지하는 '민생고 책임자'와 '학원난입 책임자'의 죄상을 낱낱이 폭로하면서 학생들에게 사형여부를 물었다. 민생고와 학원침입을 상징하는 두 개의 허수아비는 십자가에 매달려 화형에 처해졌다." 〈下略〉

다음은 당시 단식현장에서 나온 즉흥시 중의 하나이다.

4월은 잔인했다 / 5월은 더욱 잔인했다 / 그리고 6월 또한 잔인할지도 모른다 / 교정에 피어 있던 라일락꽃은 떨어졌다 / 이름 모를 독한 꽃냄새에 우리는 울었다 / 라일락꽃이 져 우는 것은 아니다 / 너무도 너무도 독한 꽃의 냄새가 우리를 울린다 / 너, 사쿠라여!...

또한 즉흥시 가운데는 불문과 4학년 김화영의 "엉겅퀴 가시나무 돌무더기에 있는 황량한 지평에 섰다. 아 얼마나 긴 시간 우리는 고뇌 속에 방황했는가..."라는 것도 있었다. 그리고 독문과 3학년 안삼환 군이 "젊고 뜨거운 대학의 지성들이여 일어서라..."라는 〈대학의 노래〉와 또한 춘향전의 구절에 빗대 '굴욕외교천인혈(屈辱外交千人血)' '삼분폭리만성고(三粉暴利萬姓膏)' '촉루탄발민루락(燭淚彈發民淚落)' '독재호령원성고(獨裁號令怨聲高)'라고 옮기도 했다.

김지하의 문학은 '6·3투쟁'에서 탄생하였다!

단식 농성장의 이런 분위기를 주도한 김 시인은 훗날 당시의 상황을 그의 저서인 [흰 그늘의 길2, 학고재, 2003](39~41쪽)의 '6·3으로 가는 길' 편에서 다음과 같이 회상하면서 단식 농성 당시 내 역할에 대해서도 언급하고 있다.

"나는 그때 민요조의 선전가요를 하나 지었으니 그 뒤로 데모 때면 학생들이 '새야 새야 파랑새야'의 곡조를 붙여 불렀던 〈최루탄가〉가 그것이다. 내가 2절까지 쓴 것을 손정박(孫正博, 정치4)이 3절을 추가했다."

"탄아 탄아 최루탄아 / 팔군으로 돌아가라 / 우리 눈에 눈물지면 / 박가분(朴哥粉)이 지워질라 // 꾸라 꾸라 사꾸라야 / 일본으로 돌아가라 / 네가 피어 붉어지면 샤미센(三味線)이 들려올라 // 법아 법아 반공법아 / 빨갱이로 몰지마라 / 데모하면 빨갱이냐 / 폭력정치 더 나쁘다." //

"몸을 숨겼던 김중태·김도현·현승일 형 등이 나타나 제각기 명연설을 남기고 의도적으로 자수했다. 그것은 우리 운동을 순식간에 합법적 차원으로 끌어올렸다. 학생회의 김덕룡 형도 가담하여 지도부에서 움직였다. 방송반을 보위하고 전체의 조직적 활동을 보장한 뛰어난 공로자들은 후배인 박삼옥(朴三玉)·김헌출(金憲出)·안택수(安澤秀) 형 등 삼인조와 백승진(白承珍)·심재주(沈在株) 형 등이었다." '5·20' 이후 몸을 드러내지 않았던 박재일(朴才一)·최혜성(崔惠成) 형 등이 차츰 나타났고 최동전(崔同田)·하일민(河一民) 형 등이 자주 들러 격려해 주었다. 〈下略〉

이렇게 농성 중에도 김지하 자신은 물론 다른 참여자도 시를 써서 직접 앞에 나와서 발표하기도 하였다. 그리고 확성기를 통해 판소리를 트는 등 다양한 래퍼토리를 선보였다. 이렇게 단식 농성장에서는 깜짝 깜짝 놀랄 일들이 연이어 일어났다. 이를 계기로 우리나라의 시위문화(示威文化)가 다양하게 확 바뀌기 시작하였고 김지하 본인도 민주투사로서 새삼 주목받기 시작하였다. 김지하는 5·20 '민족적 민주주의 장례식' 때 '조사-시체여!'를 쓰고 6·3 단식농성 때 '최루탄가'를 썼다. 이 두 편의 글은 단박에 세상의 주목을 끌었다. 이렇게 김지하의 문학은 '6·3투쟁'을 바탕으로 탄생하였다.

드디어 단식농성 끝내고 가두시위에 돌입하다!

단식농성이 진행되는 동안 5·20의 '장례식'에서 조사 낭독으로 린치를 당하고 풀려난 후, 한동안 행방불명이던 송철원 선배가 들것에 실려와 뜨거운 환영을 받았다. 또 재야 민권운동가인 함석헌 선생이 농성 현장을 방문하여 격려를 했고, 훗날 정공채 작가가 쓴 [불꽃처럼 살다간 여인 전혜린]이라는 책속의 주인공인, 당시 성균관대 전혜린 조교수가 박카스 몇 박스를 들고 와서 농성 학생들을 위로하고 건강을 염려했다.

또한 숙명여대 이경숙(정외과4) 학생회장이 숙대생 50여 명과 함께 방문하여 격려를 해주었다. 그런 가운데 안삼환과 최순 등 단식 농성에 처음부터 참가했던 학생 다수가 탈진하여 대학병원으로 급히 이송되었고 최순 군은 응급조치 후 다시 농성에 합류하였다. 이런 긴박한 상황에서 김지하가 주도하는 농성 지휘부는 단식 4일 째인 6월 3일 드디어 농성장을 떠나 가두시위에 나서기로 했다.

서울 소재 각 대학들이 일제히 가두시위를 벌인다는 소식이 들려왔기 때문이다. 나는 오후 늦게 농성 중이던 동료들과 함께 농성장을 출발해서, 종로를 거쳐 시청 앞 광장과 국회의사당 앞 그리고 중앙청으로 향했다. 엄청난 인파가 우리들과 함께 행진하였다. 특히 시청 광장에서는 당시 일본계 자금으로 지어지고 있다고 알려진 한 빌딩 앞에서 격렬한 시위가 벌어졌다. 어떻든 이제 굴욕적인 한일회담은 완전히 물 건너 간 것으로 판단할 정도로 열기는 뜨거웠다. 그러나 현실은 전혀 그렇게 전개되지 않았다.

6월 3일 중앙청 앞 최후 저지선에서 경찰과 대치 중인 시위대

서울에 선포된 계엄령을 피해 지방으로 도망치다!

이윽고 1만여 명의 학생과 시민이 경찰저지선을 뚫고 밤 9시에는 청와대 외곽의 방위선을 돌파하기에 이르렀다. 그리고 보다 더 심각한 것은 시위대는 단순한 굴욕회담 반대를 넘어 구호가 더욱 과격화하여 정권퇴진까지 요구한 사실이 알려졌다. 정부는 기존 최루탄 외에 구토를 유발하는 구토탄을 발사하기도 했다. 이러한 정권존립의 위기에서 결코 경찰력만으로는 이 시위를 막을 수 없게 되었다고 판단한 것 같다. 이에 따라 박 대통령은 청와대에서 대책을 모색하기 위한 긴급 관계 기관 회의를 소집하였다.

그리고 오후 9시 40분 서울시 전역에 8시부터 소급 적용하는 비상계엄령을 선포하였다. 이에 따라 6월 4일 자정부터는 육군 4개 사단이 서울에 진주했다. 또한 계엄사령부는 포고령 1·2호로써 옥내외 집회와 시위 금지, 언론·출판·보도의 사전 검열, 서울 시내 모든 학교의 휴교, 밤 9시부터 아침 4시까지로의 통금연장, 영장 없이 압수·수색·체포·구속 등을 포고하였다. 나는 가두시위에 동행한 김영배, 최순과 함께 급히 학교로 접근해서 살펴보니 이미 군 병력이 교정에 진주하여 삼엄한 경계를 펴고 있었다. 우리는 담장을 넘어 가까스로 학교 안으로 들어갔다. 그리고 역시 황급히 되돌아온 김지하 등과 향후 대책을 협의한 후 재빨리 현장을 벗어나기로 했다.

김지하, 1964년 6월 3일 가두투쟁'을 회고하다!

김지하는 스스로 그의 저서인 [흰 그늘의 길2](43~47쪽)의 '계엄령' 편에서 1964년 6월 3일 계엄령 선포 직전의 긴박한 상황을 다음과 같이 회상하고 있다. 김지하의 이 회고는 자신이 주도한 문리대의 가두시위 상황을 보여줌과 동시에 바로 앞서 내가 쓴 6월 3일 가두시위 당시 상황에 대한 보완적인 내용이기도 하다. 앞에서 인용한 '6·3으로 가는 길'에 이어 또다시 나의 행적에 관해서도 세 차례에 걸쳐 언급하고 있다.

"그날 오후, 방송반의 후배 참모들, 박삼옥 형 그룹의 판단, 농성장 뒤에 있는 신축건물 속에서 진행되던 단식농성의 책임자인 손정박 형과 학생회장 김덕룡 형 및 여러 학생회 간부들의 판단, 그리고 학교 뒤켠에 있는 〈새세대〉 편집실의 '민비' 조직 활동 멤버들의 판단이 서로 어긋나 나도 정확히 판단을 내릴 수 없었다. 그러나 각 지역과 서울의 거의 모든 대학생이 가두 진출을 하고 있어 4·19 수준에 육박한다는 하일민의 제보 등으로 가까스로 판단을 통일할 수 있었다. 판단은 계엄령 가능성이었고 그럴 바에는 진출해야 한다는 것이었다."

"다섯 시 조금 전에 우리는 가두 진출과 함께 청와대로 방향을 결정했다. 조금이라도 불편하거나 기력이 없는 사람들은 모두 들것에 실었고 어떤 학생은 링거를 꽂은 채 의대생들의 호위를 받으며 가두 진출을 하기 시작했다. 내 주위는 성능 좋은 라디오가 서너 대나 집결해 있었다. 종로 5가를 돌아 파고다공원 앞을 지날 때 동아방송에선 이런 말이 흘러 나왔

다. "학생 시위대는 지금 막 파고다공원을 통과했습니다. 청와대로! 청와대로! 일보 또 일보!" 〈中略〉

시위 중 실신하여 병원치료 후 복귀하다!

"광화문 입구 동아일보 앞에서 다시 대오를 정비했다. 맨 앞에 거대한 태극기를 열 명 가까운 학생들이 붙들었고, 바로 그 뒤에 박삼옥 그룹과 내가 어깨동무하여 열 짓고 그 뒤를 문리대 검도반원들이 따랐다. 중앙청 바로 뒤에 솟은 백악과 먼 곳 보현봉의 푸른 모습이 일본 제국주의 조선 침략의 지휘부였던 중앙청 흰 대리석 건물과 전혀 어울리지 않음을 새삼스레 느끼며 정문을 돌아 해무청(海務廳) 앞에 정지했다."

광화문 거리를 꽉 메운 6·3시위대

"청와대 입구 방향에 군 트럭들, 큰 판자들을 붙여 저지막을 형성한 군 트럭들이 뒤로 돌아서서 열 지어 있었다. 그 주변에 방독면을 쓴, 비정한 기계와 흡사한 군인들이 삼엄하게 늘어서 있었다. 우리는 바로 그 앞에서 연좌에 들어갔다. 일어서서 앞으로의 행동 방향에 관해 말하던 내가 갑자기 쓰러져 실신해버렸다. 서울의대 앰블런스에 실려 급히 의과대학 응급실로 향했다. 거기서 응급치료를 받고 난 나는 끝내 고집을 세워 앰블런스로 다시 해무청 앞 연좌시위대로 돌아왔다."

"격려의 박수 속에서 마이크를 잡고 꽉 쉬어버린 목소리로 단 한 마디만 되풀이하여 강조했다. "이 자리에서 죽읍시다. 어떤 경우에도 자리를 뜨지 맙시다. 우리의 각오에 따라 상황은 결판날 것입니다." 해가 기울고 있었다. "지금 곧 진압이 시작된다!" 순식간에 최루탄이 머리 위에 우박처럼 쏟아졌다. 눈을 가린 채 나는 이렇게 소리 질렀다. "움직이지 마시오!" 그러나 눈에서 손을 떼어보니 이미 군중은 모조리 일어나 중앙청 정문 쪽으로 뛰어 달아나고 있었다."

"텅 빈 해무청 앞 아스팔트에 우박같이 우박같이 최루탄만 최루탄만 쏟아지고 또 쏟아졌다. 나 역시 중앙청 앞으로 뛰어가 대오를 다시 정리하고 방향을 동숭동으로 바꿔 잡았다. 행진하면서 〈민주학생의 노래〉와 〈해방의 노래〉 등을 선창하게 했다. 땅거미가 내리기 시작하고 중앙청 건물로 불방망이와 수없이 많은 돌과 화염병들이 쏟아져 들어가기 시작했다. 일민이 형이 또 왔다." "흩어지면 안 돼! 폭동은 반대! 문리대로 돌아가 다시 정리해!"

"구두닦이인지 신문팔이인지 조폭인지 '홀로주먹'인지 알 수 없는 한 청년이 내게 가까이 와 마구 덤비며 겁을 주었다. "비겁한 새끼들! 대학생놈들은 할 수 없어! 중앙청을 습격하자고! 불질러버리고 경찰서를 모두 때려 부숴! 부숴버려, 이 새끼들아!" 내 마음은 도리어 차분해졌다. 나는 이번 이 운동의 상황을 현실적으로 파악하게 되었다. 4·19가 아니다. 희생을 줄여야하고 폭력을 배제해야한다."

"왜냐하면 이 운동은 계속되어야할 장기적인 민족운동이요 반파쇼 민중운동이기 때문이다. 동아일보 앞에서 대오의 방향을 꺾을 때 일민 형의 제보가 또 있었다. "군이 진주했다. 계엄령이 소급 선포될 것이다. 빨리 돌아가 정리하는 게 좋겠다." 문리대 단식 농성장에 도착한 우리는 즉시 둘씩 둘씩 짝을 지었고 마이크는 그들에게 빨리 학교를 빠져나가라고 일렀다. 그리고 마지막으로 나는 쉰 음성으로 마이크를 통해 작별인사를 했다."

"이것은 시작에 불과합니다. 이제부터 장기적인 싸움이 시작됩니다. 부디 건강하십시오." 나는 박삼옥 형의 걱정에 따라 그들 그룹에 뒷정리를 넘기고 운동장 스타디움 끝에 있는 야구장 펜스의 철망을 넘어 피신했다. 미아리 집에 들렀다가 그 이튿날 바로 원주로 내려갔다. 짐을 챙겨 어딘가 강가에 가서 텐트를 치고 장기적으로 캠핑을 하려는 계획이었는데 내가 떠나기로 마음먹은 그 이튿날 이른 아침 형사들이 들이닥쳤다."

"동대문경찰서로 끌려간 나는 나의 혐의를 연신 부인했으나 수도 없이 쏟아지는 나의 현장 사진 때문에 아무소리 못하고 기소되어 서대문구치소로 넘겨졌다. 첫 감옥 체험이었으니 내 나이 스물 셋이었다. 상황이 사람보다 더 센 주인공이라는, 기이할 만큼 비극적인 패배의식을 안은 채 나는 감방으로 들어갔다."

제4장.

계엄령 선포로 도피 후
체포·압송되어 투옥되다!

대구에서 체포되고 압송되어 기소되다!

앞서 언급한 바와 같이 6월 3일 계엄군이 진주한 문리대 교정에서 김지하와 헤어진 나와 김영배 군은 최순 군의 제의로 일단 그의 삼양동 자취집으로 가서 밤을 새우고 이튿날 바로 서울역으로 가서 열차를 타고 대구로 내려갔다. 그리고 대구역에서 김영배 군은 자기의 본가로 갔다. 그러나 나는 나의 본가 대신 최순 군의 삼덕동 집으로 가서 은거하며 은밀하게 경찰 당국의 동태를 살폈다. 그 결과, 나에겐 계엄령 선포 즉시 전국에 수배령이 내려졌고 그래서 대구 경찰 당국은 나를 찾기 위해 우리 집을 수차례 수색하고 가족을 감시하는 등 삼엄한 경계를 펴고 있다는 것을 알았다.

그렇게 20일 정도 최순의 집에 숨어 지내는 가운데 역시 피신 중인 이원재(사회4) 선배가 은밀하게 다녀갔다. 어떻게 낌새를 차렸는지 어느 날 참외 장사로 가장한 정보원 2명이 최순의 집 입구 골목에 자리를 트고 주위를 감시하기 시작하였다. 그래서 나는 최순의 집을 몰래 빠져나와 초·중·고 동기들(하창호·최동조·박종길 등)의 집을 전전한 끝에 셋째 누나의 친구 집에서 은신 중 불시에 들이닥친 형사들에 의해 7월 초순에 체포되어 서울로 압송되었다.

그리고 경찰 조사를 받는 과정에서 낮인지 밤인지도 알 수 없는 백색 벽으로 둘러쳐진 밀폐된 좁은 공간에, 엄청나게 밝은 백색 전등을 켜두고 며칠간이 지났는지도 모르는 긴 기간 동안 단 1분도 잠을 재우지 않는 잊을 수 없는 고문을 받았고, 피신 중 문리대로부터는 또한 제적을 당했다. 내가 서울로 압송되어 뒤늦게 알게 되었지만 나뿐만 아니라 차기 문리대 학생회장인 박영조 군과 김헌출 군도 고향인 대구로 피신하였으나, 가택 수색을 당하고 체포되어 나보다 먼저 따로 서울로 압송되어 있었다.

우리 세 사람은 경북고 재학 시절 2·28의거에 참여했던 전력과 문리대 3·24데모 주동자 그룹으로서, 차후 문리대 학생회를 주축으로 후속 지도부를 형성하여 계속해서 투쟁을 벌일 가능성이 농후하다는 것이 체포이유였다. 결국 우리 세 사람은 계엄하의 검찰에 넘겨졌고 "집회 및 시위에 관한 법률" 위반 혐의로 기소되어 서대문 형무소에 수감되었다. 여기가 그동안 말로만 듣던 감옥인가? 감옥은 비좁고 더럽고 배가 고팠다. '단테(Dante)가 그린 연옥이 이보다는 낫겠지!'라는 생각이 들었다.

박삼옥이요? 박삼옥이가 여자입니까?

내가 대구로 도피했던 때에 이런 일도 있었다. 나를 붙잡기 위해 최순의 집으로 찾아온 형사들에게 최순의 누나는 "박삼옥이요? 박삼옥이가 여자입니까? 우리 집엔 그런 사람 없어요!"라고 시침을 떼어 형사들을 따돌렸다. 그 후 내가 체포되어 도피경위를 진술함으로써 최순과 그의 누나가 경찰로 연행돼 왔다. 형사들은 최순의 누나를 보자말자 "요 앙큼한 년! 뭐! 네 년이 박삼옥이가 여자냐?라고 말했었지? 이제 똑똑히 맛을 보여 주겠어"라고 하며 최순과 함께 유치장에 집어넣었다.

그러나 최순이 데모에 적극 참여했던 사실이 운 좋게도 발각되지 않고 단순히 나를 숨긴 범인은닉죄로만 입건된 관계로 며칠 후에 누나와 함께 풀려났다. 나 때문에 미혼의 20대 최순의 누나가 곤욕을 치른 생각을 하면 지금도 미안하기 짝이 없지만 누나의 순간적인 기지가 놀랍게 추억된다.

석 달 여 동안 옥고 치르고 석방되다!

6·3계엄 후 구속자는 실로 많았다. 당국의 공식발표에 의하면 1964년 6월 3일 그날부터, 7월 29일 계엄이 해제되기까지 55일 동안 학생 168명, 민간인 173명, 언론인 7명이 구속되었다. 한일굴욕회담에 반대하는 세력을 탄압하는 이 같은 검거선풍으로 정국은 전에 없이 얼어

붙었다. 그러나 내가 체포되고 보름 정도가 지나 여야 협상으로 계엄령이 해제되었고, 정부는 대구서 붙들려온 박영조와 김헌출 그리고 나, 세 사람을 공소취하로 9월 15일 3개월여 만에 석방하였고 김지하도 이 때 함께 석방되었다.

한편 6·3투쟁에서 핵심 주모자로 알려진 정치학과 4학년 3인방인 김중태·현승일·김도현은 계엄검찰에 의해 내란죄로 기소되어 군사재판에 회부되었다. 남산 계엄사령부에 설치된 군사재판은 개정(開廷) 벽두에 재판 관할권(裁判管轄圈)을 다투는 제정신청을 변호인단이 제출함으로써 재판이 연기되었다. 피고인을 돕기 위해 무료 변론에 나선 변호인은 저명한 변호사들인 신태악(辛泰嶽), 김은호(金殷鎬), 박한상(朴漢相) 변호사와 젊은 서차수(徐次洙) 변호사 등이었다. 재판 연기 중에 계엄령 해제로 일반재판에 이관되고 공소장이 '내란'에서 '집회 및 시위법' 위반으로 변경되었다.

재판에는 세상의 이목이 쏠렸다. 재판 때마다 수많은 시민들이 밀고 밀리면서 방청석을 매웠고, 윤보선 전 대통령을 비롯한 재야인사들과 다수의 서울대 교수들도 참석하였다. 1964년 10월 28일 서울지방법원 문영극(文永克) 부장판사는 이들 3인에게 징역 8월에 집행유예 2년이라는 가벼운 형량을 선고하여 석방하였다.

우리 학우들이 구속되어 있는 동안 철학과 4학년 최혜성 선배의 모친인 이경옥 여사는, 자신이 권사인 영락(永樂)교회 여신도를 중심으로 〈대한어머니회〉를 조직하고, 구속학생들의 재경(在京) 어머니들을 참여시켜 매일 검찰청과 법원 앞에서 '굴욕회담 반대한다!' '구속학생 석방하라!'는 플래카드를 들고, 찬송과 기도와 구호를 조용히 외쳐 언론의 주목을 크게 받았고 여론에 감명을 주었다.

'6·3투쟁'의 주역들이 사법부에 의해 석방되긴 하였으나 자유가 되돌려 진 것은 아니었다. 박정희 정부는 구속에서 풀려난 학생들 마다 개별사찰을 강화하여 우리를 옥죄었다. 내가 석방된 이후 정보형사나 정보부원이 나를 밀착 '경호'하여 심지어 화장실까지 따라붙는 지경이었다. 이리하여 문리대의 대 정부 투쟁력은 거의 마비가 되어 버렸다. 문리대의 투쟁역량이 마비된 이후부터 서울대학교의 굴욕회담반대 투쟁은 그 주최가 법대로 옮아갔다. 이 이후 서울법대는 1965년 초부터 그 해 말 한일조약이 비준될 때가지 굴욕외교 반대투쟁을 이끌었다.

병역의무 위해 공군사병으로 자원입대하다!

나는 석방된 후 학교당국으로부터 제적이 원상회복 되어 복학절차를 마치고 학업에 복귀하였다. 그러나 학내 분위기와 나의 여건이 도저히 마음을 가다듬고 학업에 집중할 수가 없었다. 나는 이럴 바에야 이 참에 병역의무나 필해야겠다고 생각하고 군 입대를 모색한 끝에 1965년 6월 1일자로 공군사병으로 자원입대하였다. 바로 내가 입대한 직후에 한일수교회담 및 그 체결에 반대하는 줄기찬 학생 시위에도 불구하고 1965년 6월 22일 '한일기본조약'은 정식으로 체결되고 말았다.

정부와 여당인 민주공화당은 단독으로 임시국회를 기습적으로 소집하여 1965년 8월 14일에 한일협정 비준(안)을 통과시키고, 12월 비준서를 상호교환 함으로써 우리의 '6·3투쟁'은 엄청난 열정과 희생에도 불구하고 좌절되고 말았다. 그러나 '6·3투쟁'이 가시적인 목표달성에는 실패했다할지라도 본질적인 성과는 적지 않았다고 생각한다. 이에 대해서는 제6장 '6·3투쟁'의 평가 편에서 상술(詳述)할 것이다.

나는 공군 입대 후 기술병인 발전특기(發電特技)를 부여받아 대구 K-2 공군기지 내 107기지단 시설전대에서 복무하였으나 군대 생활도 결코 순탄치 않았다. 공군 사병복무기간이 3년인데도 3년 5개월이 걸려 1968년 11월 19일에야 군복무를 마쳤다. 나는 3·24데모에 참여하기 이전까지는 대학을 졸업한 후에 공군장교로 입대하여 가급적이면 공군사관학교에서 교수 요원으로 복무하기를 희망하였었다. 문리대 출신은 장교 입대 후 사관학교의 교원이 되는 것이 보통이었기 때문이다. 그런데 나는 6·3투쟁으로 전과자가 되는 바람에 장교 입대의 꿈을 접어야 했고 그 나마 사병으로 자원입대한 군대생활 마저 장교 이상으로 길었다.

'민비연사건' 조작에 연루되어 군에서 구속되다!

당초 나의 제대 예정일은 1968년 5월 30일이었다. 그런데 제대가 늦어진 것은 1968년 1월 21일 북한이 자행한 '청와대 기습사태'로 복무기간이 2개월 연장되었고, 그 기간 중에 내가 구속되었기 때문이다. 그 즈음 3선 개헌을 앞두고 학생들의 저항 움직임이 있자 중앙정보부는 이를 억제할 목적으로, 한일굴욕회담 반대 데모를 주동했던 김중태 등 '민비연(民比硏 : 민족주의비교연구회)' 간부와 회원들을 빨갱이로 몰아 재구속하였다.

중앙정보부는 3년 전 '민비연' 간부들이 한일굴욕회담 반대투쟁을 일으킨 것을, 북괴의 지령에 따른 것이었다고 하는 터무니없는 허위선전으로 태산을 진동시켜(泰山鳴動), 일단 학생들의 저항 움직임을 일시적으로 진압하는 데는 효과를 거두었다. 그러나 일심 재판부가 '민비연' 피고들에게 무죄를 선고함으로써 중앙정보부의 체면은 완전히 구겨졌다.

정보부는 어떻게 하든 '민비연'을 유죄로 만들기 위해 검찰로 하여금 항소케 하여 중형 구형을 받은 피고인들을 감옥에 가두어 둔 채, 수사를 확대하면서 사건을 대법원까지 두 번이나 끌고 가게끔 하여 재판을 지연시켰다. 이것이 이른바 유명한 '민비연 조작 사건'이다. 나는 이에 연루되어 군에서 구속되었던 것이다.

'민비연'사건 일심공판(1967.12. 오른쪽부터 황성모, 이종률, 김중태, 현승일, 김도현, 박지동, 박범진

당시 '민비연'의 주요 맴버로서 군에서 구속된 사람은 나 외에도 현

승일의 후임으로 '민비연' 회장을 맡았던 사회학과 조봉계 선배가 있었다. 또 나와 정치학과 동기로서 '민비연' 연구부장을 지냈던 송재윤에게도 체포령이 내려져 당시 근무 중인 한국일보를 무단이탈하여 수사를 받았다. 이로 인해 그는 '불온한 요주의 인물'로 찍혀 언론계 활동에서 많은 불이익을 받아야 했다. 3·24데모 때 앞장을 섰다가 최루탄 덩어리를 맞고 쓰러졌던 그는, 끝내 언론인으로서의 뜻을 펴지 못한 채 6·3투쟁 희생자의 한사람으로서 2005년 62세의 이른 나이로 생을 마감하였다.[6]

이렇듯 '민비연사건' 조작은 독재정권 구축을 위해 무리수를 불사하던 박정희 대통령이 저지른 흑역사(黑歷史)의 일부이지만, 박 대통령의 산업화 정책 성공으로 그의 허물들은 상대적으로 묻히고 또한 국민들로부터도 큰 견지에서 이해를 받았다고 생각한다. 나도 같은 맥락에서 그의 과오를 용서하고 그의 업적을 존중하는 입장이다. 박정희 대통령에 대한 평가는 주제가 아니므로 여기서는 생략키로 한다.

뜻밖에도 '연산군'묘에서 '지하 형'을 해후하다!

나는 1969년 3월에 복학하여 서울 강북구 수유리 4·19묘지 부근에서 하숙하며 종로구 동숭동 캠퍼스를 오고 갔다. 그런 가운데 그해 8월 어느 날 오후로 기억된다. 나는 답답한 마음을 다스리려고 한 번도 가본 적이 없는 인근 우이동 야산을 거닐고 있었다. 한참을 걷다 보니 왕릉 같지는 않은데 그래도 장명등과 문인석 등 몇 가지 석물을 갖추고 제법 규모가 큰 쌍분(雙 墳)이 눈에 띄었다. 궁금해서 가까이 다가가 보니 어떤 남녀 두 사람이 봉분 앞에 앉아 담소하고 있었다. 약간 신경이 쓰였으나 스쳐지나가 봉분 앞에 세워 진 묘비석(墓碑石)으로 다가가 보았다.

연산군 묘

이게 웬일인가. 놀랍게도 그 비석엔 "연산군지묘(燕山君之墓)"라고 표기되어 있었다. 연산군이 중종반정으로 폐위되어 강화도 교동에 유배되어 그곳에서 죽은 것으로 알고 있었다. 그런데 이곳 서울 우이동 북한산 산록에서 연산군과 부인의 묘가 있다는 사실이 정말 뜻밖이었다. 그래서 고개를 갸우뚱거리며 두 남녀가 앉아 있는 쪽으로 얼굴을 돌리게 되었다. 그리고 남자분과 내가 얼굴을 맞보는 순간, 그 남자가 큰소리로 "야! 너 '옥삼'이 아니야!"라고해서 나도 자세히 쳐다보니 참으로 놀랍게도 바로 '지하 형'이 아닌가.

그래서 나도 동시에 "지하 형!"이라고 크게 소리쳤다. 곧바로 그쪽으로 다가가 보니 함께한 여자 분은 지하 형과 서울대 미술대 미학과

---

6) '민비연사건'으로 구속된 민간인은 서울대 문리대 사회학과 교수 황성모, 서울대 문리대 정치학과 출신들인 김중태, 현승일, 김도현, 이종률, 박범진, 박지동 등 7인이었다. 이들에게 씌워진 죄명은 간첩·국가보안법 및 반공법 위반이었다. 훗날 <과거사진상규명위원회>는 '민비연사건'이 조작되었음을 시인하고 <민주화운동관련자명예회복및보상신의위원회>는 나에게 '민주화운동관련자(제9181호)'로 인정하는 증서를 주었다.

입학 동기로서, 나도 입대 전 지하 형과 더불어 동숭동 대학가 선술집에서 몇 번 보았던 오숙희(吳淑姬)였다. 당시 1939년생인 오숙희 선배를 우린 누나로 호칭하였었다. 그래서 더욱 감격스럽게 서로 안부를 물었다. 그런데 화가인 오숙희는 단편 소설 '갯마을'의 작가인 오영수(吳永壽, 1909~1979) 선생의 맏따님이며 그의 남동생 역시 서울대 미대 조소과 출신의 민중 판화가로서 요절한 오윤(吳潤)이다.

그런데 두 사람이 이 곳 연산군 묘에 온 것은 오숙희와 오윤 판화가가 거주하는 곳, 그러니까 그들 자매의 부친인 오영수 작가의 집이 수유리에 있었고, 지하 형이 그 집을 방문하였다가 여기로 산책을 나왔다고 했다. 그 자리엔 없었지만 오윤(吳潤, 1946~1986)[7) 민중 판화가도 지하 형 소개로 몇 번 만났었다. 아무튼 실로 4년 여 만에 지하 형을 그렇게 극적으로 해후(邂逅)했다는 것 자체가 놀라운 일이었다. 나는 그 자리에서 지하 형에게 제대 후 복학하여 이곳 우이동 4·19묘지 부근에서 하숙을 하고 있다고 말했다.

오숙희와 오윤 판화가와 관련하여 지하 형은 [흰 그늘의 길2] (110~113쪽)의 '오윤' 편에서 다음과 같이 기술하고 있다. 그런데 내가 이 글을 쓰며 확인해본 결과 지하 형은 내가 군복무 중이던 1966년 8월 문리대를 졸업하고 6개월 후인 1967년 2월에, 폐결핵으로 〈서울시립 서대문병원〉에 입원하여 2년 4개월 후 내가 연산군 묘소에서 그를 만나기 두 달 전인 1969년 6월에 퇴원한 것으로 되어 있다.

지하 형이 기술한 내용은 그가 1967년 2월 입원하기 직전인 그해 1

월 말 어느 몹시 추운 어느 날의 상황을 쓴 것으로 추측된다. 그런데 이 글은 그가 '오적' 시로 반독재 저항시인으로 등장하기 전 폐결핵에 시달리며 삶과 죽음의 갈림길에서 처절하게 몸부림치며 고뇌하는 모습을 스스로 생생하게 회상하고 있다. 따라서 김지하의 파란만장하고 비범한 일생을 이해하는데 아주 긴요하다고 여겨지는 대목이다. 그래서 다소 길지만 발췌하지 않고 전문을 여기 인용한다.

김지하, 자살을 할 것인가? 투병을 할 것인가?

"눈보라가 휘몰아치는 캄캄한 겨울밤, 나는 수유리 쌍문동에 있는 미술대학생 '오윤(吳潤)'의 집, 소설가 오영수 선생 댁으로 가고 있었다. 버스도 끊어져 없는 수유라 돌개울을 비틀거리며 비틀거리며 서너 걸음에 한 번씩은 멈춰서서 숨을 갈아쉬며 피가래를 뱉으며 조금씩 조금씩 걸어나가고 있었다. '오윤'은 '오숙희' 선배의 동생이고 오숙희 선배와는 1960년 4·19 직후 미술대학의 농성시위 때 친해졌다."

"오 선배의 집에 처음 놀러간 날, 그 어느 여름날 오후 유리창으로 길고 붉은 석양이 비쳐들 때 그 노을 빛 속에서 빛을 뿜는 한 자그마한 기름 그림을 보았다. 그것은 얼른 보아 똑 적탱(赤幀)이었다. 몇 개의 낮은 구릉

---

7) 오윤(吳潤) 판화가는 첫 개인전을 연 41세에 세상을 떴다. 나는 지하 형과의 인연에 따라 '오윤' 판화가의 1986년 5월 첫 번째이자 마지막이 된 서울 인사동 개인전에 갔었다. 나를 보자 무척 반갑게 맞아 주었다. 또 오숙희는 두 남동생이 자기보다 먼저 요절하자 머리를 깎고 입산했다고 한다.

제4장. 계엄령 선포로 도피 후 체포·압송되어 투옥되다! 65

이 노을발에 붉고 동그스름하게 누워 있었다. 그것은 젖가슴이었고 농염한, 우주적인 육욕이었다. 그것은 살아 생동하는 생명이었다. 그리고 그 너머의 시퍼런 하늘은 잔혹한 금기요, 죽음을 선고하는 신의 무서운 눈초리요, 가차 없는 파멸의 숙명이었다."

"그러나 그것은 중요하지 않았다. 그 자그마한 그림이 미소 짓고 있었다. 앙드레 말로의 저 '침묵의 소리' 가운데서도 절정으로 평가되는 반항의 아름다움, 희랍 흉상에 나타나기 시작한 최초의 미소, 신에 대한 반역의 시작을 알리는 불륜한 '육욕의 상징'이었던 그 엷은 미소, 불그스름한 살의 웃음! 나는 소스라쳐 놀라 오 선배에게 이게 누구의 그림이냐고 다급하게 물었다. 오 선배는 대답 대신 이미 문 안에 들어서고 있는 동생 오윤을 가리켰다. "윤입니더" 나는 정신 잃은 사람처럼 웃어 댔고 미친 사람처럼 떠들어댔다."

"탱화를 비롯한 둔황 불교미술과 고려미술을 잘 보라고, 단원과 혜원을 잘 보라고, 프랑수아 라블레를 가능한 영어로라도 읽으라고, 브뢰헬을 재평가하라고, 그리고 멕시코의 시케이로스와 디에고 리베라를 깊이 공부하라고 쉼 없이 주문한 것 같다. 그 뒤로 자주 내 집처럼 드나들며 오윤과 친해진 그 집, 그 아담한 집, 쌍문동 집으로 한걸음 한걸음 걸어가고 있었다. 그 뒤 오윤은 미술대에 입학하였고 내 영역에 자주 드나들었다. 그 오윤의 집으로 눈보라 몰아치는 캄캄한 겨울밤에 나는 가고 있었다."

"문 앞에 도착하자 초인종을 눌렀다. 한참 만에 윤의 동생 영아가 나왔는데 윤이와 오 선배가 경상도 언양에 갔다고, 집엔 없다고 하고는 들어

오라는 말도 없이 집안으로 들어가 버렸다. 부모님이 아직 주무시지 않은 듯 했다. 돌아섰다. 순간 심한 비린내와 함께 핏덩이가 꿀꺽하고 넘어왔다. 눈 위에 흩어진 피가 시커멓게 보였다. 거의 기어가듯 더듬걸음으로 돌아가다가 개울 바닥의 돌덤부락에 쓰러지듯 앉았다. 내 앞에 두 개의 길이 있었다. 그것밖에는 아무것도 없었다. 그리고 단 하나의 희망도 없는 마지막 굽이었다."

"하나는 자살이었고, 다른 하나는 결핵요양원에서 장기적인 투병이었다. 아직도 취기가 가시지 않았다. 소주를 도대체 몇 병이나 나팔 불었던지! 결단해야 했다. 두 길 중 하나를 결단해야만 했고, 아마 그래서 윤이, 나의 윤이를 마지막으로 보러 갔을 것이다. 매서운 눈보라 속에서 땅땅 얼어붙은 개울바닥 돌덤부락 위에 쪼그려 앉아 담배를 꺼내 피웠다. 또 기침이 터졌다. 온몸이 다 강그러지도록 쿨룩거렸다. 핏덩이가 또 넘어왔다. 그리고 숨이 찼다. 그래도 담배를 깊숙이 빨아 마셨다."

"빨리 결정해야 한다! 결정하고 이 밤이 새기 전에 행동해야 한다. 하늘도 땅도 집들도 캄캄했다. 내 마음도 캄캄하고 내 몸도 캄캄했다. 나는 왼손 장심에 침을 뱉었다. 그리고는 오른손 검지와 중지로 그 침을 탁 때렸다. 처음엔 침이 잘 안 나와서 두 번 세 번 그렇게 했다. 침이 오른쪽으로 튀면 요양원으로 들어가 몇 년이든 각오하고 투병할 것이며, 왼쪽으로 튀면 어느 낯선 시골로 내려가 사람 뜸한 숲에 가서 농약을 마실 셈이었다. 이미 용산 철도 병원 원장으로 계시는 송철원 형의 아버님께서 요양원 입원을 주선해주시겠노라고 약속했다. 그리고 농약도 이미 치사량을 마련해 호주머니에 들어 있었다. 결정만 내리면 되는 것이다."

"그렇다. 나는 그때 신라 적 만파식적의 그 대나무 분합처럼, 아득한 수천여년 전의 동이족, 우리 선조들마냥 우족점(牛足占) 대신 '가래침 점'을 치고 있었던 것이다. 불을 질러 소 발굽이 갈라지면 흉이고 합쳐지면 길한 것이듯 침 튀는 방향이 오른쪽이면 살고 왼쪽이면 죽는 것이다. 네 번째에야 제대로 침이 튀었다. 오른쪽이었다. 아이! 그 순간 나를 엄습한 치욕감을 지금도 잊을 수 없다. 또 살아야 한단 말인가? 더럽고 더럽게끔 또 살아야 한단 말인가?"

"눈보라는 무서운 소리를 지르며 내 상반신에 몰아쳤다. 아직 가시지 않은 취기 때문이었는지 나는 바람 속에서 소리소리 질렀다. 눈물, 콧물에 눈까지 뒤범벅이 되어 소리 질렀다. "살란다아! 살아야 한단다! 네 에미 씹이다아아!" 걷고 또 걸었다. 수유리 입구였던가. 작은 여관에 들어가 소주를 시켜놓고 해 뜰 때만 기다렸다. 나는 며칠 뒤 서대문 역촌동 포수마을 저 안쪽 산언덕에 있는 역촌동 서대문시립병원, 그러니까 폐결핵요양원에 푸른 환의(患衣)를 입고 입원했다."

'지하 형'과 잠시 광고기획사에서 함께 일하다!

연산군 묘역에서 지하 형은 그간 서로 궁금했던 이런저런 대화 끝에 앞으로 졸업 후에 어떻게 살아 갈 것인지에 대해 내게 물었다. 그래서 지하 형도 잘 알다시피 데모 경력도 있고 해서 직장 구하기가 쉽지 않을 것 같다고 대답했다. 그랬더니 대뜸 자기가 요즘 나의 정치학과 1년 선배인 김정남 형과 함께 미국에서 광고학 박사를 취득하고 최근 귀국한 분이 야심만만하게 창업한 광고홍보기획사에서 카피라이터로 일하고 있는데 거기 와서 함께 일하면 어떻겠느냐고 제안했다.

갓 창업했다는 것은 마음에 걸렸으나 다방면에 걸쳐 능력이 탁월한 지하 형이 직접 카피라이터로 일하는 곳이라는 점에서 한번 생각해 보겠다고 했다. 그렇다면 자기가 기획사 대표에게 잘 얘기 해 둘 터이니 일간 명동 사무실에 들르라고 하며 전화번호를 알려 주기에 그렇게 하겠다고 약속한 후 헤어졌다. 며칠 후에 지하 형이 대표에게 잘 소개했더니 나를 한 번 만나 보겠다고해서 나는 명동에 소재한 광고기획사를 찾아갔다.

앞서도 언급한 것처럼 지하 형은 1969년 6월에 서울시립 서대문 병원을 퇴원한 후, 두 달 후인 8월에 〈코리아마케팅〉이라는 회사에서 카피라이터로 잠시 취직했다가 12월에 그만 둔 것으로 확인되었다. 당시 내가 지하 형의 소개로 찾아간 광고기획사는 바로 그 〈코리아마케팅〉이었다. 내가 가서 보니 어느 빌딩의 방 하나에 직원은 지하 형과 김정남 형 둘 뿐이고 두 사람은 열심히 어떤 광고 문안을 만들고 있었다.

잠시 두 선배들과 얘기를 나누고 이어서 〈코리아마케팅〉의 대표를 만났더니 무척 반가워하며 김지하 씨와 김정남 씨로부터 대단히 유능하고 활동성이 뛰어난 후배라고 들었다고 했다. 그리고 자기소개와 포부를 피력 하면서 함께 좋은 광고기획사로 발전시켜 보자고 하며, 광고 수주를 받아오는 영업을 총괄해서 능력을 발휘해 보라고 했다. 특히 각 대학교의 신문사를 대상으로 집중적으로 수주활동을 해보면 좋겠다는 의견을 제시하였다.

그래서 며칠간 대표와 두 분 선배로부터 업무현황을 청취하고 명함을 준비하는 등 외부 판촉에 대비한 사전 준비를 했다. 그리고 서울대학교 신문인 '대학신문사'부터 찾아가서 우리 홍보기획사를 소개하는 등 약 한 달 동안 서울시내 몇 개 대학신문사를 방문하여 판촉활동을 열심히 하였다. 그리고 퇴근 후에는 지하 형과 명동 선술집에서 막걸리나 소주잔을 기울이며 담소하는 것이 참 좋았다. 그러나 아무래도 좀 더 안정적인 직장을 찾아야겠다고 생각되어 지하 형과 상의 후 두 달 후에 사의를 표하였다.

어렵사리 '대한교과서'에 취직하다!

이후 나는 언론사 2곳을 비롯해서 몇 곳의 취업을 시도하였으나 면접에서 학창시절 시위를 주동했다는 등의 이유로 번번이 실패하였다. 그래서 최종적으로 서울대 문리대에서 지근거리인 종로5가에 소재한 중·고등 국정교과서를 발행하는 '대한교과서주식회사'(사장 김광수)의 첫 공채모집에 합격하여 1969년 11월부터 출근하게 되었다. 나의 입사 동기는 훗날 사장을 역임한 황태랑과 이명석 등 6명이었다.

나의 첫 직장인 〈대한교과서㈜〉는 광복 후 군정말기인 1948년 4월 28일 '조선중등교과서출판주식회사'라는 명칭으로 창립되었고, 도서

출판 〈어문각(語文閣)〉과 종합문학지 [현대문학(現代文學)]과 어린이 잡지 [새소년]을 발행하는 등 전통 깊은 출판문화기업이었다. 2008년 9월 회사명을 '미래엔'으로 바꾸었다. 아무튼 나는 〈대한교과서㈜〉에서 교과서의 편집과 교정 등 출판 업무를 어느 정도 익힌 후 기획과 예산 업무를 총관하는 '관리실'로 옮겨서 상사들의 신임을 받아가며 열심히 일하였다.

◉ 대한교과서㈜ 출판 역사의 이모저모

▲ 대한교과서가 발행한 첫 번째 국정 교과서(1949)

▲ 대한교과서가 부산에서 발행한 전시 교과서

▲ 『중학 국어』(1953)

◀ 『현대 문학』 창간호(1955. 1.)
표지화가 김환기,
제자(題字) 손재형

『새소년』 창간호(1964. 5.) ▶

사진(자료) 출처 : [미래엔 70년사(2018.11.)]

제5장.

'김지하'를 저항시인으로 만든 3편의 시(詩)!

내가 〈대한교과서㈜〉에 출근한 지 한 달 후인 1969년 12월에 지하 형도 〈코리아마케팅〉을 그만두었다고 들었다. 그리고 나는 이듬해인 1970년 2월에 입학한 후 8년 만에 문리대를 졸업하였다. 그런 가운데 6월 어느 날 느닷없이 언론을 통해 지하 형이 '오적(五賊)'이라는 시국풍자시(時局諷刺詩)를 종합 월간 잡지인 [사상계] 1970년 5월호에 게재하고 그로 인해 반공법 위반으로 구속 기소되었다는 소식을 접하였다.

사상계(1970년 5월호) 및 삽화도

일찍이 1960년대 전반 서울대 문리대에서 한일굴욕회담 반대투쟁을 함께 했고 불과 7개월 전에는 비록 짧은 기간이지만 〈코리아마케팅〉에서 함께 일했던 지하 형에 관한 사건이므로 한편 놀라고 또 크게 걱정하면서 사태의 추이를 지켜보았다. 익히 알려진바 대로 지하 형은 바로 오적 사건을 분수령으로 1970년대를 통틀어 수많은 문학

활동을 펼치는 저항시인으로, 또 투옥과 석방과 도피로 점철된 반독재 민주투사로 자리매김하였다.

하지만 지하 형은 바로 이 '오적'이라는 시-이하 '오적'이라 함-때문에 온 천하가 다 아는 엄청난 필화(筆禍)를 겪었지만, 또 한편으론 저항시인 김지하라는 존재를 온 천하에 널리 알리는 결정적인 계기도 되었다. 따라서 이제부터는 그를 치열한 저항시인으로 매긴 1970년의 '오적'을 비롯하여 그의 신념을 가장 잘 나타낸 1975년의 '타는 목마름으로', 그리고 그가 시인으로 처음 등단한 1969년의 '황톳길' 등 3편의 시를 차례로 살펴봄으로써 그가 1970년대 저항시인과 민주투사로 부각된 삶의 맥락을 짚어 보려한다.

불과 3일 만에 '신명' 들려 '오적'을 썼다!

첫 번째로 살펴볼 김 시인의 '오적'이라는 시(詩)는 당시 어떤 국가적인 시국 상황에서 때맞춰 발표되었을까. 훗날 자신의 저서인 [흰 그늘의 길2](116~168쪽)의 '오적' 편에서 스스로 밝힌 바에 의하면 '오적' 시는 불과 3일 만에 썼고, 아울러 정보부에 끌려가 취조 받던 당시에 있었던 별스런 일화를 이렇게 자세하게 소개하고 있다.

"사흘 동안이었다. 〈오적〉을 얼마 만에 집필했느냐는 끝없는 질문에 '사흘'이라고 대답하면 모두 놀라거나 거짓말로 의심한다. 다시 말하지만 꼭 사흘이다. 이상한 것은 그 사흘 동안 어떤 영적 흥분이 나를 내내 서로잡고 있었다는 사실이다. 사실 내가 잘 모르거나 확인해보지도 않은 부패 사안들, 도둑질 방법, 호화판 저택의 시설이 단박에 그대로 떠올라 펜을 통해 곧바로 옮겨지면서 조금도 의심하거나 걱정함이 없었다는 사실은 도대체 무엇을 의미할까."

"그 정도 길이의 글을 쓰는 데에 소요되는 긴장과 피로감, 때론 권태감이나 착상의 변경이 아예 단 한 번도 없었다는 사실은 도대체 무엇을 의미할까. 아무리 이성으로 따져보아도 알 수 없다. 그러하매 우리는 그것을 '신명'이라 불러 마음으로 지극히 모시는 것이다. 바로 그 '신명'이 내게 지폈다고 밖에는 말할 수 없다." 〈中略〉

"그래, 어떤 정보부 과장은 술 한잔 걸치고 들어와 가라사대, "김지하는 애국자야, 애국자! 김지하는 천재야, 천재!" 또 어떤 간부는 살며시 구석 자리로 데려다 놓고 담뱃불을 붙여주며, "미스터 김! 정부 쪽에서 일 안 해보겠어? 여러 사람 말이 일치하는 건데 지금 정부엔 당신 같은 사람이 필요해, 어떤가?" 또 어떤 실장은 호기 있게 "김지하 술 한잔 마실까? 여봐, 자네 요 앞에 가서 술하고 좋은 안주 좀 시켜와!"

"별의별 희한한 일이 다 있었다. 그리고 나중에 이러는 것이다. '아무래도 당신 나이에 쓸 수 있는 글로 안 보인다'는 거야. 감식 전문가들 말이 너무 잘 썼고 한학이 대단하다는 거야. 기분 나빠하지 말고, 지금 여기 이 종이에 악명 높은 남산에 들어와 있는 솔직한 심정을 시로 한번 써봐! 제목은 '남산'이야"

"나는 대뜸 종이 위에 '유연견남산(悠然見南山)'이라고 한 줄 쓰고 그 밑에 '약여도연명(若如陶淵明)'이라고 휘갈겨 써버렸다. 한시 문법에 맞거나 틀리거나 내 알 바가 아니었다. 그때는 그만큼 자신이 붙어 있었다. 내 식으로 해석하면 "이제 느긋하게 남산을 바라보니 마치 내가 도연명이라도 되는 듯!" 아마 문법이 틀렸을 것이다. 그러나 그렇게 쓰는 나나 나를 의심하는 무식한 정보원들이나 오십보백보였으니…"〈下略〉

독재 권력이 '오적' 시를 창작케 하였다!

그렇다면 '오적' 시 창작의 배경인 시국상황에 앞서 어떤 시적인 형식과 내용을 담았기에 그런 폭발적인 반향을 일으키게 되었는지부터 살펴보려고 한다. 먼저 무엇보다 '오적'은 그 형식이 우리 전통 판소리를 계승하여 외화(外話)와 내화(內話)로 구성되었다. 먼저 '외화'는 '오적'의 창작 배경을 밝힌 앞말과 등장하는 이야기가 결코 창작이 아니라 구전(口傳)되는 것임을 밝히는 뒷말로 이루어졌다. 다음으로 구체적인 내용을 담은 '내화'는 8개의 작은 이야기들로 구성되어있다.

즉, ①오적의 소개 ②오적의 행적 ③오적 체포 어명 내림 ④꾀수가 오적으로 오해받아 고문당함 ⑤꾀수가 오적의 거처를 밝힘 ⑥오적 체포위해 포도대장 출동 ⑦포도대장 매수당해 꾀수가 체포됨 ⑧포도대장과 오적이 날벼락 맞아 급사함이다. 그런데 '오적'이라는 시를 보다 더 잘 이해하려면 그 시를 쓴 바탕이 된 당시의 우리 정국상황을 먼저 짚어 보아야한다. 그러니까 1969년 6월에 접어들자 공화당 정권은 현행 헌법상 금지된 박정희 대통령의 3선 출마를 위한 개헌 움직임을 가시화시켰다.

이에 따라 이를 반대하는 대규모 학생 시위가 전국적으로 격화되고, 급기야 7월 17일에는 야당인 신민당과 재야인사를 중심으로 '3선 개헌반대투쟁위원회'가 결성되었다. 그런 상황임에도 불구하고 여당인 민주공화당은 개헌안을 9월 14일 새벽 2시 소속 의원만이 모인 가운데 국회 제3별관에서 기습적으로 변칙 통과시켰다. 그리고 이어서 10월 17일 국민투표로 개헌이 확정되었다. 그리고 이듬해인 1971년 4월 27일 대통령 선거를 거쳐 현 대통령인 박정희는 제7대 대통령으로 당선되었다.

이어서 1972년 10월 17일에는 급기야는 헌정중단 사태인 이른바 '10월유신(十月維新)'을 기어이 단행하였다. 이렇듯 박정희 정권이 장기 독재정권 수립을 위해 일방적인 폭주를 감행하고 있을 때 박 정권이 1960년대 중반 이래 추진한 강력한 경제개발 분위기에 기생하여 온갖 부정적인 수단으로 막대한 부와 특권을 누리고 있는 바로 그 실존의 '오적'들에 대한 야당과 민심의 반감과 분노는 폭발직전에 다다르고 있었다.

'오적' 시는 판소리 미학을 계승한 '담시'이다!

이런 상황에서 '오적'은 박 정권의 개발독재 과정에서 특권과 부정으로 엄청난 부(富)를 축적한, 대표적인 다섯 가지 인물형을 대한제국

말기의 을사오적(乙巳五賊)에 빗대어 비판한 풍자시(諷刺詩)이다. 그런데 '오적'은 "자유로운 형식의 짧은 서사시(敍事詩)를 일컫는 일종의 담시(譚詩)"이다. 아울러 김 시인은 전통적 민중 예술형식인 판소리의 미학을 계승하여 극적 요소와 서정적 요소 및 서사적 요소를 결합한 '소리'라고 규정하고 있다.

이렇듯 이 담시에 등장하는 '오적'의 구체적인 정체는 재벌·국회의원·고급공무원·장성·장차관이다. 그런데 이들 다섯 유형의 인물들을 한자의 '개견(犬-犭)'자가 들어가는 새로운 조어(造語), 즉 '재벌(狾獘)'·'국회의원(匊獪狋猿)'·'고급공무원(跍碟功無獂)'·'장성(長猩)'·'장차관(瞕搓瞳)'으로 표기함으로써 그들을 동물화 했다.[8] 특히 이 시에는 오적(五賊) 이외에도 부정부패를 척결해야할 임무를 맡은 포도대장이 등장한다. 바로 경찰이나 사법당국을 상징하는 포도대장은 정의를 구현하기위해 노력하기는커녕 '오적'에게 매수되어 죄 없는 국민들을 투옥하는 권력의 앞잡이로 등장한다.

이제 당대의 모순과 부조리를 풍자(諷刺)하는 판소리의 미학적(美學的) 요체(要諦)인 해학적(諧謔的)·비유적(比喻的)·교훈적(敎訓的)·권선징악적(勸善懲惡的)인 담시 '오적'의 묘미를 음미하기 위해, 도입부와

---

8) · 재벌(狾獘)-잡아 매야할 미친개들
  · 국회의원(匊獪狋猿)-권력 움켜쥐고 교활하게 으르렁거리는 원숭이
  · 고급공무원(跍碟功無獂)-높은 자리에 걸터앉아 할 일없는 원숭이
  · 장성(長猩)-키만 훌쭉 큰 우랑우탄
  · 장차관(瞕搓瞳)-눈 가리고 두 손 비벼대다, 기회 찾아 눈 부릅뜨는 얼치기

오적의 유형 소개 및 포도대장의 출동, 그리고 하늘의 뜻에 따른 '오적'의 비참한 말로(末路)를 차례로 살펴보려고 한다. 2016년 박경리 세계문학상을 수상한 케냐의 작가 '응구기 와 시옹오(Ngugi Wa Thiongo)'가 "시는 김지하가 최고다. 그 중에서도 '오적'이다"라고 극찬한 바로 그 시, '오적'을 음미(吟味)해 보자.

"내 별별 이상한 도둑이야길 하나 쓰것다!"

오적(五賊)

- 1 -

시(詩)를 쓰되 좀스럽게 쓰지 말고 똑 이렇게 쓰렷다. / 내 어쩌다 붓끝이 험한 죄로 칠전에 끌려가 / 볼기를 맞은 지도 하도 오래라 삭신이 근질근질 / 방정맞은 조동아리 손목댕이 오물오물 수물수물 / 뭐든 자꾸 쓰고 싶어 견딜 수가 없으니, 에라 모르겠다 / 볼기가 확확 불이 나게 맞을 때는 맞더라도 / 내 별별 이상한 도둑이야길 하나 쓰것다.

옛날도 먼 옛날 상달 초사흗날 백두산 아래 선 뒷날 / 배꼽으로 보고 똥구멍으로 듣던 중엔 으뜸 / 아동방(我東方)이 바야흐로 단군 아래 으뜸 / 으뜸가는 태평 태평 태평성대라 / 그 무슨 가난이 있겠느냐 도둑이 있겠느냐 / 포식한 농민은 배 터져 죽는 게 일쑤요 / 비단옷 신물나서 사시장철 벗고 사니 / 고재봉 제 비록 도둑이라곤 하나 / 공자님 당년에도 도척이 났고 / 부정부패 가렴주구 처처에 그득하나 / 요순시절에도 사흉은 있었으니 / 아마도 현군양상(賢君良相)인들 세살 버릇 도벽(盜癖)이야 / 여든까지 차마 어찌할 수 있겠느냐.

서울이라 장안 한복판에 다섯 도둑이 모여 살았것다. / 남녘은 똥덩어리 둥둥 / 구정물 한강가에 동빙고동 우뚝 / 북녘은 털 빠진 닭똥구멍 민둥 / 벗은 산 만장 아래 성북동 수유동 뽀쪽 / 남북 간에 오종종종 판잣집 다닥다닥 / 게딱지 다닥 게딱지 다닥 그 위에 불쑥 / 장충동 약수동 솟을대문 제멋대로 와장창 / 저 솟고 싶은 대로 솟구쳐 올라 삐까번쩍 / 으리으리 꽃궁궐에 밤낮으로 풍악이 질펀 떡치는 소리 쿵떡.

예가 바로 재벌, 국회의원, 고급공무원, 장성, 장차관이라 이름하는, / 간뗑이 부어 남산만하고 목질기기가 동탁배꼽 같은 / 천하 흉포 오적(五賊)의 소굴이렷다. / 사람마다 뱃속의 오장육보로 되었으되 / 이놈들 배 안에는 큰 황소 불알만한 도둑보가 곁붙여 오장칠보 / 본시 한 왕초에게 도둑질을 배웠으니 재조는 각각이라 / 밤낮없이 도둑질만 일삼으니 그 재조 또한 신기(神技)에 이르렀것다.

하루는 다섯 놈이 모여 / 십년 전 이맘 때 우리 서로 피로서 맹세코 도둑질을 개업한 뒤 / 날이 날로 느느니 기술이요 쌓으느니 황금이라, 황금 십만 근을 걸어놓고 / 그 간에 일취월장 묘기(妙技)를 어디 한번 서로 겨룸이 어떠한가 / 이렇게 뜻을 모아 도(盜)짜 한자 크게 써 걸어 놓고 / 도둑시합을 벌이는데 / 때는 양춘가절(陽春佳節)이라 날씨는 화창, 바람은 건듯, 구름은 둥실 / 저마다 골프채 하나씩 비껴들고 꼰아잡고 / 행여 질세라 다투어 내달아 비전(秘傳)의 신기(神技)를 자랑해 쌌는다.

첫째 도둑 나온다 / 재벌(狾㹮)이란 놈 나온다 / 돈으로 옷해 입고 돈으로 모자해 쓰고 돈으로 구두해 신고 돈으로 장갑해 끼고 / 금시계, 금반지, 금팔지, 금단추, 금넥타이 핀, 금카후스보턴, 금박클, 금니빨, 금손톱, 금발톱, 금작크, 금시계줄. / 디룩디룩 방댕이, 불룩불룩 아랫배, 방귀를 뽕뽕뀌며 아그작 아그작 나온다 / 저놈 재조봐라 저 재벌놈 재조봐라 / 장관은 노랗게 굽고 차관은 벌겋게 삶아 / 초치고 간장치고 계자치고 고추장치고 미원까지 톡톡쳐서 실고추 파 마늘 곁들여 날름 / 세금 받은 은행 돈, 외국서 빚낸 돈, 왼갖 특혜 좋은 이권은 모조리 꿀꺽 / 이쁜 년 꾀어서 첩삼아 밤낮으로 작신작신 새끼까기 여념없다 / 수두룩 까낸 딸년들 모조리 칼 쥔놈께 시앗으로 밤참에 진상하여 / 귀띔에 정보 얻고 수의계약 낙찰시켜 헐값에 땅샀다가 길 뚫리면 한몫 잡고 / 천(千)원 공사(工事) 오원에 쓱싹, 노동자임금은 언제나 외상 외상 / 둘러치는 재조는 손오공할 애비요 구워삶는 재조는 뙤놈숙수 뺨치겄다.

또 한 놈 나온다 / 국회의원(菊獪狋猿) 나온다. / 곱사같이 굽은 허리, 조조같이 가는 실눈, / 가래 끓는 목소리로 우성거리며 나온다. / 털투성이 몽둥이에 혁명공약 휘휘감고 / 혁명공약 모자 쓰고 혁명공약 배지차고 / 가래를 퉤퉤, 골프채 번쩍, 깃발같이 높이 들고 대갈일성, 쪽 째진 배암 샛바닥에 구호가 와그르 / 혁명이닷, / 구악(舊惡)은 신악(新惡)으로! 개조(改造)닷, 부정축재는 축재부정으로! 근대화닷, 부정선거는 선거부정으로! 중농(重農)이닷, 빈농(貧農)은 이농(離農)으로! / 건설이닷, 모든 집은 와우식(臥牛式)으로! 사회정화(社會淨化)닷, 정인숙(鄭仁淑)을, 정인숙을 철두철미하게 본받아랏! / 궐기하랏, 궐기하랏! 한국은행권아, 막걸리야, 주먹들아, 빈대표야, 곰보표야, 째보표야, / 올빼미야, 쪽제비야, 사꾸라야, 유령(幽靈)들아, 표도둑질 성전(聖戰)에로 총궐기하랏! / 손자(孫子)에도 병불염사(兵不厭詐) 치자즉(治者卽) 도자(盜者)요 공약즉(公約卽) 공약(空約)이니 / 우매(愚昧) 국민 그리 알고 저리 멀찍 비켜서랏, 냄새난다 퉤 – / 골프 좀 쳐야것다.

셋째 놈이 나온다 / 고급공무원(跍磔功無源) 나온다. / 풍선은 고무풍선, 독사같이 모난 눈, 푸르족족 엄한 살, / 꽉다문 입꼬라지 청백리(淸白吏) 분명쿠나 / 단 것을 갖다주니 쩔레쩔레 고개저어 우린 단것 좋아 않소, 아무렴, 그렇지, 그렇구말구 / 어허 저놈 뒤좀 봐라 낯짝 하나 더 붙었다 / 이쪽보고 히뜩히뜩 저쪽보고 헤끗헤끗, 피둥피둥 유들유들 숫기도 좋거니와 이빨꼴이 가관이다. / 단것 너무 처먹어서 새까맣게 썩었구나, 썩다 못해 문드러져 오리(汚吏)가 분명쿠나 / 산같이 높은 책상 바다같이 깊은 의자 우뚝 나직 걸터앉아 / 공(功)은 쥐뿔 없는 놈이 하늘같이 높이 앉아 한손으로 노땡큐요 다른 손은 땡큐땡큐 / 되는 것도 절대 안돼, 안 될 것도 문제없어, 책상위엔 서류뭉치, 책상 밑엔 지폐뭉치 / 높은 놈껜 삽살개요 아랫놈껜 사냥개라, 공금은 잘라먹고 뇌물은 청(請)해먹고 / 내가 언제 그랬더냐 흰구름아 물어보자 요정(料亭)마담 위아래로 모두 별 탈 없다더냐.

넷째 놈이 나온다 / 장성(長猩)놈이 나온다 / 키 크기 팔대장성, 제밑에 졸개행렬 길기가 만리장성 / 온몸이 털이 숭숭, 고리눈, 범아가리, 벌룸코, 탑삭 수염, 짐승이 분명쿠나 / 금은 백동 청동 황동, 비단공단 울긋불긋, 천근만근 훈장으로 온몸을 덮고 감아 / 시커먼 개다리를 여기차고 저기차고 엉금엉금 기나온다 / 장성(長猩)놈 재조보라 / 쫄병들 줄 쌀가마니 모래가득 채워놓고 쌀은 빼다 팔아먹고 / 쫄병 먹일 소돼지는 털한개씩 나눠주고 살은 혼자 몽창먹고 / 엄동설한 막사 없어 얼어 죽는 쫄병들을 / 일만하면 땀이 난다 온종일 사역시켜 / 막사지을 재목갖다 제집크게 지어놓고 / 부속 차량 피복 연판 부식에 봉급까지, 위문품까지 떼어먹고 / 배고파 탈영한 놈 군기잡자 주어패서 영창에 집어놓고 / 열중쉿 열중 열중열중쉿 열중 / 빵빵들 데려다가 제마누라 화냥끼 노리개로 묶어두고 / 저는 따로 첩을 두어 운우어수(雲雨魚水) 공방전(攻防戰)에 병법(兵法)이 신출귀몰(神出鬼沒).

마지막 놈 나온다 / 장차관(瞕搓矘)이 나온다 / 허옇게 백태끼어 삐적삐적 술지게미 가득고여 삐져나와 / 추접무비(無比) 눈꼽낀 눈 형형하게 부라리며 왼손은 골프채로 국방을 지휘하고 / 오른손은 주물럭주물럭 계집 젖통 위에다가 증산 수출 건설이라 깔짝깔짝 쓰노라니 / 호호 아이 간지럽사와요 이런 무식한 년, 국사(國事)가 간지러워? / 굶더라도 수출이닷, 안 팔려도 증산이닷, 아사(餓死)한놈 뼉다귀로 현해탄에 다리 놓아 가미사마 배알하잣! / 째진 북소리 깨진 나팔소리 삐삐빼빼 불어대며 속셈은 먹을 궁리 / 검정세단 있는데도 벤쯔를 사다놓고 청렴결백 시위코자 코로나만 타는구나 / 예산에서 몽땅 먹고 입찰에서 왕창 먹고 행여나 냄새날라 질근질근 껌씹으며 / 캔트를 피워 물고 외래품 철저단속 공문을 휙휙휙휙 내갈겨 쓰고 나서 어허 거참 달필(達筆)이다. / 추문 듣고 뒤쫓아온 말 잘하는 반벙어리 신문기자 앞에 놓고 ? / 일국(一國)의 재상더러 부정(不正)이 웬 말인가 귀거래사 꿍얼꿍얼, 자네 핸디 몇이더라?

- 3 -

오적(五賊)의 이 절륜한 솜씨를 구경하던 귀신들이 / 깜짝 놀라서 어마 뜨거라 저놈들한테 붙잡히면 뼉다귀도 못추리것다 / 똥쭐 빠지게 내빼버렸으니 요즘엔 제사지내는 사람마저 드물어 졌겄다. / 이리 한참 시합이 구시월 똥 호박 무르익듯이 물씬물씬 무르익어 가는데 / 여봐라 / 게 아무도 없느냐 / 나라 망신시키는 오적(五賊)을 잡아들여라 / 추상같은 어명이 쾅, / 청천 하늘에 날벼락 치듯 쾅쾅쾅 연거푸 떨어져 내려 쏟아져 퍼부어싸니 / 네이-당장에 잡아 대령하겠나이다, 대답하고 물러선다. 포도대장 물러선다 포도대장 거동 봐라 / 울뚝불뚝 돼지 코에 술 찌꺼기 허어옇게 묻은 메기 주둥이 / 침은 질질질 / 장비사돈네 팔촌 같은 텁석부리 수염, 사람 여럿 잡아먹어 피가 벌건 왕방울 눈깔 / 마빡에 주먹 혹이 뙬 때 마다 덜렁덜렁 / 열십자 팔벌이고 멧돌같이 좌충우돌, 사자같이 으르르르릉. 〈中略〉

- 4 -

전라도 갯땅쇠 꾀수놈이 발발 오뉴월 동장군 만난 듯이 발발발 떨어댄다. / 네놈이 오적이지 / 그럼 네가 무엇이냐 / 날치기요 / 날치기면 더욱 좋다. 날치기, 들치기, 밀치기, 소매치기, 네다바이 / 다 합쳐서 오적이지 그 아니냐 / 아이구 난 날치기가 아니요 / 그럼 네가 무엇이냐 / 펨프요 / 펨프면 더욱 좋다 펨프, 창녀, 포주, 깡패, 쪽쟁이 / 다 합쳐서 풍속사범 오적(五賊)이 바로 그것 아니더냐 / 아이구 난 펨프가 아니오 / 그럼 네가 무엇이냐 / 껌팔이요 / 껌팔이면 더욱 좋다 / 껌팔이, 담배팔이, 양말팔이, 도롭프스팔이, 쪼코렛팔이 / 다 합쳐서 외래품 팔아먹는 오적(五賊)이 그 아니냐.

아이구 난 껌팔이가 아니오 / 그럼 네가 무엇이냐 / 거지요 / 거지면 더더욱 좋다 / 거지, 문둥이, 시라이, 양아치, 비렁뱅이 다 합쳐서 / 우범 오적(五賊)이란 너를 두고 이름이다 가자 이놈 큰집으로 바삐 가자 / 애고 애고 난 아니오 / 오적(五賊)만은 아니어라우 / 나는 본시 갯땅쇠로 농사로는 / 배고파서 돈 벌라고 서울 왔소 / 내게 죄가 있다면은 / 어젯밤에 배고파서 국화빵 한 개 훔쳐먹은 그 죄밖엔 없습네다. / 이리바짝 저리죄고 위로 들고 아래로 따닥 / 찜질 매질 물질 불질 무두질에 당근질에 비행기 태워 공중잡이 / 고춧가루 비눗물에 식초까지 퍼부어도 / 싹아지 없이 쏙쏙 기어나오는건 아니랑께롱. / 한마디뿐이었다.

― 5 ―

포도대장 할 수없이 꾀수놈을 사알살 꼬실른다 / 저것봐라 / 오적(五賊)은 무엇이며 어디있나 / 말만하면 네 목숨은 살려주마 / 꾀수놈 꾀수놈이 말 듣고 옳다꾸나 대답한다. / 오적(五賊)이라 하는 것은 재벌, 국회의원, 고급공무원, 장성, 장차관이란 다섯 짐승, 시방 동빙고동에서 도둑 시합 열고 있소. / 으흠 / 거 어디서 많이 듣던 이름이다 정녕 그게 짐승이냐? / 그라문이라우, 짐승도 아주 흉악한 짐승이지라우 / 옳다 됐다 내새끼야 그말을 진작하지 / 포도대장 하도 좋아 제 무릎을 탁치는데 / 어떻게 우악스럽게 쳐 버렸던지 무릎뼈가 파싹깨져 버렸겄다 그러허나 / 아무리 죽을 지경이라도 사(死)는 사(私)요 공(功)은 공(公)이라 / 네놈 꾀수 앞장서라, 당장에 잡아다가 능지처참한 연후에 나도 출세해야겄다.

― 6 ―

꾀수놈 앞세우고 포도대장 출도한다 / 범눈깔 부릅뜨고 백주대로상에 헷

드라이트 왕눈깔을 미친 듯이 부릅뜨고 / 부릉 부릉 부르릉 찍찍 / 소리 내지르며 질풍같이 내닫는다 / 비켜라 비켜라 / 안비키면 오적(五賊)이다. / 간다 간다 내가 간다 / 부릉 부릉 브르릉 찍찍 우당우당 우당탕 쾅쾅 / 오적(五賊) 잡으러 내가 간다 / 남산을 훌렁 넘어 한강물 바라보니 동빙고동 예로구나 / 우레같은 저 함성 범같은 늠름기상 이완대장(李浣大將) 재래(再來)로다 / 시합장에 뛰어들어 포도대장 대갈일성 / 이놈들 오적(五賊)은 듣거라 / 너희 한갓 비천한 축생의 몸으로 / 방자하게 고혈 빨아 주지육림 가소롭다. / 대역무도 국위손상, 백성 원성 분분하매 어명으로 체포하니 오라를 받으렷다.

이리 호령하고 가만히 둘러보니 눈 하나 깜짝하는 놈 없이 / 제일에만 열중하는데 / 생김생김은 짐승이로되 호화찬란한 짐승이라 / 포도대장 깜짝 놀라 사면을 살펴보는데 / 이것이 꿈이냐 생시냐 이게 어느 천국이냐 / 서슬 푸른 용트림이 기둥처처 승천하고 / 맑고 푸른 수영장엔 벌거벗은 선녀(仙女) 가득 / 몇십리 수풀들이 정원 속에 그득 그득 / 〈中略〉 여대생(女大生) 식모두고 경제학박사 회계두고 임학(林學)박사 원정(園丁)두고 경제학박사 집사두고 / 가정교사는 철학박사 비서는 정치학박사 미용사는 미학(美學)박사 / 박사박사박사박사. /

잔디 행여 죽을 새라 잔디에다 스팀넣고, 붕어 행여 죽을 새라 연못 속에 에어컨 넣고 / 새들 행여 죽을 새라 새장속 히터넣고 / 개밥 행여 상할세라 개집 속에 냉장고 넣고 / 〈中略〉 열어 재킨 문틈으로 집안을 언듯 보니 / 자개 케비넷, 무광택 강철함롱, 봉그린 용장, 용그린 봉장, 삼천삼백삼십삼층장, 카네손 그린 화초장, 운동장만한 옥쟁반, 삘딩같이 높이 솟은 금은 총동 놋촉대, / 전자시계, 전자밥그릇, 전자주전자, 전자 젓가락, 전자꽃병, 전자거울, 전자책, / 전자기방, 쇠유리병, 흙나무그릇, 이조청자, 고려백자, 거꾸로 걸린 삐까소, 옆으로 붙인 샤갈, 석파란(石坡蘭)은 금칠액틀에 번들번들 끼워놓고, 산수화조호접인물(山水花鳥胡蝶人物) / 〈中略〉

여편제들 치장보니 청옥머리핀, 백옥구두장식, / 황금불취, 백금이빨, 밀화귓구멍마개, 호박밀구멍마개, 산호똥구멍마개, 루비배꼽구멍마개, 금파단추, 진주귀걸이, 야광주코걸이, 자수정목걸이, 싸파이어팔찌, 에메랄드팔찌, 다이아몬드허리띠, 터키석(石)안경대, / 유독 반지만은 금칠한 삼원짜리 납반지가 번쩍번쩍 칠흑암야에 횃불처럼 도도무쌍(無雙)이라! / 왼갖 음식 살펴보니 침 꼴깍 넘어가는 소리 천지가 진동한다. / 소털구이 돼지콧구멍볶음, 염소수염튀김, 노루뿔삶음, 닭네발산적, 꿩지느라미말림, 도미날개지짐, 조기발톱젓, / 〈中略〉 괭장망장과화주, 산또리, 계당주, 샴펭, 송엽주, 드리이찐, 자하주, 압산, 오가피주, 죠니워카, 구기주, 화이트호스, 신선주, 짐빔, 선약주, 나폴레옹 꼬냑 약주, 탁주, 소주, 정종, 화주, 째주, 보드카, 람주(酒)라! /

- 7 -

아기리가 딱 벌어져 닫을 염도 않고 포도대장 침을 질질질질질질 흘러싸면서 가로되 놀랠놀자로다. / 저게 모두 도둑질로 모아들인 재산인가 / 이룰 줄 알았다면 나도 일찍암치 도둑이나 되었을 걸 / 원수로다 원수로다 양심(良心)이란 두 글자가 철천지원수로다. / 이리 속으로 자탄망조 하는 터에 / 한 놈이 쓰윽 다가와 써억 술잔을 권한다 / 보도 듣도 맛보도 못한 술인지라 / 허겁지겁 한잔 두잔 헐레벌떡 석잔 넉잔 / 이윽고 대취하여 포도대장 일어서서 일장연설 해보는데 /

안주를 어떻게 많이 쳐먹었는지 이빨이 확 닳아 없어져 버린 아가리로 / 이빨을 딱딱 소리내 부딪쳐가면서 씹어뱉는 그 목소리 엄숙하고 그 조리정연하기 성인군자의 말씀이라 / 만장하옵시고 존경하는 도둑님들! / 도둑은 도둑의 죄가 아니요, 도둑을 만든 이 사회의 죄입네다 / 여러 도둑님들께옵선 도둑이 아니라 이 사회에 충실한 일꾼이니 / 부디 소신껏 그 길에 매진, 용진, 전진, 약진하시길 간절히 바라옵고 또 간절히 바라옵니다 / 이 말 끝에 박장대소 천지가 요란할 때 / 포도대장 뛰어나가 꾀수놈 낚궈채어 오라 묶어 세운 뒤에 / 요놈, 네놈을 무고죄로 입건한다. /

때는 가을이라 / 서산낙일에 객수(客愁)가 추연하네 / 외기러기 짝을 찾고 쪼각달 희게 비껴 / 강물은 붉게 타서 피흐르는데 / 어쩔거나 두견이는 설리설리 울어쌌는데 어쩔거나 / 콩알 같은 꾀수묶어 비틀비틀 포도대장 개트림에 돌아가네 / 어쩔거나 어쩔거나 우리 꾀수 어쩔거나 / 전라도서 굶고 살다 서울와 돈번다더니 / 동대문 남대문 봉천동 모래내에 온갖 구박 다 당하고 / 기어이 가는구나 가막소로 가는구나 / 어쩔거나 억울하고 원통하고 분한 사정 누가있어 바로잡나 / 잘가거라 꾀수야 / 부디부디 잘 가거라. /

- 8 -

꾀수는 그길로 가막소로 들어가고 / 오적(五賊)은 뒤에 포도대장 불러다가 / 그 용기를 어여삐 녀겨 저희 집 솟을 대문 / 바로 그 곁에 있는 개집 속에 살며 / 도둑을 지키라 하매, 포도대장 이말 듣고 얼시구 좋아라 지화자 좋네 / 온갖 병기(兵器)를 다 가져다 삼엄하게 늘어놓고 / 개집 속에서 내내 잘 살다가 / 어느 맑게 개인 날 아침, 커다랗게 기지개를 켜다 갑자기 / 벼락을 맞아 급살하니 / 이때 또한 오적(五賊)도 육공(六孔)으로 피를 토하며 꺼꾸러졌다는 이야기. / 허허허 / 이런 행적이 백대에 민멸치 아니하고 인구(人口)에 회자하여 / 날 같은 거지시인의 싯귀에까지 올라 / 길이길이 전해 오갔다.

김지하, 반공법 위반으로 구속되다!

당시 박정희 정권은 '오적'의 유포를 막기 위해 [사상계]의 시판을 중지시켰다. 일단 이 선에서 마무리된 듯했던 오적이 다시 문제가 된 것은 야당인 신민당의 기관지인 〈민주전선(民主前線)〉이 6월 1일자에 '오적'을 다시 실었기 때문이다. 급기야 6월 2일 새벽 1시 50분쯤 중

오적 필화 당시의 김지하

앙정보부와 종로경찰서 요원에 의해 〈민주전선〉 10만여 부가 압수되고 6월 2일 김지하 시인 및 사상계 사장 부완혁, 편집장 김승균, 민주전선 출판국장 김용성 등이 반공법 위반 혐의로 구속 기소되었다.

검찰은 시 '오적'이 계급의식을 조장하고 북한의 선전 자료로 이용되었다는 이유로 유죄를 주장했다. 그러나 김지하 시인은 법정에

서 오적은 일부 몰지각한 부정부패자와 이의 단속에 나선 경찰 비위에 대한 권선징악을 판소리 형식으로 풍자한 것이며 계급의식을 고취시킬 의도는 없었다고 진술했다. 그러나 사실 대통령선거와 국회의원 선거를 앞두고 정치권력과 사회지배층의 부정부패를 노골적으로 꼬집은 김 시인과 이를 활용한 야당을 박정희 정권이 그대로 둘 리가 없었다.

한편 '오적'을 실었던 월간 [사상계]는 1970년 9월 29일자로 등록을 취소당했다. 이에 사상계는 문공부 장관을 상대로 등록취소처분취소 청구소송을 제기했고 1971년 10월 26일 서울고법 특별부에서 승소판결을 받았다. 그러나 [사상계]는 더 이상 발행되지 않았다. 김지하 시인은 '오적' 필화사건으로 구속되었으나 국내외의 구명운동에 힘입어 석방되었다. 이후 계속해서 희곡 '나폴레옹 꼬냑' 김수영 추도시론인 '풍자냐 자살이냐'를 발표하였고 1970년 첫 시집 [황토]를 발간하였다.

그리고 1971년 이후에는 천주교 원주교구에 머물면서 계속 저항 시를 발표하고 도피 생활을 거듭하던 중, 1974년엔 민청학련 사건을 배후 조종한 혐의로 또 다시 투옥되어 군사재판에서 사형을 선고받았다. 그러나 1주일 뒤 무기징역으로 감형되고 1975년 2월 형 집행정지 처분으로 약 10개월 만에 출옥하였다. 하지만 출소 후 동아일보에 '고행 1974'를 3회에 걸쳐 게재하여 인혁당 사건이 조작됐다고 폭로했다. 이에 따라 다시 체포돼 수감되었으며 6년 후인 1980년 9월 형 집행정지로 석방됐다. 그리고 1984년 사면 복권되고 해금되면서 1970년대 저작들이 다시 간행되었다.

"타는 목마름으로" 민주주의를 갈구하다!

두 번째로 살펴볼 김 시인의 시는 1975년에 발표된 '타는 목마름으로'이다. 그리고 이 시는 훗날 시집 [타는 목마름으로, 1982]에도 수록되었다. 우선 이 시는 제목만 들어도 단박에 숨이 탁 끊어 질 것 같은 절박감이 느껴진다. 당연히 그래서인지 1970년대를 통틀어 저항문학의 기념비적인 작품이 되었다. 따라서 이 시는 김 시인이 1960년대와 1970년대를 꿰뚫어 간 '자유'와 '민주주의'라는 자신의 신념을 가장 쉽고 절절하게 읊조리고 있다.

- 타는 목마름으로 -

신새벽 뒷골목에 / 네 이름을 쓴다 민주주의여 / 내 머리는 너를 잊은 지 오래 / 내 발길은 너를 잊은 지 너무도 너무도 오래 / 오직 한 가닥 있어 / 타는 가슴 속 목마름의 기억이 / 네 이름을 남 몰래 쓴다 민주주의여,

아직 동 트지 않은 뒷골목의 어딘가 / 발자욱 소리 호르락 소리 문 두드리는 소리 / 외마디 길고 긴 누군가의 비명소리 / 신음소리 통곡소리 탄식소리 그 속에 내 가슴팍 속에 / 깊이깊이 새겨지는 네 이름 위에 / 네 이름의 외로운 눈부심 위에,

살아오는 삶의 아픔 / 살아오는 저 푸르른 자유의 추억 / 되살아오는 끌려가던 벗들의 피묻은 얼굴 / 떨리는 손 떨리는 가슴 / 떨리는 치떨리는 노여움으로 나무판자에 / 백묵으로 서툰 솜씨로 쓴다 / 숨죽여 흐느끼며 / 네 이름을 남 몰래 / 쓴다 / 타는 목마름으로 / 타는 목마름으로 / 민주주의여 만세.

이 시의 '1연'은 민주주의에 대한 열망, '2연'은 시대적 고통과 분노, '제3연'은 민주주의를 애타게 기다림을 절규하고 있다. 그 누구나 이 시를 소리쳐 읽으면 언제 어디서나 민주주의가 짓밟힌 암울한 1970년대 유신독재 치하에서, 어쩔 수 없이 숨죽여 살지만 '민주주의'를 갈구하는 젊은이들과 민중들의 처절한 절규가 어김없이 들린다. 그렇다! 김 시인은 이 시를 통해 유신 독재로 잃어버린 '자유'와 '민주주의'를 성난 목소리로 반복해서 외치며, 무자비한 탄압으로 고통 받는 민주주의를 청각적으로 나마 생생하게 살려내었다. 또 가사를 약간 바꾸어 1980년에 김광석과 안치환이 노래로 불렀다.

그래서 이 시를 통해 김 시인은 인류의 보편적 가치인 민주주의의 수호를 위해 치열한 투쟁을 단호하고 의지적인 어조로 강조한다. 특히 민주주의를 '너'로 의인화(擬人化)시켜 표현함으로써 반복법(反復法)과 점층법(漸層法)을 사용해 내재적 리듬을 형성함과 동시에 감정을 점층적으로 고조시키고 있다. 특히 '신새벽'과 '뒷골목'이라는 은유적(隱喻的)인 시어(詩語)를 통해 김 시인은 암울한 당시의 현실을 상징적으로 널리 알리고 있다.

아울러 민주주의가 압살당하는 고통스런 현실과 많은 민주인사들이 체포 구금되는 억압적 시대상황을 여러 가지 소리의 중첩을 통해 사실적으로도 묘사하고 있다. 이와 더불어 암담한 시대적 상황 속에서도 "민주주의만세!"를 부르짖으며 민주주의에 대한 갈망이 뜨겁게 타오르고 있음을 노래하고 있다. 바로 김 시인은 물론 우리 모두 1960년대와 1970년대를 이렇듯 '타는 목마름으로' 치열하게 투쟁하며 살았다.

'황톳길'에 선연한 핏자욱 따라 나는 간다!

세 번째로 살펴볼 김 시인의 시는 1969년 정식으로 등단하며 발표하였고, 이듬해에 발간한 첫 시집 [황토, 1970]에도 수록되어 있는 '황톳길'이다. 처음 얼핏 읽으면 매우 어렵고 섬뜩한 느낌도 든다. 하지만 찬찬히 다시 몇 번 읽으면 엄청 공감하며 전율(戰慄)하게 된다. 그런데 이 시는 김 시인 자신의 '문학과 삶'이 훗날 뒤이어 걸어갈, 그러니까 다가올 1970년대와 80년대에 자신이 지향해 갈 방향을 예시(豫示)하고 있다. 따라서 이 시는 김 시인의 시적(詩的)인 출사표(出師表)로서 그의 '문학적 원형'이며, 종국적으로는 '생명문학'을 열어가는 단초가 된 기념비적인 작품이다.

- 황톳길 -

황톳길에 선연한 / 핏자욱 핏자욱 따라 / 나는 간다 애비야 / 네가 죽었고

/ 지금은 검고 해만 타는 곳 / 두 손엔 철삿줄 / 뜨거운 해가 / 땀과 눈물과 메밀밭을 태우는 / 총부리 칼날 아래 더위 속으로 / 나는 간다 애비야 / 네가 죽은 곳 / 부줏머리 갯가에 숭어가 뛸 때 / 가마니 속에서 네가 죽은 곳,

밤마다 오포산에 불이 오를 때 / 울타리 탱자도 서슬 푸른 속니파리 / 뻗시디 뻗신 성장처럼 억세인 / 황토에 대낮 빛나던 그날 / 그날의 만세라도 부르랴 / 노래라도 부르랴,

대숲에 대가 성긴 동그만 화당골 / 우물마다 십 년마다 피가 솟아도 / 아아 척박한 식민지에 태어나 / 총칼 아래 쓰러져간 나의 애비야 / 어이 죽순에 괴는 물방울 / 수정처럼 맑은 오월을 모르리 모르리마는.

작은 꼬막마저 아사하는 / 길고 잔인한 여름 / 하늘도 없는 폭정의 뜨거운 여름이었다 / 끝끝내 / 조국의 모든 세월은 황톳길은 / 우리들의 희망은,

낡은 짝배들 햇볕에 바스라진 / 뻘길을 지나면 다시 모밀밭 / 희디흰 고랑 너머 / 청천 드높은 하늘에 갈리든 / 아아 그날의 만세는 십 년을 지나 / 철삿줄 파고드는 살결에 숨결 속에 / 너의 목소리를 느끼며 흐느끼며 / 나는 간다 애비야 / 네가 죽은 곳 / 부줏머리 갯가에 숭어가 뛸 때 / 가마

니 속에서 네가 죽은 곳.

　우리나라 방방곡곡 어디에도 황톳길은 부지기수로 많다. 그래도 보통 황톳길이라 하면 단박에 떠오르는 이미지는 1950년대 '보리피리'의 시인 한하운(韓何雲)이 '가도 가도 붉은 황톳길 숨막히는 더위뿐이더라'라고 읊은 바로 그 전라도길이다. 하긴 김 시인도 전남 목포에서 태어나 '남도 황톳길'의 의미를 누구보다도 뚜렷이 새기며 유년시절을 보내긴 했다. 그래서 스스로 「흰 그늘의 길」에서 "남도의 황톳빛은 누런빛이 아니다. 그것은 핏빛이라 해야 옳다고 했다." 그렇지만 이 시에서 황톳길이란 결코 그런 좁은 지역적 의미의 길이 아니다.

　그렇다! 바로 이 시에서 '황톳길'이란 오랫동안 이어온 이 나라 민중에 의한 피의 역사가 이 땅을 핏빛으로 물들였음을 상징한다. 따라서 우리의 뭇 황톳길엔 민중의 저항과 희생에 이어 생명과 부활의 끈질긴 역사가 짙게 배어있음을 확실하게 강조하고 있다. 그렇게 이해하는 까닭은 김 시인 자신이 훗날 '황톳길'이란 시에 대해 직접 이렇게 피력하고 있기 때문이다.

　"나는 이 황톳길에서 그때 한편의 시를 얻었으니 그것이 바로 「황톳길」이다. 나의 출사표로도 불리는 그 비극적인 시 「황톳길」은, 그리고 나의 민중민족문학의 길은, 나아가 생명문학의 길은 이렇게 해서 그곳, 핏빛이 땅에서, 과거의 아픈 상처에 대한 기억과의 대면을 통해서, 직시를 통해서 이렇게 탄생했다."

[흰 그늘의 길1](441쪽)

그렇다! 우리의 황톳길에는 1890년대엔 동학군과 의병이 죽창을 들고 달렸으며, 1900년대 초반엔 3·1만세운동, 중반엔 6·25전쟁과 4·19혁명과 5·16군사정변 등으로 점철된 민중들의 저항과 희생으로 피를 불렀던 '질곡의 길'이다. 그렇지만 또 한편으론 끈질긴 생명력과 부활의 얼이 담긴 '희망의 길'이도 하다. 이런 뜻을 담아 쓴 시-'황톳길'에는 김 시인이 1970년대 추구한 〈민중민족문학의 길〉과 1980년대 이후에 몰두한 〈생명문화사상의 길〉이 함께 함축되어있다.

'저항시인'을 넘어 '생명사상가'로 나아가다!

잘 알다시피 2022년 5월 8일 김 시인이 저 세상으로 떠나자 대다수의 언론들은 앞 다투어 그를 1970년대 독재 체제에 맞서 싸운 저항시인으로만 기억하고 바로 그 부분만을 부각시켰다. 앞서 살핀 것처럼 김 시인은 1970년대 '오적'과 '황톳길' '타는 목마름으로' 등의 뚜렷한 저항 시들을 발표하며 줄기차게 반독재 투쟁을 전개한 것은 엄연한 사실이다. 하지만 그저 '저항시인'으로만 기억하는 것은 매우 부족한 평가라고 여겨진다.

왜냐하면 김 시인이 저항시인으로 산 것은 80여 년의 삶 가운데 전반부의 반절에 해당하는 20여 년에 불과하기 때문이다. 그의 후반부 40여 년은 새로운 시대정신으로서 생명의 존귀성을 강조하는 '생명사상가'로서, 그리고 만년에 이르러서는 개인차원의 생명을 넘어서서, 인류보편의 생명을 행복으로 이끌 '우주생명사상' 또는 '우주생명학'을 창안하였다. 이렇듯 인간을 사랑한 김 시인의 삶이 우리들에게 큰 울림을 준 것은 단지 '어둠의 세력'에 항거하는 저항시인에 머무르지 않고, 이를 한 차원 뛰어넘어 그 '어둠의 세력'까지도 포용하는 보다 승화된 '생명사랑'의 '구도자(求道者)'로 거듭났다는 점이다.

김 시인은 감옥에서 나온 1980년 이후에는 시집 [애린]을 기점으로 '살림의 문화'와 '생명의 문명'을 재건하는 문학과 사상의 세계를 열어가며 〈생명사상〉에 심취했다. 말하자면 단순히 독재체제에 저항하는 '참여시인'에 머무르지 않고, 인류의 보편적 가치인 자유와 생명의 가치를 위해 사고(思考)의 지평을 점차 확대하고 실천했다. 그런데 김 시인이 이처럼 생명에 천착하게 된 첫 계기는 자신이 서대문형무소 감방에서 우연히 목도한 특이한 경험 때문이었다.

"철창 아래쪽 콘크리트와 철창 사이 작은 홈 파인 곳에 흙먼지가 쌓이고 거기에 풀씨가 날아와 빗방울을 빨아들여 싹이 돋고 잎이 나는 것을 보았다. 〈中略〉 그것을 본 날 감방에 돌아와 얼마나 울었던지. 생명! 이 말 한마디가 왜 그처럼 신선하고 힘 있게 다가왔던지 무궁 광대한 우주에 가득 찬 큰 생명, 처음도 끝도 없이 물결치는 한 흐름의 생명, 그것 앞에 담과 벽이 있을 리 없고 죽음과 소멸이 있을 까닭이 없었다. 〈中略〉 어떻게 하면 이 생명의 큰 이치를 마음과 몸에 익힐 수 있을까."

그렇다! 이로부터 '생명'은 김 시인이 끊임없이 줄기차게 탐구(探究)하는 화두(話頭)가 되었다. 그리고 그를 '생명사상가'로 나아가서 '우주생명사상가'로 우뚝 세웠다. 그러나 일반적으로 〈생명사상〉이라하면 "생명의 신비와 존엄성을 존중하는 사상"을 일컫는데, 이후 특히 김 시인이 만년에 완성한 〈우주생명사상〉은 개인의 차원을 넘어서서 인류 모두가 안녕된 생명을 누릴 수 있는 '이상향'을 꿈꾼 그 만의 특이한 사상이다. 그의 '우주생명사상' 또는 '우주생명학'을 이해하기 위해서는 별도의 주목이 필요하다.

'우주생명사상'은 일반적 '생명사상'과는 개념이 다르다!

〈생명사상〉이나 〈우주생명사상〉이나 그 밑바닥에는 생명존중 정신이 깔려있지만, 두 사상의 차원이 워낙 다르기 때문에 일단은 별개의 개념으로 간주하는 것이 이해에 도움이 되리라고 생각한다. 그가 만년에 창안한 〈우주생명사상〉은 우리의 고대사상과 전통문화를 독자적으로 재해석하고 이에 풍수지리학을 융합하여, 생명과 평화의 새로운 문명을 창조하기 위한 어둠 속에서 빛을 찾는 구도적(求道的)인 성격을 지니고 있어 원래의 일반적인 〈생명사상〉과는 차원이 다르다.

나중에 상론(詳論)하겠지만 김 시인의 〈우주생명사상〉은 천부경(天符經), 정역(正易), 동학(東學), 화엄경(華嚴經), 풍류(風流) 등 난해한 우리의 전래 또는 전통 사상들을 인용·융합하고, 천주교와 기독교를 비롯

한 서구적 휴머니즘의 경계를 넘어서서, 여기에 산(山)과 물(水), 지세(地勢)의 힘을 결부시킨 신비적인 '우주생명학'을 표방하고 있다. '우주생명학'과 '우주생명사상'은 동의어(同義語)이다. 미리 말해둘 것은 그동안 김 시인과의 인연에 따라 내 나름으로 관련 저서들을 열독하며 그의 특이한 〈우주생명사상〉을 익히고 쫒아가려고 노력했으나 나의 이해에는 여전히 한계가 있다는 점이다.

내가 이해한 바로는 김 시인이 정립한 새 차원의 〈우주생명사상〉은 종래의 일반적인 〈생명사상〉과 마찬가지로 ▶죽임이 아닌 살림, ▶갈등이 아닌 융합. ▶다툼이 아닌 화해, ▶파괴가 아닌 건설의 문화를 지향하고 있음은 분명하였다. 당연히 전 지구적인 기후변화와 환경문제, 성(性)문제, 북핵, '깡통좌빨', 종교인의 위선(僞善) 등 현실적인 사안들도 포함되어 있다. 그러나 그의 '우주생명학'은 인간이 누릴, 누리게 될 일찍이 경험하지 못한 '이상향'의 실상(實相)이 주제를 이루어 미덥지 못한 부분이 많은데다, 문장이 현란(絢爛)하고 용어가 생소(生疎)하며 예지(叡智)가 넘쳐나 이해하기가 쉽지 않다.

그러나 김지하를 연구한 전문가가 말한 것처럼 "〈생명사상〉으로 대표되는 그의 문학적이고 미학적인 시학의 근거를 제시하고 있는 점과, 〈우주생명사상〉에서 본받을 만한 동서양의 귀중한 정신적 자양을 흡수하면서도, 언제나 그 중심을 우리의 사유체계와 삶에 뿌리를 두고 있는 점 등은 의미가 크다"는 평가에는 나 역시 동의한다.(신정순, 쿨투라. 2022년 7월호)

내가 공직 은퇴 후 〈자전거'살림길'운동〉을 하며 '생명·환경운동'에 열정을 가졌던 것은 외람스럽게도, 김 시인의 〈우주생명사상〉이전의 〈생명운동〉 단계에서 그와 정신적 동맹을 맺고 그와 함께 〈생명운동〉을 실천에 옮긴 역사이다. 이 단계에서의 '생명운동'은 내용이 명확하여 새삼스러이 '생명운동'이 무엇이라는 것을 설명할 필요도 없을 것이라고 생각한다. 즉 나의 〈자전거'살림길'운동〉이 김 시인 생명사상의 한 가닥 실천이었다고 해도 무방하다.

이제부터 내가 '박경리문학정신'도 함께 기리며 김 시인의 〈생명사상〉을 쫓아가려고 힘쓴 그 스토리를 먼저 쓰려고 한다. 그리고 그 다음에 차원을 달리하는 김 시인 특유의 〈우주생명사상〉을 더듬어 가도록 하겠다. 그런데 나의 〈자전거'살림길'운동〉을 통한 김 시인의 〈생명사상〉 '쫓기'를 이야기하기에 앞서 반드시 짚어 봐야할 것이 한 가지 있다. 그것은 무엇인가?

지금껏 김 시인을 독재정권에 맞서 민주화투쟁에 앞장선 치열한 저항시인이라고 이구동성으로 평가하면서도, 막상 김 시인이 참여하고 주도한 6·3한일굴욕회담 반대투쟁(약칭 '6·3투쟁')의 성격과 역사적 성과에 대해서는 잘 모르고 있다. 왜냐하면 그동안 그 누구도 '김지하와 6·3투쟁'을 묶어서 살피거나 쓰지는 않았기 때문이다. 그것은 참으로 그릇된 평가 방향이었다. 이에 대한 내용을 먼저 언급하고 내가 〈자전거문화포럼〉을 만들고 '생명·환경운동'을 펼치며 김 시인과 교류한 〈생명운동〉의 내용을 쓴 다음에 그의 특이한 〈우주생명사상〉에 관해 차례로 살펴보려고 한다.

제6장.

우리는 '6·3투쟁'을 어떻게 평가해야 하는가?

6·3의 호칭은 '6·3투쟁'이라함이 옳다!

앞서 살핀 것처럼 이른바 6·3한일굴욕회담 반대투쟁은 바로 김지하 시인과 내가 직접 참여하여 투옥되었던 학생운동이다. 이 학생운동은 서울에서 굴욕적 한일회담을 반대하여 1964년 3월 24일 첫 데모를 일으킨 이래 같은 해 서울에 선포된 6월 3일의 비상계엄사태를 거쳐. 1965년 6월 22일 한일기본조약이 조인되고 비준서를 교환한 1965년 12월 18일까지 한국학생들이 전개한 1년 9개월 동안 가열차게 지속한 집합행동이었다.

연좌 농성하는 6·3시위대

경찰 추계에 의하면 이 기간 동안 행동에 참가한 학생은 연 340만 명이며, 그 가운데 1천 명 이상이 체포되었고 200명 이상이 재판에 회부되었다. 이 과정에서 잊을 수 없는 6·3계엄령 선포가 있었기 때문에 1년 9개월간의 전체행동을 간단히 줄여서, 6·3사태, 6·3운동, 6·3 항쟁 등으로 부르고 있다. 그런데 호칭문제와 관련하여 나의 견해로는 '6·3투쟁'으로 부르는 것이 옳다고 본다. 왜냐하면 6·3은 처음부터 ○○대학 한일굴욕회담 '투쟁위원회'라는 이름으로 시작하였고, 또한 '운동'이나 '사태'라는 용어로는 6·3에 따랐던 치열했던 물리적 충돌과 피끓는 열정과 엄청난 희생을 담아낼 수 없기 때문이다.

그렇다! '투쟁'이었다. 일제를 청산하는 '투쟁'이었으며 국민 자존심을 살리는 '투쟁'이었다. '6·3투쟁'은 처음 대학생들이 굴욕적 한일회담에 반대하는 시위로 출발하였으나, 점차 군사 쿠데타 정권에 대항하는 범국민 투쟁으로 확대 전개되었다. 그렇다면 우리는 '6·3투쟁'을 과연 어떻게 평가할 것인가? 이미 그 역사적 평가가 이루어지고 있지만 '6·3투쟁'에 직접 적극적으로 참여했던 내 나름의 판단은 다음과 같다.

'6·3투쟁'은 일어나지 말았어야할 사건인가?

'6·3투쟁'의 목표가 단지 '굴욕적인 한일협정의 저지'에만 국한된 것이었다면, 6·3투쟁은 실패한 집합행동이었다고 할 수 있다. 왜냐하면 한일 양국 정부 사이에서 타결된 기본조약[9]과 청구권 협정 등 부속 4개 협정[10]에는 박정희 정부가 당초부터 일방적으로 양보한 굴욕적인 내용들이 수정 없이 수록되었고, 6·3투쟁에 나선 학생들과 교수·지식인·언론인 등은 직장에서 쫓겨나고 감옥으로 보내지는 등 무참히 짓밟히고 말았기 때문이다.

그리고 우리가 한일수교를 강행 처리한 박 정권의 절박한 사정을 이해하지 못하는 처지도 아니었다. 정통성이 부족한 박 정권으로서는 경제개발을 위한 종자돈이 필요했고, 미국의 압력에도 굴복할 수밖에 없었을 것이다. 다시 말해 '6·3투쟁'은 우리가 실패를 각오한 투쟁이기도 하였다. 특히 '6·3투쟁'의 최초 지도부는 실패와 희생을 각오하고 투쟁을 시작한 것으로 알고 있다.

그렇다면 '6·3투쟁'은 일어나지 말았어야할 사건이란 말인가? 결코 그렇지 않다고 생각한다. 정부의 입장은 그렇다고 치고 이해한다 하드라도, 일제의 강압 통치에 죄 없이 짓밟히고 피흘린 국민의 입장은 다르다. 국민은 일제에게 조선이 비록 미약했다 하드라도 왜 남의 나라를 빼앗았으며, 독립만세를 부르는 조선인의 팔다리를 왜 잘라야 했으며, 왜 교회에 가두어 불태워 죽여야 했는가를 물어야 했었다.

우리는 그동안 일제의 과거 '불법만행'을 한 번도 물을 기회가 없었다. 그리고 국교 정상화를 하려면 사과할 것은 하고 보상할 것은 하고 제대로 해야지, 과거에 당한 것만 해도 억울한데 왜 다시금 우리의 허약함을 이용하여 굴욕을 들씌우려드느냐고 따져 물어야 했다. 약자의 것은 빼앗아도 좋고 약자는 약하다는 이유로 짓밟혀도 좋다는 말인가? 우리 학생들은 응어리 맺힌 우리 국민의 입장에 선 것이었다.

그리고 한번 물어보자. '6·3투쟁'이 없었다면 과거의 한일관계 역사를 우리가 무엇이라고 말할 수 있겠는가? '6·3투쟁'이 없었다면 수교 후 장차 한일관계가 어떻게 되었겠는가? '6·3투쟁'이 없었다면 일본인들이 한국인들을 어떻게 보겠는가? 그래서 '6·3투쟁'의 의의와 성과는 다음과 같이 뚜렷하였다.

'6·3투쟁'은 한일 양국국민을 크게 경각시켰다!

첫째 '6·3투쟁'은 올바른 한일관계에 대한 양국 국민의 경각심을 크게 일깨웠다고 생각한다. 과거사에 대해 죄의식도 반성도 없었던 일본인들은 한국학생들의 '6·3투쟁'을 보고 느끼는 바가 있었을 것이고 또한 놀랐을 것이다. 만약에 기회가 오면 한국을 재탈환 하겠다고 꿈꾸던 일본인이 있었다면 그들은 더욱 놀랐을 것이다. 비록 한국이 19세기 근대화에 실패하여 일본의 식민지가 되었지만, 일본인들은 격렬한 '6·3투쟁'을 보고 한국인이 원래 일본인의 지배를 받을 민족이 아니라는 것을 새삼 깨달았을 것이다.

---

9) (제1조) 양국은 외교 및 영사관계를 수립하고, 대사급 외교사절을 지체 없이 교환하며, 합의된 장소에 영사관을 설치한다.(제2조) 1910년 8월 22일 및 그 이전에 대한제국과 대일본제국 사이에 체결된 모든 조약 및 협약이 이미 무효임을 확인한다.(제3조) 대한민국 정부가 국제연합 총회의 결의 제195호에 명시된 바와 같이 한반도에서 유일한 합법정부임을 확인한다.'

10) 정식명칭은 대한민국과 일본국 간의 재산 및 청구권에 관한 문제의 해결과 경제협력에 관한 협정이다. (제1조) 일본은 한국에 10년에 걸쳐 무상 3억 달러와 유상 2억 달러(연이율 3.5%, 7년 거 치 포함 20년 상환)를 제공한다. (제2조) 양국과 그 국민의 재산·권리 및 이익과 청구권에 관한 문제가 완전히 그리고 최종적으로 해결된 것을 확인한다. 그런데 무상 3억 달러도 일시에 현금이 아닌, 그 금액에 해당하는 물자(생산물) 및 기술(용역)을 10년에 걸쳐 제공한다는 것이다.

한국민족은 명성황후가 시해된 이래 50년간 망명지에서 풍찬노숙하며 목숨을 걸고 독립운동을 전개하였고, 총독부의 눈앞에서도 손기정 선수의 가슴에서 일장기를 말소한 민족이었다. 한국민족이 간단하지 않았다는 것을 깨닫지 못했다면 그들은 바보일 것이다. 지각 있는 일본인이라면 한국인에게 굴욕을 주는 국교수교는 두고두고 문제가 될 것이라는 것을 예견하였을 것이며, 장차의 한일관계를 우호와 협력의 관계로 이끌어야 한다는 것을 인식했을 것이다. 한편 한국인 가운데서도 국익보다는 일본에 빌붙어 사리사욕을 채워보겠다고 꿈꾸던 자가 있었다면, 대일관계에 있어서는 애국적 자세와 당당한 국민적 자존심이 무엇 보다 중요하다는 것을 깨닫는 전기가 되었을 것이다.

'6·3투쟁'은 올바른 민주화운동 방향을 제시했다!

둘째 우리가 꼭 기억해야 할 것이 더 있다. '6·3투쟁'은 그 전개과정에서 굴욕적인 협상의 저지는 물론, '5·16 군사 쿠데타는 4·19민주혁명에 대한 배반'이었다는 것도 강하게 지적하였다. 따라서 '6·3투쟁'은 군사 쿠데타 정권을 자체 승계한 공화당 박정희 정권에 대해 항거한 최초의 범국민적인 군정반대 시위이기도 했다. 이런 맥락에서 '6·3투쟁'은 4·19혁명과 정신을 같이하는 민주지향의 대중운동이었다.

아울러 공화당 정권이 내세운 이념인 소위 '민족적 민주주의'는 개발 독재를 미화하는 한낱 허구(虛構)에 불과하고, 경제적 개발방향은 매판자본(買辦資本)과 결탁한 재벌중심의 특혜 경제로 전락할 우려도 있다는 것을 날카롭게 지적하였다. 따라서 '6·3투쟁'은 다가올 1972년 유신정권과 1979년 12·12 군사반란으로 집권한 전두환 군사독재정권에 대항하여 70년대와 80년대에 걸쳐 펼쳐질 한국 민주화운동의 방향을 일찍이 앞서서 제시하였다.

'6·3투쟁'은 '졸속'회담의 문제점을 정확히 예견했다!

셋째 갈등이 첨예하게 얽힌 일본과의 국교정상화 문제는 '바쁠수록 돌아가라'는 말처럼 졸속(拙速)이 아닌 지완(遲完), 즉 더디고 느리지만 서로가 용인할 수 있는 완전한 접근 방법으로 추진했어야 했다. 그런데도 5·16군사 쿠데타로 집권한 공화당 정권의 치명적 약점인 정통성 결여로 말미암아 굴욕을 안은 채 졸속으로 매듭짓고 말았다. 따라서 최종 확정된 '한일기본조약'과 청구권을 포함한 '부속협정'들은 두고두고 많은 문제꺼리를 지니게 되었다. '6·3투쟁' 기간 내내 주장하였던, 국교정상화의 전제조건들이 전혀 반영되지 못했기 때문이다.

즉, 불법적인 한반도 강탈과 식민지배에 대한 진솔한 사과와 호혜평등 원칙에 입각한, 합당한 수준의 국가 배상금 및 강제징용 피해 배상 문제 같은 개별 쟁점들이 근원적으로 해결되지 못한 채 굴욕적인 내용으로 타결되었기 때문이다. 그로 인해 1965년 국교정상화가 된지 무려 57년이 지났지만 일본은 여전히 노일전쟁에 앞서 강점했던 독도에 대한 영유권을 지금도 주장하고 있고, 한일 간의 역사를 왜곡하는 가당찮은 일들이 벌어지고 있다.

그래서 진정한 한·일 간의 국교정상화는 아직도 갈 길이 멀다. 나의 사견에 불과하지만 일본 정부는 과거에 불리었던 '영리한 원숭이'의 단견을 벗어나지 못했던 것 같고, 박 정권은 학생들의 투쟁에 겁을 집어 먹었든지 탄압에만 급급하였을 뿐, 학생들의 투쟁을 대일협상의 지렛대로 선용할 지혜는 갖지 못한 것 같았다.

앞으로도 '6·3투쟁'의 맥박은 계속 뛰어야 한다!

이런 정황에서 '6·3투쟁'의 맥박은 1965년에서 멈춘 것이 아니라 현재도 계속 뛰고 있다고 보아야 한다. 작금(昨今)의 일본이 만약에 북한의 핵 위협과 한국 내 종북 좌파의 책동으로 인한 한미안보체계의 약화를 이용하여 자위대의 군사력을 강화하고 아시아 재패(再覇)를 노린다면, 이는 대한민국의 공산화를 기도하는 북한으로부터의 위협에 못지않게 일본에로의 예속화 위험이라는 또 하나의 부담을 던져 줄 것이다.

우리에게는 우리의 국력을 키우는 것이 우선 과제이다. 국력을 키워 북한에서 신음하는 형제들을 공산독재로부터 해방시키는 자유통일을 달성하고, 동시에 아시아에서 평화체제를 구축하기위해서는 한·중·일 3국의 정립(鼎立)이 요청된다. 따라서 한국은 일본과의 대등한 협력이 필요하다. 여기에는 군사적 협력도 포함된다. 한·미·일 간의 군사협력으로 북한의 핵위협을 억제하고 동시에 일본의 군사적 독행(獨行)도 견제하는 것이 필요하다. 여기에 국민적 자존심과 자유민주주의와 국제적 호혜평등을 외쳤던 '6·3투쟁'의 맥박은 계속 뛰어야 한다.

우리 독도여! 영원하라!

단언컨대 '6·3투쟁'은 한일 수교자체를 거부하는 '반일(反日)운동'은 결코 아니었다. 다만 수교협상에 나선 박정희 공화당 정권의 저자세와 굴욕적인 협상 내용의 전환을 촉구하였던 것이고, 반성 없는 일본의 고자세를 시정하려고 했던 것이었다. 역사적인 수많은 변전에도 불구하고 일본은 우리 안보와 경제 협력 등 미래를 향해 함께 가야 할 피할 수 없는 이웃임은 분명하다.

우리는 일본과의 관계에 있어서 과거를 잊지 말되 과거를 용서하고 화해와 협력으로 미래를 열어가야 한다. 과거의 일 때문에 함께 해야 할 이웃과 영원한 원수가 되어서야 쓰겠는가? 따라서 일부 인사들이 정략적 차원에서 부추겼던 죽창가(竹槍歌) 운운하는 따위의 단세포적인 반일(反日)은 반드시 지양(止揚)돼야 한다. 내가 알기로는 '6·3투쟁가'들 가운데 '반일주의자'는 한 사람도 없다고 해도 과언이 아닐 것이다.

제2부
아! '살림길'에서!

우뚝 솟은 첩첩 산 아래! 다른 물길 서로 합쳐 '살림길'을 감도누나!

제1장.

생명·환경운동 위해
"한국자전거문화포럼" 설립!

　이제부터는 김지하 시인이 1980년 출감 이후 강원도 원주에 거주하며 이른바 〈생명사상〉에 몰두하고 있던 때, 내가 김 시인과 다시 교류하며 교감한 내용들에 대해 쓰려고 한다. 김 시인과 교류와 교감을 하게 된 직접적인 동기는 내가 2011년에 올바른 자전거문화의 확산과 체계적인 자전거이용활성화를 통해 생명·환경 운동을 펼칠 목적으로, 자전거정책 총괄부처인 행정안전부의 승인을 받아 〈한국자전거문화포럼〉이라는 사단법인을 설립하면서 부터이다.

　앞서 미리 밝힌 것처럼 이 책에 담는 내용들은 결코 김 시인의 평전이 아니라, 내가 삶을 해쳐오면서 김 시인과 관련된 이모저모의 사연들을 진솔하게 회고하는 것이다. 〈한국자전거문화포럼〉은 내 삶에서 중요한 몫을 차지하였던 만치 김 시인의 관심과 협조를 받아 펼칠 수 있었던 뜻깊은 사업들의 내용과, 그 과정에서 인식한 김 시인의 생각과 〈우주생명사상〉 등을 제대로 알리기 위해서는, 〈한국자전거문화포럼〉의 설립 경위와 취지 및 추진 사업과 실적들을 설명하는 것이 필요불가결하게 느껴져 나의 하찮은 경력이지만 여기에 적는다.

장애인 위해 "어둠을 뚫고 새벽을 열었다!"

되돌아보면 내 삶의 전반부는 김 시인만큼 그렇게 혹독하진 않았지만 나 또한 '6·3투쟁'과 이에 따른 고난의 길을 걸었다. 그래서 앞서 언급한 것처럼 우여곡절을 거쳐 나에게 첫 직장이 된 〈대한교과서㈜〉와 이어서 〈롯데산업㈜〉에서의 직장생활은 소중한 삶의 의미와 기업 활동과 경영의 중요성을 깨닫게 했다. 하지만 왠지 안주한다는 느낌이 늘 맘속에서 떠나지 않았다. 그리하여 긴 번민 끝에 이를 마무리하고 '6·3투쟁'의 정신과 열정을 정치인으로서 이어가기로 결심하였다.

이에 따라 1981년 3월 25일 시행된 제11대 국회의원 총선거에 대구 남·수성구에서 무소속으로 입후보하였으나 낙선하여 끔찍이 힘든 시기를 맞았다. 생활고까지 겹친 나의 이런저런 어려움을 뚫고 재기하기 위해 대구에서 동분서주하는 상황에서 1981년 9월에 〈1988서울올림픽대회〉의 개최가 확정되었다. 그리고 1984년 1월에 〈1988서울패럴림픽〉-당시는 '서울장애자올림픽'-의 동반 개최도 확정되고 6월에 〈서울패럴림픽조직위원회(SPOC)〉-이하 〈패럴림픽조직위〉-가 출범하였다. 그런데 뜻밖에 나는 지인의 추천으로 관계자의 면접을 거쳐 8월부터 〈패럴림픽조직위〉의 홍보과장으로 일하게 되었다.

그리하여 〈`88서울패럴림픽대회〉의 상징물인 다섯 가지 색깔의 태극무늬를 W자 형태로 배열한 '오태극(五太極)' 엠블럼(emblem. 徽章)과 장애인과 비장애인을 상징하는 곰 두 마리가 이인삼각(二人三脚)의 모습으로 협력해서 뛰어가는 '곰두리' 마스코트(mascot)를 개발하였다. 또 사업부장으로 승진을 해서는 열악한 대회기금 조성을 위해 각종 수익사업을 어렵게 전개하였고, 대회 당시에는 사업지원처장으로서 1988년 10월 〈서울패럴림픽〉을 성공적으로 치르는데 한몫을 하였다.

5태극 휘장

곰두리 마스코트

모름지기 〈`88서울패럴림픽〉은 나에겐 캄캄한 어둠 속을 헤매는 장애인들을 도울 수 있는 보람찬 기회였으며, 이것은 일반 기업이 아닌 공공기관과 공기업에서 일을 하는 새로운 삶의 시작도 되었다. 그 결과 나는 최근(2022.6.24)에 차흥봉 전 복지부 장관과 안이문 장애인예총 정책위원장과 함께 한국장애인분야에서 어둠을 뚫고 새벽을 연 결정적인 분기점이 된, 〈`88서울패럴림픽〉의 앞뒤 이야기를 담아 [어둠을 뚫고 새벽을 열다]라는 책을 펴냈다. 이 책이 앞으로 한국장애인복지의 전개과정을 이해하는데 여러모로 도움이 될 것으로 기대하고 있다.

'자전거스포츠사업'인 경륜(競輪)을 총괄하다!

뜻깊었던 〈'88서울패럴림픽〉이 끝난 후에 나는, 1989년 4월 〈서울올림픽조직위원회(SLOOC)〉의 후속 기구로 출범하는 〈국민체육진흥공단〉-이하 〈공단〉-의 창단 멤버로 참여하였다. 그리고 여기서 사업총괄부장, 사업발전부장, 사업개발국장, 경륜사업단 기획실장, 기획조정실장, 〈공단〉본부 상무이사 등을 역임하였다. 그런 가운데 내가 〈공단〉에서 한국스포츠 발전을 위해 수행한 다양한 업무 가운데 또 한 번 내 삶의 전환점이 된 사업이 있었다.

바로 1988년 〈서울올림픽대회〉 당시에는 경기시설로 활용하였으나 대회 후 전적으로 유휴화되어 버린 서울 방이동 〈올림픽공원〉의 '사이클경기장'과 하남시 미사동의 '조정·커누경기장'을 다시 값지게 효율적으로 재활용하기위해, 〈공단〉은 자전거경주인 경륜(競輪, Cycle Racing)사업과 모터보트경주인 경정(競艇, Motor Boat Racing)사업을 추진하였다. 그런데 행인지 불행인지 내가 전인미답(前人未踏)의 불확실한 분야에서 줄곧 총괄적인 업무를 수행하는 역할을 맡아 큰 차질 없이 이 일들을 성공적으로 수행하였다.

명색이 대학에서 정치학을 전공한 내가 엉뚱하게도 경륜 및 경정 사업과 인연이 되어 자전거 전문가가 된 것은 예전엔 상상도 못할 일이었다. 〈공단〉이 출범하고 1년 정도 지난 1990년 4월 새로 부임한 제2대 이사장(문태갑)이 직원 인사발령을 냈다. 그때 입회한 인사과장의 전언에 의하면 이사장이 인사기록카드를 살펴 본 후에, 경륜이라는 신규 사업을 제대로 추진키 위해 "똑똑해 보이는" 나를 '사업발전부장'에 임명했다고 한다. 경북고를 거쳐 서울대 정치학과를 졸업한 내 학력이 그 낙점의 결정적인 이유였다는 것이다.

하긴 '경륜·경정사업'은 일본이 선발국이어서 자료와 노하우 취득 차원에서 일본어가 필수이고 유사업종인 '경마'에 대한 이해가 중요하였다. 공교롭게도 나는 대학시절 정치학 관련 일본 서적들을 보기 위해 일본어를 익혔고, 또한 〈패럴림픽조직위〉의 사업부장으로 수익사업을 할 때 〈한국마사회〉와 교류하며 경마의 원리를 익혔다. 〈공단〉 이사장이 경륜사업 총괄 책임자로 나를 임명한 것은 내 의사와는 전혀 상관없었지만, 경륜사업의 총괄책임을 맡은 이상 최선을 다하기로 마음을 먹었다.

'자전거이용활성화'의 연구와 실천에 매진하였다!

경륜과 경정을 시행하기 위해 〈공단〉이 국회에서 경륜·경정법(법률 제 4,476호)의 제정을 추진하는 과정에서 사행성을 우려하는 반대 의견도 만만치 않았다. 그 까닭인즉 유휴화된 '올림픽경기장'을 재활용하는 것은 건전레저를 제공하고 체육진흥기금·청소년육성기금·지방재정확충 등 공익적인 분야에사 긍정적으로 기여할 것이지만, 다른 한편으론 고객들로 하여금 레저·오락까지 즐기도록 하기위해서는 자전거나 모터보트경주에 극히 제한적이지만 '승자투표권의 발매'같은 약간의 '내기(betting)' 행위를 허용하는 것이 필요하다고 보고 그렇게 성안하고 있었기 때문이었다.

그래서 나는 〈공단〉이 경륜·경정법의 제정을 추진할 당시 시민 공청회나 찬반토론회에 적극적으로 참여하여 설득을 위해 노력하였다. 특히 공익적 '자전거경주사업'인 경륜(競輪)을 시행하면 자연스레 자전거이용활성화로 이어져, 자동차의 만연으로 인한 교통·환경·건강·에너지 등의 폐해를 개선할 것임을 역설하였고 긍정적인 공감대를 형성하는 성과를 거두었다. 그리고 실제로 나는 〈공단〉에서 '경륜'을 공정하고 엄격하게 시행함으로써 사행심 우려를 불식시키는 한편, '경륜'이 기본적으로 '자전거스포츠경주'라는 특성을 활용하여 자전거이용활성화에 기여하도록 매진하였다.[1] 이 과정에서 어부지리로 자전거이용활성화에 필요한 정책과 실행 방안 등 제반 노하우를 넉넉히 체득하였다.

'정치가'를 꿈꾸었으나 결국 '자전거꾼'이 되었다!

이런 나의 노력과 경험이 인정되었든지 2000년 6월 경상남도와 창원시가 공동 설립한 〈창원경륜공단〉의 초대 이사장에 선임되어 9년간 역임하였다. 그리고 재임기간에 자전거의 교육·전시·정비·강

---

1) 경륜·경정법(법률 제4,476호.1991.12.31.))이 공포됨에 따라 체육공단은 먼저 1993년 11월 29일 '경륜사업본부'를 발족하고, 1994년 10월15일 경륜장 개장 및 시범경주를 시행하였다. 그리고 경정은 내가 체육공단을 떠난 후 1998년 경정사업팀을 발족시켜 2002년 6월 18일 처음 경정을 시행하였다. 따라서 나는 줄곧 경륜사업에만 관여하였다.-저자

좌 등의 기능을 완벽하게 갖춘 〈창원종합자전거문화센터〉를 개설 하는 등으로 경남 창원시(시장 박완수)를 국내 최고의 자전거 모범도시로 만드는데 매진하였다. 그래서 적어도 경상도 지역의 일반인들 사이에서는 창원시하면 자전거를 연상하고 자전거하면 창원시를 연상할 정도로 창원시는 '자전거 도시'로 인식되었다.

창원시 자전거문화센터 개장식

그 과정에서 나는 자전거이용활성화에 필요한 정책과 실행방안 등 제반 노하우를 습득할 수 있었다. 뿐만 아니라 나는 자전거의 원리와 기계적 구조, 자전거타기가 인체에 미치는 영향과 인체의 반응, 자전거의 속도와 인체와의 균형, 자전거 속도의 완급과 인체의 무게 분산, 세계 각국의 자전거를 위한 인프라 상태와 전망, 각국 정부의 자전거 보급 정책 및 동호인들의 활동 등, 자전거와 관련된 모든 정보를 수집할 수 있었고 이를 숙지하게 되었다.

이처럼 나는 경륜사업의 추진과 실행에서 적지 않은 고충도 겪었지만 그 과정에서 이론과 실기를 갖춘 자전거전문가 그러니까 이른바 '자전거꾼'이 되고 말았다. 일찍이 훌륭한 정치가를 꿈꾸었으나 결국 '자전거꾼'이 되었음은 바로 내 운명이 그러하였으리라. 하지만 정치 못지않게 '느림과 살림'의 자전거적 삶의 가치를 발견하고 그러한 삶의 행복을 체득한 것이 보람이었다. 무엇보다 그로인해 지하 형과 인연을 이어가게 된 것이 큰 다행이었다.

"사단법인 한국자전거문화포럼"을 설립하다!

내가 〈창원경륜공단〉 이사장을 마치고 퇴임한 후 일종의 사명감 같은 것이 느껴져 2010년 10월, 자전거 관련 인적·물적 자원이 집결된 경륜과 연계하여 생명의 길인 '자전거타기'를 체계적으로 보급하기 위해 〈자전거와 경륜포럼〉을 출범시켰다. 그리하여 이를 바탕으로 1년 정도 철저히 준비를 해서 2011년 4월 7일 각 분야의 전문가 30명이 발기인[2)]으로 참여하여, 사단법인 〈한국자전거문화포럼〉(행정안전부 제2011-10호)을 설립하였다.

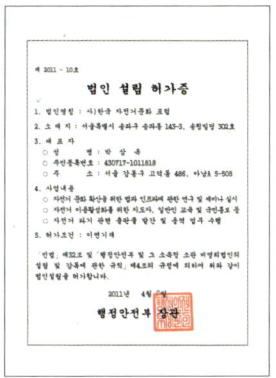

법인설립허가증

그런데 〈행정안전부〉로부터 〈한국자전거문화포럼〉-이하 〈자전거포럼〉 또는 〈포럼〉-이 사단법인 승인을 받는 과정에서 나의 고등학교 동기로서 내무부, 행안부, 행자부 등에서 오랜 공직생활을 하며, 특히 자전거담당 과장으로 재임할 때는 〈정부종합청사〉 '자전거동우회' 회장을 역임한바 있는, 김동복 전 〈국립방재연구소〉 소장이 고맙게

---

2) 한국자전거문화포럼의 창립 발기인은 각 분야별로 전문가 30명이 참여하였다. 체육6, 행정2, 자전거정책/교육3, 학계2, 언론3, 사이클/경륜6, 법조2, 기업/경제6명이었다.

도 각종 자료와 절차 등 행정지도를 해주었다

나는 〈자전거포럼〉의 회장으로 취임하여 2020년 2월까지 전국적으로 '자전거타기'가 생명·환경운동임을 널리 홍보하고 아울러 자전거 '살림길'을 선정하고 자전거의 명칭을 '쪽빛자전거'로 부르는 등 자전거이용활성화 운동을 적극 전개하였고 지금은 후진들이 그 뜻을 이어가고 있다. 당시 〈자전거포럼〉의 출범에 즈음하여 발표한 〈포럼〉의 설립 취지와 목표는 다음과 같다.

'느림과 살림'의 '자전거문화'를 확산합시다!

"오늘날 자동차의 만연으로 교통·환경·건강·에너지 등의 폐해가 크고 '빠름과 죽임'의 자동차적인 문화가 확산되고 있다. 그래서 평소 '느림과 살림'의 탈것(vehicle)이며 맑고 깨끗한 탈것인 자전거를 많이 타야 한다. 이렇듯 자동차 때문에 기후변화와 '빠름과 죽임'의 문화라는 두 가지 문제가 야기되고 있다. 즉, 자동차는 걷기보다 엄청 빠른 '빠름'의 탈것이며, 화석연료를 태워 기후변화를 일으켜서 환경을 죽이는 '죽임의 탈것'이기 때문이다. 이런 난제를 푸는 좋은 방안가운데 하나는 자전거를 활발하게 이용하는 것이다.

왜냐하면 자전거는 기후변화의 주범인 이산화탄소(CO_2)를 전혀 배출하지 않고 걷기보다 빠르지만 자동차 보다는 느린 '느림의 탈것'으로서 환경과 생명을 살리는 '살림의 탈것'이기 때문이다. 그렇다! 이제 우리는 기후변화를 막고 '빠름과 죽임'의 문화를 극복하기위해서는, 깨끗하며 '느림과 살림의 탈것'인 자전거를 많이 이용해야한다. 따라서 〈자전거포럼〉은 다음과 같은 3가지 다짐을 목표로 힘찬 발걸음을 내디뎠다.

첫째, 자전거타기가 삶의 방식을 녹색 친화적으로 바꾸면서 교통·환경·건강·에너지 문제들을 푸는 생명의 길임을 확신한다. 둘째, 자전거타기가 우리의 일상생활과 여가활동을 위해 친숙하고 굳건하게 뿌리내리도록 끊임없이 연구·노력하고 실천한다. 셋째, 자전거타기가 근검·절약 정신과 질서·안전 의식의 대표적인 상징임을 굳게 명심하면서 이 정신을 널리 알리는데 앞장선다.

자전거로 가는 길은 어떤 길인가!

그냥 멈춰 서있는 자전거에 사람이 타고 앉아 페달을 밟으면 움직이는 생물처럼 앞으로 나아간다. 그리고 바로 갖가지 형태의 길과 만나게 된다. 큰길, 작은 길, 넓은 길, 좁은 길, 곧은 길, 굽은 길을 가리지 않고 이 세상 모든 길과 만나게 된다. 자전거는 크게 네 가지의 길을 간다고 생각한다.

▶첫째는 '소통'의 길이다. 자전거로 가는 길은 '막힘'이 없는

'소통'의 길이기 때문이다. ▶둘째는 '살림'의 길이다. 환경오염의 자동차가 '죽임'을 상징한다면 청청한 자전거는 '살림'을 뜻하기 때문이다.

▶셋째는 '느림'의 길이다. 자동차가 '빠름'의 탈것이라면 자전거는 '느림'의 탈것이기 때문이다. ▶넷째는 '중도'의 길이다. 자전거는 자동차보다는 느리고 걷기보다는 빠르므로 자동차로부터는 보호받고, 보행자를 보호하는 '중도'의 '탈것'으로서 양 '극단'을 아우르기 때문이다."

이렇게 자전거로 가는 길은 '소통'과 '살림'과 '느림'과 '중도'를 의미한다. 따라서 '자전거타기'는 '막힘과 죽임과 빠름과 극단'을 상징하는 오늘날의 우리 생활방식을, '소통과 살림과 느림과 중도'라는 새로운 삶의 형태로 바꾸어 줄 것이다. 바로 〈자전거포럼〉이 지향하는 목표이다. 어떻든 김 시인은 생명학을 '우주'에서 찾았으나 나의 생명학은 '자전거'에서 비롯되었다.

생명을 살리고 돕는 길은 여러 갈래가 있을 것이다. 굶주리는 자에게 양식을 제공하는 일도 생명의 길일 것이고, 사망률이 높은 산업에 종사하는 노동자에 대한 보호 장치를 설치하는 것도 생명의 길일 것이며, 북한에서의 탈북한 사람들을 돕는 것도 생명의 길일 것이다. 나는 이런 여러 것 중에서 나의 전문분야인 자전거를 통한 '생명운동'을 실천에 옮긴 것일 뿐이다. 자전거꾼이 할 수 있는 생명운동이 나로서는 이 길이라 생각하였다.

제2장.
김 시인과 중원지역 자전거투어 협의하다!

'자전거포럼', 역사·문화 탐방 자전거투어 추진하다!

내가 설립한 〈자전거포럼〉은 '자전거생명학'을 실현하는 도구였다. 그리하여 〈자전거포럼〉은 첫 사업으로서 2011년 7월 23일부터 24일까지 1박 2일 동안 '제1차 역사·문화탐방 자전거투어'를 실시하기로 방침을 정하였다. 그리고 대상지역을 한반도 중원지역으로 결정하였다. 이유는 김지하 시인이 생명사상을 펼치면서 박경리 선생의 '살림과 느림'의 문학정신을 이어가고 있는 강원도 원주의 〈토지문화관〉이 중원지역에 자리 잡고 있었기 때문이다. 그래서 행사 계획사항을 협의하기위해 7월 중순경 원주 박경리 〈토지문화관〉으로 김 시인을 방문하였다.

그때 나와 동행한 사람은 나의 간청에 의해 〈자전거포럼〉의 이사직을 맡아준 안삼환(安三煥) 서울대 명예교수였다. 안 이사는 서울대 문리대 독문학과를 수석 졸업하고 '독일학술교류처(DAAD)'의 장학생으로 독일에 유학하여, 본 대학에서 독일의 현대 작가인 '토마스 만'을 전공하여 박사학위를 취득한 정통 독문학자로서 서울대 독문학과 교수를 역임한 사계의 거목이다. 또한 한국괴테학회장, 한국토마스만학회장, 한국독어독문학회장, 한국비교문학회장, 한국훔볼트학회장 등을 역임한 한국 독문학계의 보배이기도 하다.

그런데 그는 문리대 재학시절 '3·24 한일굴욕회담 반대' 데모 때 거리로 나섰다가, 경찰봉에 정수리를 정통으로 얻어맞아 쓰러졌던 바로 그 안삼환이다. 그리고 김지하가 주도한 문리대 단식 농성투쟁 때는 첫날부터 거적때기 위에서 함께 굶주리는 등 김 시인과는 남다른 인연이 있었다. 그 이후 안 교수가 김 시인과 다시 만나게 된 것은 실로 40여 년 만인 이번이 처음이었다. 우리 두 사람을 만난 김 시인은 무척 반가워하며 매우 상기된 모습이었다.

잠시 그간의 안부를 나누고 나서 나는 〈자전거포럼〉을 창립한 배경과 향후 계획을 설명했다. 내 이야기를 듣고 나서 김 시인은 우리 두 사람이 '자전거문화'의 확산을 통해 생명·환경운동을 펼치려는 포부에 대해 적극 찬동하며 격려해 주었다. 그런 연후에 "학창시절 지독한 데모꾼들이 이젠 생명운동과 환경문제에 뛰어들었다"고 하면서 희색만면하며 껄껄 웃었다. 우리는 그에게 〈자전거포럼〉의 첫 사업으로 7월 23과 24일에 걸쳐 중원지역 역사·문화탐방 자전거투어를 생각하고 있는데 어떤 내용으로 했으면 좋겠는지 물어 보았다.

그랬더니 대뜸 한다는 얘기가 "옥삼아! 그리고 안 교수! 자네들 어떻게 〈자전거포럼〉의 첫 역사·문화탐방 자전거투어를 한반도의 중조선(中朝鮮)인 이 중원지역으로 잡았어? 참으로 탁월한 선택이야. 역시

대단한 문리대 후배들이야!"라고 했다. 그래서 우리 둘이 동시에 "그 야 지하 형이 중원 한복판인 원주에 살면서 생명·환경운동을 하시니 까 그렇지요!" 라고 대답했다. 이에 김 시인은 매우 흐뭇해하면서 다음 과 같이 설명하였다.

김지하(가운데), 안삼환(왼쪽), 박삼옥(오른쪽)

김지하, '자전거포럼' 사업에 적극 협력하다!

강원도 원주(原州)는 백두대간의 한 복판에 자리하고 있다. 자신이 원주에서 30여 년을 살면서 우리 땅의 역사와 거기에 얽힌 인물과 사상 등을 공부해보았다. 그런데 김 시인 자신이 중조선(中朝鮮)이라고 부르는 원주 인근의 여주·이천·용인·양평·제천·충주·영월·정선 등 한반도의 중앙인 〈중원(中原)지역〉은, 장차 우리 한국이 이끌고 갈 '선후천융합개벽(先後天融合開闢)'의 새 길과 새 문명을 잉태하고 있다는 것을 알게 되었다고 했다.

그러면서 양평 마재(馬峴)의 다산(茶山) 생가 터인 〈실학박물관〉과 두물머리(兩水里) 지역, 여주 강천리 한백겸(韓百謙) 묘소, 섬강(蟾江)

유역, 문막 후용리 견훤로(甄萱路)와 양안치(兩岸峙), 황사영(黃嗣永)의 배론 성지, 의병장 유인석(柳麟錫)의 자양영당(紫陽影堂), 제천 박달재, 충주 단강 목계나루, 중원 고구려비 등을 천거하며 중원지역 자전거 투어 노정(路程)의 요처(要處)를 언급하였다. 그리고 가능하면 자신도 직접 참여하여 안내 하겠다고 약속 했다.

다 듣고 보니 김 시인은 1980년 감옥에서 출감한 후 자신이 머무는 원주를 중심으로, 그 인근 강원도 일대의 여러 산천(山川)을 절뚝거리는 불편한 발걸음으로 샅샅이 답사하여, 각 산천(山川)과 지리(地理)에 얽힌 역사(歷史)와 풍수(風水)를 공부하여 한국의 국운과 천리(天理)를 터득한 것 같았다.

우리는 〈토지문화관〉에서 하루 더 머무르며 내가 운전하는 승용차에 셋이 동승하여 김 시인이 안내하는 대로 원주 양안치, 문막 후용리의 견훤로, 부론(富論)의 흥원창(興原倉), 제천 박달재와 충주 목계나루, 자양영당 등 몇 곳을 다니며 사전 답사를 하였다. 그런 가운데 자신은 앞으로 〈자전거포럼〉이 펼치는 일들이 잘되기를 진심으로 바란다고 하면서 벌써 그런 감이 잡힌다고 했다. 그러면서 한 가지 흥미로운 의견을 제시하였다.

'박달재'에서 고천제(告天祭)를 올려라!

즉, 〈자전거포럼〉이 7월에 역사문화탐방을 실시할 때 강원·충청·

경기 세 지역의 물과 산과 길의 초점인 '박달재'에서, 〈자전거포럼〉의 안녕과 발전을 기원하는 고천제(告天祭)를 올리면 좋겠다고 제안했다. 왜냐하면 박달재는 천등산(天登山)·지등산(地登山)·인등산(人登山)이라는 세 개의 산에 의지한다. 그래서 '천·지·인(天·地·人)'의 이름을 가진 세 산의 밑에는 서로 다른 물길, 즉, 남한강·충주호·삼탄강으로 연결되어 있고, 현지에 세워진 두 개의 거대한 돌장승인 동방(東方)과 서방대장군(西方大將軍)은 동서(東西)의 융합을 상징하는 의미심장한 장소이기 때문이라고 설명했다.

그렇다면 김 시인은 왜 박달재에서의 '고천제'를 제안하였을까? 그의 무속(巫俗)일까? 아니면 풍류(風流)일까? 우리 두 사람은 깊은 뜻이 있다고 생각했다. 바로 '생명'을 위한 우리의 '자전거타기운동'을 펼침에 있어 하늘을 두고 맹세할 정도로 중요한 것으로 생각하고, 우리의 결의를 굳세게 다지기 위해서는 그러한 의식(儀式)이 필요하다고 배려하는 차원이라고 느꼈다. 그래서 김 시인의 깊은 사려(思慮)에 대해 큰 감동을 받았다. 그래서 '고천제'를 잘 준비하겠다고 약속했다.

그러자 김 시인은 앞으로 〈자전거포럼〉에 다양한 조언을 하고 자기와 유기적으로 연락을 취하기 위해, 대구 출신 환경운동가로서 김 시인을 돕고 있던 〈토지 따라 가는 문사철〉 모임의 권오국(權五國) 회장과 긴밀하게 협력할 것을 당부하였다. 이런 준비과정을 거쳐 7월 23일 오전 10시 〈서울올림픽공원〉 내 테니스코트 앞에서 〈자전거포럼〉 회원과 권오국 회장과 〈행복한 두바퀴〉의 이원표 회장과 회원 등 24명으로 구성된 탐사단원이 탑승하고 이들이 탈 자전거를 실은 전용버스는 중원을 향해 출발하였다. 한편 탐방 활동의 기록과 촬영은 시인이며 사진작가인 이학영(李鶴榮) 회원이 담당하기로 했다.

'자전거포럼', 중원(中原) '역사·문화탐방'에 나서다!

맨 처음 버스는 경기도 남양주시 조안면 마재(馬峴) 다산(茶山) 정약용(丁若鏞) 생가 터가 있는 〈실학박물관〉에 멈추었다. 이곳에서 우리 답사단은 원주에서 승용차 편으로 마중 나온 김 시인을 만났다. 그리고 김 시인과 〈포럼〉 일행은 함께 남한강과 북한강의 합수(合水)점인 두물머리 나루터와 여주 〈목아 불교박물관〉을 차례로 둘러보았다. 이어서 김 시인의 안내로 여주군 강천면 부평리의 선조 때 영의정을 지낸 실학자로서 [동국지리지]를 저술한 구암(久菴) 한백겸(韓百謙, 1552~1615)의 묘소에도 들리었다. 김 시인이 직접 '구암'의 업적에 대해 설명하였다.

다시 우리는 함께 길을 떠나 이윽고 섬강(蟾江)이 남한강과 합류하는 유역에 도착했다. 섬강은 강원 횡성군 둔내면(屯內面)과 평창군 봉평면(蓬坪面)의 경계에 솟은 태기산(泰岐山)에서 발원하여 서쪽으로 흐르다가 원주시를 지나 남서쪽으로 물길을 바꾸어 경기·강원도가 접하는 지점 가까이에서 남한강과 합류한다. 여기서 김 시인과 일단 헤어져 그는 원주로 먼저 돌아가고 우리 〈포럼〉 회원들은 논둑길과 비포장 울퉁불퉁 둑방길(20km)에서 이윽고 '자전거투어'를 시작하였다. 당시 중원 역사·문화 탐방 투어에 참가한 〈매일신문〉 편집국장과 이사를 역임한 강창훈(姜昌勳) 회원은 '새 길을 열다'라는 중원지역 자전거 탐방 기행문에서 다음과 같이 묘사하고 있다.

이제 자전거투어다. 섬강 뚝방길 20km 자전거투어에 10명의 열혈 자전거 지킴이가 나선다. 다양한 색상의 복장에 자전거도 같은 게 없다. 헬멧 모양도 가지가지이다. 모두 '랜스 암스트롱' 같다. 장비를 챙기고 포럼의 깃발을 단 우리의 첫 역사·문화탐방 자전거투어의 출발선에 선 회원들의 눈빛이 너무 빛났음인가. 7월의 태양도 잠시 구름 뒤로 얼굴을 숨긴다. 이제 그들은, 아니 우리는 자전거문화의 새 길을 열어 나갈 것이다. 새로운 자전거 역사를 기록해 나갈 것이다. 새로운 자전거 이야기를 써 내려 가야할 것이다.

작가 김훈(金薰, 1948~)은 그의 '자전거 여행'에서 이렇게 썼다. "자전거를 타고 저어 갈 때 세상의 길들은 몸속으로 흘러들어 온다. 모든 길을 다 갈 수 없다 해도 살아서 몸으로 바퀴를 굴려 나가는 일은 복되다." 그렇다. 우리는 온 몸으로 바퀴를 굴리며 새 길을 가야한다. 우리 몸속으로 우리가 연 새 길은 흘러 들어 올 것이다. 우리는 박수를 쳤고 10명의 라이더는 페달을 밟았다. 차에 남은 회원들은 약 1시간 뒤 문막교 앞에서 그들을 맞았다. 땀에 젖은 그들을 환영했다.

'토지문화관'에서 '포럼' 회원 격려하다!

다시 자전거를 실은 전용버스는 42번 국도를 따라 치악산 허리를 감아 돌며 숙소인 〈토지문화관〉으로 방향을 잡는다. 오후 6시 30분 쯤 원주시 흥업면 매지리에 있는 〈토지문화관〉에 다다랐다. 강창훈 회원의 '새 길을 열다'는 이렇게 이어진다.

원주 흥업리 '토지문화관'에서

민족 대하소설 [토지]의 작가 박경리(1926~2008) 여사는 이렇게 말했다. "사고하는 것은 능동성의 근원이며 창조의 원천입니다. 그리고 능동성이야말로 생명의 본질인 것입니다. 하여 능동적인 생명을 생명으로 있게 하기 위하여 작은 불씨, 작은 씨앗 하나가 되고자 하는 것이 〈토지문화재단〉 설립의 뜻입니다."

이렇듯 뜻깊은 〈토지문화관〉에서 우리 〈자전거포럼〉의 중원지역 답사단 일행은 짐을 풀고 땀을 씻으며 잠시 피로를 달랜 후 구내식당에서 김 시인과 자연스럽게 저녁식사를 함께 했다. 식사를 마친 후 다과를 곁들이며 김 시인의 고견을 듣는 귀중한 시간을 가졌다. 김 시인은 가장 먼저 나와 안삼환 교수와 서울대 문리대 시절 '한일굴욕회담' 반대 시위, 즉 '6·3투쟁'에 얽힌 이야기부터 꺼냈다.

"분명히 말 하건데 박삼옥이와 안삼환이는 당시 서울대 문리대 다닐 때 나보다 훨씬 더 지독한 데모꾼이었는데, 이제 자전거문화 운동을 통해 생명·환경운동을 한다며 나를 찾아오니 사람은 오래 살고 봐야한다"며 분위기를 부드럽게 띄운 후 특유의 구수한 입담을 이어갔다.

어린 시절 자신과 자전거에 관련된 추억을 회상하고 자전거에 대한 이미지와 의미를 부여했다. 김 시인은 자전거포럼의 취지를 듣고 참 좋은 사업이라고 여겨졌다면서 자전거가 생명과 환경을 아우를 수 있는 역할이 분명히 있을 것이라며 따뜻한 격려를 해주었다.

자전거포럼 회원 격려하는 김 시인

그리고 자기 생각에 자전거는 사람으로 치면 '남성적'이라기보다는 분명 '여성적'이라고 판단한다고 했다. 왜냐하면 우선 자전거의 두 바퀴가 여성의 엉덩이 모양과 비슷하기 때문이다. 그리고 두발로 달리는 자전거는 걷기보다는 빠르지만 네발로 달리는 자동차보다는 느리고, 앞서가지만 좀 더 뒤에서 따라오기도 하며, 일견 강해보이지만 부드럽다고 했다. 이어서 자전거에 대해 나로서는 참으로 처음 듣는 아주 흥미로운 뜻밖의 견해를 피력했다.

'자전거타기'가 '이재궁궁(利在弓弓)' 아닐까?

"우리의 전래 예언서인 정감록(鄭鑑錄)과 격암유록(格菴遺錄), 그리고 동학(東學) 등의 문헌을 보면 궁궁(弓弓)이라는 용어가 꾀나 등장하고 강조한다. 그런데 활 두 개를 뜻하는 궁궁(弓弓)이라는 글자의 모양이 자전거의 두 바퀴 모습과 흡사해 보인다, 그렇게 보면 정감록 이재궁궁(利在弓弓)의 비의(秘義)는 바로 '이로운 것은 자전거에 있다'가 되지 않겠는가. 말하자면 우리 옛 조상들은 자전거타기가 이롭다는 것을 이미 예견하고 있었는지도 모를 일이다"라고 하면서 파안대소(破顔大笑)하였다.

물론 김 시인이 〈토지문화관〉을 찾아온 우리 〈자전거포럼〉 회원들을 격려하고 즐겁게 하기 위해 농담으로 한 말씀이었으리라. 하지만 정말 김 시인다운, 김 시인이 아니고서는 그 누구도 생각할 수 없는 재기가 번뜩이는 걸출한 발언이었다. 이제 분명 궁궁(弓弓)은 앞바퀴(弓)와 뒷바퀴(弓)의 자전거이리라! 믿는다! 참으로 흥미진진한 궁궁(弓弓)의 현대적 해석을 김 시인은 화두(話頭)처럼 불쑥 내 던졌었다.

그 날 이후로 나는 자전거문화를 홍보하면서 이 이야기를 종종 유용하게 자주 써 먹었다. 듣는 사람들도 흥미롭게 듣곤 했다. 당시 함께 간 우리 자전거포럼의 사무총장 이름이 김필현(金弼鉉)이었다. 이름의 가운데 글자가 궁궁(弓弓)이 들어있는 필(弼)이어서 김 총장은 천생 자전거와 인연을 갖고 태어났다는 얘기도 했다. 그렇게 뜻 깊은 시간이 흘러가고 있었다.

"중원지역은 신문명시대 이끌 땅이다!"

이어서 김 시인은 우리가 탐방하는 이 '중원지역'은 역사적으로 예맥, 신라, 백제, 고구려, 발해 및 궁예의 태봉과 고려의 왕건이 갈등하고 융합했던 곳이었다. 또한 지형적 조건과 역사, 사람과 종교 그리고 문화 등이 모두 연결되어 화엄개벽원리에 따라 다가 오는 동아시아 태평양 신문명시대에 한반도가 그 중심 역할을 하게 되는 수많은 암시와 상징을 주고 있다고 했다.

한마디로 우리가 탐방하는 중원지역은 두루두루 여러 의미가 함축된 서기(瑞氣)로 가득한 숭고하고 심오한 땅이라고 강조하였다. 그리고는 자신의 최근 저서인 [춤추는 도깨비]와 [흰그늘의 산알 소식과 신알의 흰그늘 노래]에 자필 서명을

저서에 서명하는 김 시인

해서 한재섭 감사를 비롯해서 안대일·이학영·손상용·홍석현 등 〈자전거포럼〉 회원들에게 일일이 증정해 주었다. 그 가운데 〈공단〉 경정운영본부 사장을 지낸 송국섭 회원은 자신이 갖고 있던 김 시인의 '오적' 책을 휴대하고 와서 사인을 받기도 했다.

이번 투어에 동행한 나의 정치학과 후배로서 김 시인에게도 문리대 후배가 되는 서지원(전 유엔한국대표부 공보관)과 김호경('김앤장' 법률사무소 상무이사) 회원에겐 따로 격려를 하면서 "너희 선배 '옥삼'이가 참 좋은 일을 하고 예감도 좋으니 많이 도와주라"고 신신 당부하였다. 저녁 8시 쯤 김 시인은 많은 여운을 남기고 자리를 떴다. 김 시인이 우리에게 배려해준 약 한 시간은 정말 귀한 격려이며 큰 선물이었다. 김 시인이 떠난 후에도 〈자전거포럼〉의 앞날과 현실적 과제를 어떻게 풀어 갈 것인가에 대한, 회원들의 열띤 대화가 밤늦게까지 이어졌고 우리 회원들은 〈토지문화관〉에서 단잠에 들었다.

제3장.

'박달재'에서 '고천제(告天祭)'를 올리다!

　중원지역 역사·문화탐방 2일째인 2011년 7월 24일 오전 8시 30분, 우리 〈포럼〉 탐방단 일행은 김 시인과 함께 버스를 타고 〈토지문화관〉을 떠나 19번 국도와 지방도, 이어서 5번 국도를 바꾸어 달리며 하루의 일정을 시작했다. 먼저 김 시인은 신림(神林) 방면으로 안내하여 '치악산' 입구에서 우리를 하차시켰다. 그리고 시커멓고 외외(巍巍)한 치악산(雉岳山)을 가리키며 이렇게 설명을 했다.

　"저곳은 예맥(濊貊)족의 후손인 양길(梁吉)의 무리가 웅거했던 진영 터였다. 그런데 이들은 이민(異民)이 들어오더라도 '텃세 값'을 하지 않고 '호양부쟁(好讓不爭)'하는 습성이 있었다. 걸승(乞僧) 궁예가(弓裔)가 이것을 알고 혈혈단신(孑孑單身)으로 '양길(梁吉)'을 찾아가 대업(大業)을 이루는 토대를 마련했다"고 하면서 '궁예'의 예지(叡智)와 용기(勇氣)를 칭찬했다."

　이어서 우리 탐방단은 다시 버스를 타고 영원산성·배론성지·자양영당을 거쳐 흔히 '울고 넘는다'는 〈박달재〉로 향했다. 제천과 충주를 잇는 〈박달재〉는 옛날 지방에서 한양으로 과거를 보러 가는 선비들이 꼭 넘어야 할 고개이기도 했다. 11시 30분쯤 고개 정상인 해발 453m의 신시(神市)에 도착했다. 그런데 갑자기 소나기가 쏟아졌다. 여기서 올리려던 '자전거포럼발전기원고천제'를 점심 식사 후로 미루어야했다.

비가 그친 뒤 〈박달재〉의 '정도령'이라는 이름의 골짜기 사당에 올랐다. 옛날엔 깊은 연못이 있었다는데 지금은 메워져 평지로 바뀌어 있었다. 평지가 끝나는 산기슭에 서방대장군(西方大將軍)과 동방대장군(東方大將軍)의 거대한 두 개의 돌장승이 서 있고 가운데 세 개의 놋잔, 즉 호혜·교환·획기적 재분배의 삼태극(三太極)을 상징해서 세운 상석(床石)이 있고 아울러 사방에 돌덤부락이 쌓여져 있었다. 우리 〈포럼〉 역사문화탐방 일행은 김 시인의 지도를 받아가며 돌장승 앞의 석상에 소박하게 준비해간 제물(祭物)이나마 정성껏 진설하였다.

앞서 기술한 것처럼 이 〈포럼〉 발전 기원 고천제는 김 시인의 제안에 따른 것이었다. 드디어 〈포럼〉 박병준(朴秉準) 사무국장의 집전으로 '고천제'를 시작하였다. 먼저 회장인 내가 회원들이 빙 둘러 서서 묵례하는 가운데 일행을 대표하여 재배를 하고 꿇어앉아 하늘을 우러러 기도를 하였다. 비록 자전거를 통한 운동이기는 하나 생명운동에 기여할 수 있는 기회를 주신 하늘에 감사하며, 이 운동에 참여하고 있는 회원들의 건강을 지켜주실 것과 나로 하여금 〈포럼〉을 잘 이끌 수 있도록 지혜와 의지를 주실 것을 속으로 기원하였다. 이어서 〈포럼〉의 최윤호(崔允豪) 사업이사가 〈포럼〉의 무궁한 발전을 기원하며 우리의 각오를 다짐하는 고천문(告天文)을 낭독하였다.

'한국자전거문화포럼' 발전기원 고천문(告天文)

삼가 하늘님께 엎드려 고(告)하나이다.

오늘 단기 4344년 신묘(辛卯)년, 을미(乙未) 6월, 경진(庚辰) 24일, 서기 2011년 7월 24일 〈사단법인 한국자전거문화포럼〉은 우리 인류가 지혜를 모아 만들어낸 오묘한 명물인 자전거를 적극 이용하여, 이 혼돈의 시대에 한국은 물론 전 지구적인 과제(Global Issue)가 된 생명·환경·교통·에너지 문제 같은 난제들을 해결코자 뜻 깊은 발걸음을 내디디게 되었습니다.

이에 따라 하늘(天)님과 땅(地)님과 사람(人)님이 하나로 융합하고, 아울러 동방(東方)과 서방(西方)이 화합함을 상징하고 있는 바로 이곳, 신령스런 옛 신시(神市) 터에서 삼가 하늘님께 다음과 같이 엎드려 고(告)하오니 우리의 뜻하는 바가 어김없이 이루어지도록 굽어 살펴주시기를 간절히 바라옵니다.

박달재 '자전거포럼' 고천제

다 음

■〈사단법인 한국자전거문화포럼〉의 회원 일동은 오늘 여기 유서 깊은 박달재 신시 터에 모여 다함께 다짐하는 바입니다.

첫째, 자전거타기가 우리 삶의 방식을 녹색 친화적으로 바꾸면서 생명·환경·교통·에너지 문제를 해결하는 가장 올바른 길임을 명심하겠습니다.

둘째, 여가나 레저, 스포츠 활동뿐만 아니라 일상생활 속에서 자전거타기가 확실하게 뿌리내리도록 노력하겠습니다.

셋째, 자전거타기가 근검과 절약, 질서와 안전 의식의 표상임을 굳게 다짐하면서 이 정신을 널리 확산하는데 앞장서겠습니다.

■이와 같은 세 가지 인식과 다짐을 바탕으로 〈사단법인 한국자전거문화포럼〉은 아래의 네 가지를 실천하여 싱싱한 녹색 선진한국을 이룩하기 위해 "다함께 자전거를 타고 다같이 신나게" 앞으로 나가고자 합니다.

1. 잘못된 자동차문화로 인한 문제들을 극복하고 쾌적한 선진 한국을 만들어 가기위해 올바른 자전거문화를 확립하고 확산하겠습니다.

2. 자전거이용에 관한 정책과 제도, 교육과 인프라가 자전거 선진국을 능가하는 수준으로 이루어지도록 연구하고 실천하겠습니다.

3. 자전거이용 활성화에 필요한 공공재원을 창출하고 전문 인력을 대규모로 양성하는 방안을 강구하여 실현하겠습니다.

4. 자전거문화의 확산이 모두가 관심을 갖는 국민정신운동으로 차근차근, 한결같이(Slow & Steady with Consistency) 전개되도록 전력을 다 하겠습니다. 삼가 하늘님의 가호와 보우가 있으시기를 바라옵나이다.

회원 일동은 하늘님께 제주를 올리고 재배를 드렸다.

단기 4344년 신묘년 을미 6월 경진 24일(서기 2011년 7월 24일)

사단법인 '한국자전거문화포럼' 회원일동

이어서 시인으로서 KBS PD와 SBS 라디오 국장을 역임하고 국악

방송 PD로 활동하고 있는 〈포럼〉의 박건삼(朴健三) 문예이사가 자작시인 '자전거는 추억이다'를 명쾌한 목소리로 낭송한다. 〈박달재〉 하늘위로 '자전거의 추억'에 담은 싯귀(詩句)들이 훈기를 타고 또박또박 올라간다.

- 자전거는 추억이다 -

자전거는 추억이다 / 어린 시절 키가 모자라 / 궁둥이를 씰룩거리며 / 가랑이 사이로 자전거를 탔던 / 자전거는 그리움이다 // 가보(家寶)로 쳤던 / 우리 집 자전거 / 출장 떠난 아버지 몰래 / 자전거를 타고 신나게 달리다 / 동네 세탁소 유리창을 박살내고 / 무릎 꿇고 용서를 빌던 그 방 / 텅 빈 아버지 자리엔 / 흑백사진처럼 낡은 추억 하나 // 어느 날 문득 아련한 추억 속의 틀에서 깨어 / 바람을 가로질러 한강변을 달린다 / 첫사랑의 얼굴이 떠오르고 / 먼저 떠난 친구가 스쳐지나 가고 / 그리움이 파도처럼 밀려오는 / 한강을 따라 남쪽으로 / 남쪽으로 달린다

쫄바지에 호화스런 투구를 쓰고 / 잔뜩 치장한 사람들의 행렬을 / 부러워 마라 / 자전거를 탄다

축시 낭송하는 박건삼 시인

는 건 / 평범한 일상에서 탈출 / 자유를 만끽하는 것 / 가장 편안한 복장으로 / 삶과 여유를 즐기자 // 자전거는 생활이다 / 타는 이의 철학과 / 따사한 삶이 녹아 있는 / 이웃과 소통하고 웃으며 / 꽃길과 푸른 숲 / 계절을 가로 질러 달릴 때 / 그 화사하고 상쾌한 자유를 / 그대는 아는가! // 자전거를 탄다는 건 / 건강한 정신과 / 자유로운 영혼을 간직하는 것 / 그 때 비로소 / 우리는 진정 자유인이 된다.

이상으로 〈자전거포럼 발전기원고천제〉는 잘 마무리 되었다. 이 부분을 앞서 인용한 강창훈 회원의 기행문인 '새 길을 열다'는 이렇게 묘사하고 있다.

"고천제를 마친 일행은 박달재를 내려와 38번 국도-다리재 터널, 산척-목계나루터로 향한다. 목계 선착장에서 좌회전하여 지방도를 타고 단강(丹江) 변에서 2차 자전거투어를 시작한다. 선창마을-북탄리-덕은리-부론에 이르는 30km에서 버스는 자전거를 뒤따른다. 고갯길에서 지친 회원을 서로 밀어주며 숨가쁘게 달린다. 길 옆 300년 된 거목 아래에서 한숨을 돌리고 생수로 갈증을 달랜다. 그리고 나머지 길을 달리기 위한 에너지를 충전한다.

일흔 고갯길의 박삼옥 회장의 투혼은 놀랍다. 자전거포럼을 끌고 가야하는 책임감이리라. 아울러 새 길을 헤쳐 가려는 의지의 몸짓이리라. 맞은편에서 달려오는 외국인 자전거 동호인들과 손을 흔들며 나누는 인사가 국경을 넘는다. 목계나루라고 새겨진 커다란 입석이 시선에 잡힌다. 한때 남한강 수운 물류 교역의 중심지였으며 내륙 항 가운데 가장 큰 규모를 자랑했던 목계나루, 전성기 때 800호 이상의 사람이 살며 100여 척의 상선이 집결했다는 이곳이다.

조선시대 이중환(李重煥, 1690~1756)의 택리지는 '목계는 동해의 생선과 영남 산간지방의 화물이 집산되며, 주민들은 모두 장사를 하여 부자가 된다'고 알려준다. 또 서울에서 소금 배나 짐배가 들어오면 아무 때나 장이 서고, 장이 섰다하면 사흘에서 이레씩이었다고 적고 있다. 세월의 무상인가.

목계장터는 1920년대 서울에서 충주 간 충북선 열차가 개통되자 남한강의 수송 기능이 끊어지면서 세월의 뒤안길로 숨어든다. 여기다 1973년 목계교가 놓이면서 목계나루의 나룻배도 사라지자 목계장터는 완전한 쇠퇴의 길을 걷는다. 지금은 번창했던 그 나루에 〈목계나루터〉 표식과 이 곳 출신 시인 신경림(申庚林, 1936~)의 '목계장터'라는 시비(詩碑)만이 그 옛날의 영화를 쓸쓸히 말해주고 있다.

하늘은 날더러 구름이 되라 하고 / 땅은 날더러 바람이 되라 하네 / 청룡 흑룡 흩어져 비 개인 나루 / 잡초나 일깨우는 잔바람이 되라네 / 뱃길이라 서울 사흘 목계 나루에 / 아흐레 나흘 찾아 박가분 파는 / 가을별도 서러운 방물장수 되라네 / 산은 날더러 잔돌이 되라 하네 / 신서리 맵차거든 풀 속에 얼굴 묻고 / 물여울 모질거든 비위 뒤에 붙으라네 / 민물 새우 끓어넘는 토방 뒷마루 / 석삼년에 한 이레쯤 천치로 변해 / 짐부리고 앉아 쉬는 떠돌이가 되라네 / 하늘은 날더러 바람이 되라하고 / 산은 날더러 잔돌이 되라 하네.

자전거투어 팀과 합류한 일행은 이제 탄금대-중원 고구려비-선창-덕은리-좀채 부론 문막을 거쳐 서울로 향한다. 버스 안에선 자전거 안전교육과 자전거타기의 효과 강의가 자전거포럼의 눈높이를 올려놓는다. 문막 휴게소 뒷문 쪽 식당에서 일정의 마지막 저녁, 막국수 맛에 모두 찬사를 쏟아내기 바쁘다. 벌컥벌컥 들이키는 옥수수 막걸리는 어느새 모두의 피로를 쫓아내고 가슴을 연 대화의 꽃을 피워 낸다. 이번 일정의 깔끔한 진행과 알찬 내용에 마음의 박수를 보내고 있음을 나는 가슴으로 느낀다. 제2, 제3의 자전거투어를 기다리는 마음을 읽는다.

"진정한 여행의 발견은 새로운 풍경을 찾아내는데 있는 게 아니라 새로운 눈을 찾는 것이다"라고 한 프랑스 소설가 마르셀 프루스트의 말처럼 나는 이번 자전거투어에서 회원 모두가 자전거를 보는 새로운 눈을 갖게 되기를 기대해 본다. '행복은 사물을 바라보는 방식에 달려 있다'고 하지 않았던가. 어떻게 바라보느냐에 따라 자전거포럼의 미래도 달라질 것이다. 밤 9시 지나 일행은 올림픽공원에 안착했다. 모두 무사히 귀환의 기쁨을 나누었다. 행사를 준비하고 진행한 모든 분들께 감사드린다.

'포럼'의 최 고문이 큰 역할을 하다!

　제1차 역사문화 탐방으로 김 시인의 도움 아래 7월 23~24 양일에 걸쳐 '중원지역' 자전거투어를 성공리에 마쳤다. 이로부터 〈자전거포럼〉은 자전거문화 확산을 위한 발걸음을 차근차근 내디뎠다. 2011년 10월 5일에 〈㈔한국경륜선수회〉와 올바른 자전거문화의 확산과 공익적 '자전거스포츠사업'인 경륜의 건전한 발전을 위하여 상호 긴밀히 협력하며 필요시 사업을 공동으로 수행할 수 있는 업무협약을 체결하였다. 두 단체는 향후 워크샵을 개최하여 협력 가능한 구체적인 사업을 발전시켜 나가기로 하였으며, 건전한 경륜발전을 위한 학술 세미나를 추진하는 방안도 협의키로 하였다.

　또한 10월 31일에는 〈대한상공회의소〉 국제회의장에서 〈한국체육학회〉와 공동으로 '자전거이용활성화를 통한 건강하고 밝은 사회구현'이라는 주제로 학술세미나를 개최하였다. 이렇게 〈자전거포럼〉이 차분하게 한걸음 한걸음씩 제 역할을 찾아가는 가운데 원주 〈토지문화관〉과의 협의가 필요한 사항은 〈포럼〉의 최혜성 고문이 도맡아 처리해 주었다. 문리대 철학과 출신인 최 고문은 나의 1년 선배로서 김지하 시인과는 절친한 친구이며 문리대 시절 '한일굴욕회담' 반대투쟁을 비롯하여 김 시인이 장일순, 박재일 등과 '한살림운동'을 할 때 '한살림선언문'을 집필한 동지이기도 하다. 앞서도 언급했지만 우리가 학생시절 구속되어 있을 때 〈대한어머니회〉를 조직하여 석방운동을 해주셨던 분이 최 고문의 어머니였다.

제4장.

'박경리문학상 고유제'
-축하 자전거 퍼레이드!

'토지문화재단' 이사장으로부터 승낙을 받다!

〈자전거포럼〉이 빠르게 제 자리를 잡아가는 가운데 최 고문으로부터 박경리 여사의 문학적인 업적을 선양하는 〈토지문화재단〉이 한국에서는 최초로 세계적인 문학상 차원의 〈제1회 박경리문학상〉을 2011년 10월에 시상할 예정이라는 소식을 들었다. 그리고 이 문학상은 토지문화재단과 박경리문학상위원회와 동아일보에서 주최하는 것으로 알려졌다. 이에 우리 〈포럼〉이 할 일이 있을 것으로 생각되어 2011년 10월 중순경, 김영주 이사장과 김지하 시인을 만나기 위해 최 고문과 함께 〈토지문화관〉을 방문하였다.

이 자리에서 내가 김영주 이사장에게 우리 〈자전거포럼〉 회원들이 경남 통영에 있는 박경리 여사의 묘소를 찾아가서 '박경리문학상 고유제'를 올린 후, 거기서부터 며칠간 자전거를 이어 타고 시상식 날에 맞추어 원주까지 오는 구상을 하고 있는데 어떻게 생각하느냐고 물은즉, 김 이사장은 "가능하겠느냐"고 하면서 흔쾌히 좋다고 했다.

그래서 일단 실행계획을 수립하여 면밀하게 추진하였다.

그런데 뜻밖에 하나의 돌발 사안이 발생하였다. 다름이 아니라 내가 2000년부터 2009년까지 〈창원경륜공단〉 이사장을 3연임하면서 창원시를 전국 최고의 자전거 친화도시로 만드는데 힘을 기울였던 〈창원시〉에서 나에게 급한 요청이 왔다. 바로 창원시와 〈ICLEI(자치단체국제환경협의회)〉가 주최하여 10월 21일부터 24일까지 '지속 가능한 미래 교통'을 주제로 40여 개의 세계 선진 교통 도시들이 참여한 가운데 열리는 '생태교통창원총회 & 세계자전거축전' 기간에 〈한국자전거문화포럼〉이 '자전거이용 활성화를 위한 세미나'를 해달라는 것이었다.

나는 이에 응하기로 하였다. 〈창원시〉의 축전은 내가 오랫동안 인연을 맺은 〈창원시〉의 요청일 뿐만 아니라, 국제적인 큰 행사이고 또한 우리 〈자전거포럼〉으로서도 발전을 기할 수 있는 절호의 기회라고 생각되어서였다. 따라서 10월 23일 창원세미나를 마치고 바로 이어서 10월 29일의 〈박경리문학상시상식〉에 맞춰 통영에서부터 원주까지 자전거 종주 행진을 한다는 것은 불가능한 일이었다. 그래서 당초의 취지는 살리되 간소한 방안을 모색하게 되었다.

그리하여 새로운 방안으로서 경남 통영 박경리 선생 묘소의 '고유제'에는 상징적으로 자전거 1대만을 가지고 가서 간소하게 '고유제'를 치르기로 했다. 그리고 시상식 당일에는 원주 시내 그러니까 단구동 〈박경리문학공원〉에서 매지리 〈토지문화관〉까지로만 '자전거퍼레이드'를 실시하는 것으로 당초 계획을 수정하였다. 이런 연유로 창원시 세미나에 참석하기 위해 서울에서 출발할 때 내가 타는 자전거를 승합차에 싣고 내려갔다.

'생태교통창원총회 & 세계자전거축전' 세미나!

경남 〈창원시〉와 〈ICLEI(자치단체국제환경협의회)〉가 주최하는 세미나는 2011년 10월 23일 오전 10시부터 12시까지 〈창원컨벤션센터(CECO)〉 601호에서 개최되었다. 나는 이 자리에서 〈자전거포럼〉 회장으로서 개회사를 하였고 〈창원시〉 부시장(김종부)의 축사에 이어 발표자들의 발표와 토론이 약 100여 명의 지역인사들이 참석한 가운데 진지한 분위기 속에서 진행되었다.

창원 세계자전거축전 세미나

나는 마치 장기(將棋)에서 차(車)치고 포(包)치는 격으로 발표회에서도 첫 번째 연사로 등단하여 '자전거로 가는 길'이라는 제목으로 자전거이용 활성화와 자전거문화 확립을 위한 방안에 대해 발표를 하였다. 두 번째 발표자인 〈자전거포럼〉의 서지원 홍보이사(문리대 정치학과 후배, 전 독일대사관 공보관)는 우리가 막연히 자전거 천국이라고 생각하고 있는 독일의 실상을 냉철하게 예시하면서 우리나라의 자전거 문화 정립을 위하여 고려할 사항들을 제시하였다.

세 번째는 〈한국체육대학〉 운동건강관리학과 오재근 교수가 '자전거운동의 효과'를 발표하였다. 자전거운동은 성인병 예방, 심폐기능의 발달, 심장질환 위험요인 감소, 체중 부하가 없는 대표적인 유산소운동으로서 건강의 마름쇠임을 강조하면서 규칙적인 자전거타기를 적극 추천하였다. 세 사람의 발표가 있은 후 〈한국훔볼트회〉 회장인 안삼환 서울대 명예교수를 좌장으로 하여 발표자와 플로어 간의 질의와 토론 시간을 갖는 등 세미나는 진지하고도 활발하였다. 이렇게 하여 세미나가 끝나자마자 우리 〈포럼〉 일행은 〈박경리문학상 고유제〉를 올리기 위해 경남 통영 박경리 선생 묘소를 향해 부리나케 승합차를 몰았다.

경남 통영 묘소에서 '박경리문학상' 고유제를 올리다!

우리는 승합차로 두 시간 정도를 달려 그날 오후 3시경 경남 통영시 산양로에 있는 〈박경리기념관〉에 도착하였다. 여기에 머무를 시간이 없어 곧장 신권호 관장의 안내를 받아 박경리 선생 묘소로 갔다. 박경리 선생은 통영에서 태어나셔서 이 곳에서 어린 시절을 보냈었다.

생전에 "고향이 그립지 않은 사람은 없다. 특히 문학하는 사람은 어린 시절의 추억이 밑천이다"라고 말씀하셨던 박경리 선생님!

또한 "고향이란 인간사의 풍물과 산천, 삶의 모든 것의 추억이 묻혀 있는 곳이다. 고향은 내 인생의 모든 자산이며 30여 년간 내 문학의 지주요, 원천이었다. 고향을 떠난 세월은 생존투쟁의 나날이었다. 충렬사 동백꽃이 50번이나 피고 지고 나서야 도착한 고향 통영, 나는 세병관 기둥을 부여잡고 엉엉 울었다"라고 말씀하셨던 박경리 선생님!

선생께서는 2008년 5월 5일, 그가 "원만의 땅"이라고 불렀던 원주에서 생을 마감하시고 꿈에도 그리던 고향 통영으로 귀향하셔서 이 자리에 잠들어 계신다. 통영의 주산인 미륵산 중턱 멀리 한산대첩의 현장인 한려수도가 그윽이 내려다보이는 이곳에, 고즈넉하게 공원처럼 꾸며져 있는 박경리 선생의 묘역! 묘역에는 우리 〈포럼〉 일행 외에도 적지 않은 참배객들이 찾아와 박경리 선생님을 기리고 있었다.

"버리고 갈 것만 남아서 참 홀가분하다!"

묘소로 오르는 길가의 돌에는 "버리고 갈 것만 남아서 참 홀가분하다"라는 박경리 선생의 '옛날의 그 집'이라는 시의 맨 끝 구절이 새겨져 있었다. 그 시의 마지막은 이렇게 끝을 맺고 있다. "모진 세월이

가고 / 아아 편안하다 늙어서 이리 편안한 것을 / 버리고 갈 것만 남아서 참 홀가분하다." 새삼 되돌아보니 우리들은 '늘 움켜쥐고 싶은 게 많아서 참 갑갑해하며' 살아가고 있질 않은가. 그래서 무언중에 마음을 가다듬게 한다.

이날 오후 4시 경에, 우리 〈자전거포럼〉 일행은 이 묘소에서 간소하게나마 참배와 더불어 '제1회 박경리문학상 고유제'를 올렸다. 서울에서 상징적 의미로 싣고 온 내 자전거를 묘소 봉분 앞에 세우고, 묘소 주변에서 자생하는 야생화로 만든 〈제1회 박경리문학상〉 수상자에게 전달할 축하 화분을 묘소 앞에 먼저 놓았다. 내가 분향재배한 후 꿇어앉고 뒤에 〈자전거포럼〉의 안삼환 문화이사와 김필현 사무총장과 신권호 통영 박경리기념관장이 서서 참례하는 가운데 박병준 총무이사가 다음과 같은 '고유문(告由文)'을 낭독하였다.

박경리 묘소 고유제

◈고유문(告由文)

삼가 박경리 선생님께 아뢰옵나이다!

우리 한국문학의 금자탑을 이룬 대하소설 '토지(土地)'의 작가

이신 박경리 선생님께 엎드려 아뢰옵나이다. 오늘 서기 2011년 10월 23일(일요일), 올바른 자전거문화 운동을 펼치고 있는 사단법인 한국자전거문화포럼 박삼옥 회장을 비롯한 집행임원들이 선생님께서 모든 시름 다 놓으시고 편히 누워계시는 이곳 경남 통영시 미륵도 미륵산 기슭인 산양읍 신전리를 찾아 왔습니다.

그 까닭은 저희 〈한국자전거문화포럼〉이 오는 10월 29일(토), 〈토지문화재단〉이 선생님의 문학적 정신과 업적을 세계로 널리 펼치기 위해 제정한, 〈제1회 박경리문학상〉의 시상식을 축하하는 자전거행진-〈'토지' 따라가는 자전거퍼레이드〉-을 펼치게 되었음을 말씀드리기 위해서입니다. 〈中略〉

자전거는 사람의 힘으로 저어가는 청정한 탈것이므로 당연히 생명과 환경을 보호하는 '느림과 살림'의 탈것입니다. 이렇듯 자전거가 상징하는 '느림'은 대하소설 '토지'가 그려내고 있는 길고 긴 인고의 세월동안 우리 민족이 겪어온 파란만장한 수난사와 맞닿아 있고, '살림'은 그 인고의 소용돌이 속에서도 굴하지 않고 꿋꿋하게 살아온 [토지] 속에 등장하는 무수한 군상들의 끈질긴 생명력과 맞닿아 있다고 생각합니다.

그런 의미에서 선생님의 인간사랑과 생명사랑, 그리고 이에 따른 작품정신을 세계적으로 널리 알리기 위해 〈토지문화재단〉이 올해 처음 제정한 〈제1회 박경리문학상〉의 시상에 즈음하여, 우리 〈사단법인 한국자전거문화포럼〉이 자전거로 축하 행진을 펼치게 된 것은 매우 뜻이 깊다고 생각합니다. 〈中略〉

축하 행진은 '느림'을 표현하기 위해 선생님의 작품 창작과 생활 터전이었던 원주시 단구동 〈박경리문학공원〉에서 출발하여 각종 문화행사가 펼쳐지고 있는 시내 중심부를 거쳐 매지리 〈토지문화관〉까지 아주 느리게 페달을 저어 갈 것입니다.

또한 '살림'을 나타내기 위해서는 '토지'에 뿌리박고 사는 끈질긴 생명력의 식물인 '질경이'와 평화를 상징하는 '국화'와 세계정신을 의미하는 '코스모스' 그리고 저희 〈한국자전거문화포럼〉이 이곳 통영에서 갖고 가는, 들꽃들을 골고루 섞어 만든 화분 2개를 싣고 가서 하나씩을 전달할 계획입니다.

우리 문학사상 불후의 대하소설인 [토지]라는 작품을 통해 우리 민족에게 꿋꿋함과 삶의 지혜를 주신 박경리 선생님! 선생님의 문학정신은 영원할 것이오니 꿈에도 그리던 선생님의 고향땅 이곳 통영 미륵도 미륵산 기슭에서 계속 편히 쉬시기를 간절히 바라옵나이다.

고유제 마치고 .묘소 앞에서

2011년 10월 23일

사단법인 한국자전거문화포럼 집행임원 일동[3]

'박경리문학상' 축하-'토지'따라가는 자전거퍼레이드!

'제1회 박경리문학상'을 축하하기 위해 2011년 10월 29일 원주에 도착한 〈㈜한국자전거문화포럼〉은 '토지를 따라 가는 자전거 축하 행진'을 펼쳤다. '경축 제1회 박경리문학상'이라는 문구(文句)를 한 글자씩 담은 띠를 가슴에 두른 12명의 자전거꾼들은, 원주시 단구동에 있는 〈박경리문학공원〉에서 출발하여 경찰 선도차의 안내를 받으며 약 20㎞의 거리를 천천히 페달을 밟아서 시상식에 맞추어 〈토지문화관〉에 도착하였다. 식장에 들어온 우리 일행은 시상에 앞서 내가 〈포럼〉을 대표하여 다음과 같은 축하 인사말을 하였다. 그리고 시상에 맞추어 제1회 '박경리문

자전거포럼, 경축! 박경리 문학상

---

3) ■박경리 묘소 문학상 고유제 참가자(6명)
▶박삼옥(회장, 전 국민체육진흥공단 상무이사, 창원경륜공단 이사장).▶안삼환(문화이사, 서울대 명예교수, 전 한국훔볼트회장, 서울대 독문과 교수). ▶김필현(사무총장, 전 국민체육진흥공단 단장). ▶박병준(총무이사/사무국장, 전 상우전자 대표이사).▶신권호(통영 박경리기념관장). ▶박병권(사진작가)

학상' 수상자인 최인훈 작가에게 통영 박경리 선생 묘소에서 가지고 온 축하 화분을 증정하였다.

저는 개인적으로는 박경리 선생님의 사위인 김지하 시인과는 서울대 문리대 2년 후배로서 오랜 인연을 이어오고 있습니다. 여기 이 사진에서 보는 바와 같이 지난 23일 일요일에 저를 비롯한 우리 〈한국자전거문화포럼〉의 집행임원들이 박경리 선생님의 경남 통영시 산양읍 신전리 묘소를 찾아 문학상 고유제를 올린데 이어, 오늘 우리 회원들은 원주의 〈박경리문학공원〉을 출발하여 시내 중심부를 거치면서 축하행진을 펼친 후 방금 이곳 〈토지문화관〉에 도착했습니다.

통영 박경리 선생 묘소 고유제의 사진에 보이는 이 자전거는 바로 오늘 원주 〈박경리문학공원〉에서 여기까지 제가 타고 온 자전거입니다. 〈中略〉 자전거의 상징인 '느림'은 대하소설 [토지]가 그려내고 있는 긴 세월동안 우리 민족이 겪어 온 파란만장한 수난사와 맥이 통하고, 또 '살림'은 그 인고의 세월 속에서도 굴하지 않고 꿋꿋하게 살아 온 '토지' 속에 등장하는 무수한 군상들의 끈질긴 생명력과 의미가 통한다고 생각합니다.

그래서 우리는 '느림'을 나타내기 위해 아주 느리게 자전거 페달을 저어 이곳까지 왔고, '살림'을 표현하기위해서 '토지'에 뿌리박고 사는 끈질긴 생명력의 대표적인 식물인 '질경이' 화분을, 그리고 평화를 상징하는 '국화 송이'를 함께 들고 왔습니다.

특히 오늘 영광의 제1회〈박경리문학상〉수상자인 최인훈 작가에게 드리기 위해, 통영 박경리기념관 뜰에 있는 야생 들국화인 '털머위'를 그 곳의 흙에 심어서 만든 화분을 가지고 왔습니다. 바로 박경리 선생님의 연고지인 통영과 원주 두 곳을 아우르는 의미의 선물이라고 생각해 주시면 고맙겠습니다.〈下略〉

경축! 자전거퍼레이드! 토지문화관 도착

원주 '박경리문학공원'은 이렇게 조성되었다!

나는 박경리 선생을 생전에 직접 뵌 적은 없지만 간접적으로는 두 가지 이야기꺼리를 갖고 있다. 하나는 박경리 선생이 대하소설 [토지] 1부를 1969년부터 1972년 9월까지 [현대문학]에 연재할 때, 내가 [현대문학]의 모회사인〈대한교과서㈜〉의 기획실에 근무하며 경영분석 업무를 담당하였다. 그래서 당시 [현대문학]의 김수명(김수영 시인의 누이동생) 편집장으로부터 박경리 선생의 근황을 종종 들었다. 또 하나는 바로 '박경리문학상 축하 자전거퍼레이드'가 출발한〈박경리문학공원〉의 조성에 관한 이야기이다.

내가 경북고 2학년 때 동기생 6명이 조국과 민족을 위해 '주춧돌'이 되자는 취지에서, '주춧돌회'라는 모임을 만들어서 각종 봉사활동을 했었다. 당시 멤버 가운데 훗날 행정자치부 차관(200.1~2001.4)을 역임한 '김재영(金在榮)'이라는 친구가, 2020년 6월 [김재영 인생노트-흐르는 강물처럼]이라는 회고록을 펴냈다. 그런데 자신이 원주시장(1989.1~1989.12)을 할 때 박경리 선생과의 일화를, '토지의 작가 박경리 선생' 편(118쪽~122쪽)에서 다음과 같이 회고하고 있다.

"원주시장으로 부임해서 인사 가야 할 분들은 새해 첫날과 둘째 날 다녀왔다. 하지만 민족 대하소설 [토지]의 작가인 박경리(朴景利) 선생님을 방문하는 것은 뒤로 미루었다. 왜냐하면 당시에 연재하고 있던 [토지] 뿐만 아니라 선생님의 여러 작품들을 감명 깊게 접했던 터라 바쁘지 않을 때 따로 여유롭게 뵙고 싶어서였다. 조금 한가해진 날 오후에 단구동 자택으로 박경리 선생님을 뵈러 갔었다. 박 선생님의 자택은 정원 겸 텃밭을 갖추어서 한결 소담스러웠다. 그리고 박 선생님은 머리를 감고 참빗으로 정갈스럽게 빗은, 그래서 무척이나 단아한 모습이었다. 직접 끓여 건네주는 차를 마시면서 [월간 조선] 허술 부장의 친구라고 말씀드렸더니 퍽 반가워하였다."

"그리고 내가 [토지]를 읽으면서 어쩐지 안쓰러운 생각이 들었던, '서희'의 둘째 아들 '윤국'이 장차 어떻게 되느냐고 여쭈었다. 그랬더니 고위 공무원인 시장이 어떻게 [토지]를 읽었느냐고 해서, 내가 얼마나 많은 공무원들이 [토지]를 즐겨 읽는

지를 자세히 말씀드렸다. 처음에는 안 믿어진다는 눈치였지만 곧이어 정색을 하고 6·25 때 사회주의자가 되어 돌아온다고 하였다. 이어서 "사회주의와 공산주의는 다릅니다. '두메'가 공산주의자죠"라고 말씀하셨다. 그리고 [토지]는 6·25까지 집필한다고 하였다." 〈中略〉

"그런데 선생님의 이야기 속에서 흥미로운 것은 자신은 카톨릭 신자이지만 불교에 대해서는 호의적이었다. 그러나 기독교가 일제 때 우리 고유의 샤머니즘을 말살한 것에 대해서는 매우 비판적이었다. 그리고 동학의 '생명과 평등사상'을 길게 설명해 주었다. 그래서 내 나름으로 [토지]의 줄거리가 동학혁명 때부터 전개되기 시작함으로 그렇게 말씀하시는 것이라고 짐작하였다. 아무튼 나로서는 새삼스레 동학에 담긴 깊은 뜻이 경이롭게 느껴졌다."

"이후로도 박경리 선생께서는 명절 때면 찾아뵙기도 하였고, 이따금 선생님이 내게 전화를 주기도 하였다. 한 번은 〈토지개발공사〉에서 추진하는 〈단관택지 개발지구〉에 자택이 편입되어 있다고 하면서, 개발위주의 정책에 대한 불편한 마음을 토로하고 원주시에 기증 의사를 밝혔다. 앞서 원주시에서 〈토지개발공사"에 〈단관 택지개발사업〉을 승인해 주고도 그때야 비로소 나는 선생님의 집도 포함되었다는 것을 일게 되었다."

"그래서 우선 사과드리고 상황을 파악한 후에 말씀드리겠다고 하고 나오는데, 한 가지 부탁할 것이 있다고 말씀하셨다. 무엇인지 물었더니 "원주시 교환양이 자기를 부를 때 '아줌마'라고 부르는데 '아줌마'라고 하지 말고 '아주머니'라고 하면 좋겠다"고 하였다. 그래서 나는 웃으면서 다시 사과드렸다. 그날 이후로 〈토지개발공사〉와 해결책을 협의하였다. 그런데 〈토지개발공사〉에서도 박경리 선생과 [토지]에 대한 이해가 높아서 흔쾌히 〈토지기념관〉으로 보존되도록 하겠다고 했다. 이에 따라 1999년 문화계의 건의를 받아들여 선생님의 옛집을 포함해서, 주변 3천여 평을 〈토지문학공원〉 즉 지금의 〈박경리문학공원〉으로 조성하여 현재까지 잘 보존되고 있다." 〈中略〉

박경리문학공원

'민세상' 수상 및 법보신문 특강하다!

제1회 〈박경리문학상〉 시상식을 가진지 한 달이 채 못된 2011년 11월 24일 김 시인은 〈민세안재홍선생기념사업회〉가 주관하고 〈조선일보사〉가 후원하는 독립운동가이며 교육자, 언론인으로 활약한 민세(民世) 안재홍(安在鴻, 1891~1965) 선생을 기리는 제2회 민세상(民世賞) 사회통합부문 수상자로 선정되었다. 이에 따라 11월 30일 〈한국프레스센터〉에서 거행된 시상식에 나는 최혜성 고문과 안삼환 교수와 함께 참석하여 이를 축하하고 잠시 환담을 나누었다.

왼쪽부터 최혜성, 김지하, 안삼환, 박삼옥

이듬해인 2012년 1월 4일에는 〈법보신문사〉와 〈동산불교대학〉 총동문회가 주관하여 서울 종로구 조계사 옆 〈동산불교대학〉 강당에서 김지하 시인 초청 특강이 있었다. 이 자리에서 김 시인은 '변혁적 생명학, 서다림의 자책을 넘어서'라는 제목으로 자신의 생명사상에 대해 설명하고 4대강 개발을 자연철학적 관점에서 비판하기도 했다. 특강이 끝나고 잠시 환담을 나누는 시간에 〈자전거포럼〉이 잘 되느냐고 물으면서 열심히 정진하라고 격려해 주었다.

민세상 수상 이후 두 달 여가 경과한 2월 15일 〈자전거포럼〉의 소식지인 〈뉴스레터 3호〉에, 박경리 선생 묘소에서 가진 〈박경리문학상〉 고유제와 문학상 시상 당일 축하 자전거 퍼레이드 관련 내용을 실었다. 그래서 아래와 같은 내용의 내 편지를 동봉하여 김 시인에게 보냈다.

'지하 형'은 할 일이 많아 강건하셔야 합니다!

지하 형! 그동안 잘 지내셨습니까? 며칠째 제법 봄기운이 도는 듯한 날씨입니다. 지난해 11월 30일 민세상(民世賞) 시상식장인 〈프레스센터〉에서 잠시, 그리고 지난 1월 14일 〈법보신문사〉와 〈동산불교대학〉 총동문회가 공동주관한 '변혁적 생명학, 서다림의 자책을 넘어서' 제하의 특강이 끝나고 잠깐 형을 뵈 온 후 벌써 한 달이 훨씬 지났습니다. 그날 사회자가 형의 건강얘기를 언뜻 언급하였는데 괜찮으신지요? 저도 금년에 칠순이 되었습니다만 지하 형은 특히 강건하셔야 합니다. 아직 하실 일이 너무나 많기 때문입니다.

민세상(民世賞) 관련 신문 기사를 읽고 축하 통화를 드리면서 소설 [토지]를 읽고 있다는 얘기를 했습니다만 지난해 11월 4일부터 금년 1월 22일(신묘년 섣달 그믐)까지 [토지] 21권(나남출판사)을 통독하였습니다. 지방 출장 시에는 KTX를 타고가면서, 그리고 지하철, 버스 등, 틈만 나면 줄기차게 읽었습니다. [토지] 1부가 [현대문학](당시 사장 조연현, 편집장 김수명)에 연재되고 있던 기간 내내, 제가 [현대문학]의 모회사인 〈대한교과서주식회사〉에서 담당으로 재직하고 있었기 때문에 각별한 관심을 갖고 있었지만, 막상 [토지]는 여기저기서 단편적으로 조금씩 읽었을 뿐 전편을 다 보지는 못하여 매우 아쉬워했었습니다.

그런 가운데 지난해 저희〈한국자전거문화포럼〉이 제1회〈박경리문학상〉시상 축하 자전거행진에 참여하기 위해, 원주〈토지문화관〉과 통영 박경리 선생님의 묘역을 오가면서 제대로 한번 완독할 것을 다짐하였고 이번에 드디어 실행하였습니다. 한마디로 우리나라는 정말 위대한 작가와 작품을 가졌었다는 것을 새삼 실감하고 감격하였습니다. 지금은 저의 아내가 열심히 읽고 있고 소설 [토지] 관련 대화를 많이 나누고 있습니다.

요즈음 추운 날씨에도 아랑곳없이 자전거를 타고 오가는 모습을 많이 봅니다. 특히 여성분들이 바구니를 단 자전거를 타고 열심히 페달을 젖는 모습에서 성실하게 살아가는 삶의 한 단면을 발견하고 '참 대단하다'라고 생각합니다. 그런데 얼마 전 동네의 은행 유리창에 "자전거 주차금지, 은행고객들이 불편을 겪고 있어요" 라는 문자가 붙어 있는 것을 보면서 '아직은 자전거는 찬밥이구나'라는 쓸쓸한 생각이 들었습니다. 어디를 가나 가장 편리한 곳에 당당히 자전거를 주차할 수 있어야합니다. 자전거가 찬밥과 천덕꾸러기 신세를 면하기 위해서는 자전거를 바라보는 사람들의 시각을 바꾸어야합니다. 바로〈한국자전거문화포럼〉이 해야 할 일이라고 생각합니다.

이번에 우리〈자전거포럼〉의 소식지인 뉴스레터 제3호(2012. 2.15.)를 발간하였기에 보내드립니다. 이번호에는 제가 '생명'을 사랑합시다!'라는 서문을 썼고 저희〈포럼〉이 지난해에 시행한 '생태교통창원총회 & 세계자전거축제 세미나', 제1회 박경리문학상 고유제 및 시상식 축하 자전거행진,〈한국체육학회〉와 공동 주최한 학술세미나를 중심으로 엮었습니다. 한번 봐주시면 합니다. 최혜성 선배는 우리〈포럼〉일 관계로, 종종 뵙고 있습니다. 형수님인〈토지문화재단〉김영주 이사장님께도 꼭 안부 전해 주시기 바랍니다, 한번 틈내어 원주에 가도록 하겠습니다.

2012년 2월 22일 서울에서 박삼옥 올림

김 시인에게 보낸〈자전거포럼〉의 뉴스레터 3호(2012.2.15.)에 내가 권두언으로 쓴 '생명을 사랑합시다!'의 전문은 다음과 같았다. 김 시인과 그의 생명사상에 관해 열심히 교감하면서〈자전거포럼〉의 사업들을 펼치던 당시의 목표와 지향하는 바가 김 시인의 생명사상을 바로 가늠할 수 있다고 여겨 이렇게 옮겨 싣는다.

'생명'을 사랑합시다!

살아가면서 두 가지 문제를 생각해 본다. 하나는 속도에 관한 것으로서 '빠른 것은 무조건 좋은 것이고 느린 것은 언제나 나쁜 것인가'라는 것이다. 우리가 '빠르다'고 말할 때 곧 바로 떠오르는 긍정적인 단어는 '발전'과 '성취' 같은 것이고 부정적인 것은 '긴장'과 '위험' 같은 것들이다. 그리고 '느리다'의 긍정적인 연상 단어는 '여유'와 '살림' 같은 것이고 부정적인 것은 '낙오'와 '패배' 같은 것들이다.

지금까지 우리는 빠름을 추구한 결과 문명은 발전하였고 물질적인 성취는 어느 정도 이루고 있으나, 긴장과 위험 속에서 '느림'의 장점인 '여유'와 '살림'은 잃으면서 살아가고 있다. 또 하나는 자연과 사물의 인식에 관한 것으로서 '자연과 사물은 인간을 위해서만 존재하는가'의 문제이다. 자연은 인간뿐만 아니라 모든 생명체가 생명의 자양분을 받는 탯줄이며 생명의 텃밭이다. 따라서 우리는 자연과 사물에 관한 발상의 대전환이 필요하다.

이제 '존재' 위주의 사유방식은 지양(止揚)되어야 하고 '생명' 위주의 사유방식으로 전환해야할 때이다. 21세기 최대의 화두는 '생명'이다. 지구상의 민족과 민족, 나라와 나라가 평화롭게 더불어 살아야할 뿐만 아니라 살아있는 모든 생명체와도 더불어 살아야하고, 생명이 없다고 간주되는 무생물과도 조화와 균형 속에서 함께 살아가야한다. 그런데 생명의 화두는 '죽임과 살림'의 의미로 이어진다.

'죽임'에서 즉각 떠오르는 것은 파괴, 살생, 오염 같은 것이고, '살림'에서 떠오르는 것은 상생, 활력, 소통 같은 것들이다. 서양 사람들의 논리는 한마디로 '죽임'의 논리라고 할 수 있다. 서양의 현대문명에서 소비는 생산과 판매를 촉진하는 미덕이기 때문에 없는 욕망도 만들어내고 부추겨 조장해야만 한다. 이 과정에서 속도 경쟁과 생산비 절감만이 중요할 뿐, 사람과 자연의 조화와 균형은 고려 대상이 되지 못한다. 경쟁에서 밀리면 가차 없이 도태돼야 하며, 비교우위는 추구해야할 가장 바람직한 모습으로 인식된다.

이는 근대 이후 서양 사람들의 인식체계를 지배해온 진화론의 자연도태, 적자생존, 우승열패의 원칙들이 빚어낸 결과들이다. 자전거는 조화와 안전을 실천하는 '느림'의 탈것이고 자연과 환경을 살리는 '살림'의 탈것이며 따라서 '생명'의 탈것이다. 우리는 빠른 것은 위험하고 느린 것은 안전하며, 살리는 것이 죽이는 것보다 훨씬 더 소중한 가치임을 잘 알고 있으면서도 막상 실생활에서는 '느림보다 빠름'을, '살림보다는 죽임'을 선택하면서 살고 있다.

그동안 우리가 '빠름과 죽임'의 상징인 자동차적 사고와 생활습관에 익숙해있기 때문이다. 이제부터는 '느림과 살림'을 지향하는 '생명'의 탈것인 자전거적 사고와 생활방식으로 살아갈 필요가 있다. 다함께 생활 속에서 자전거를 많이 타자! 그리고 뭇 '생명'을 사랑합시다!

통영 박경리 선생 묘소에서 바라보는 한려수도

제5장.

생명·환경 위해
자전거 '살림길' 운동 전개하다!

이제부터 자전거길을 '살림길'로 부르자!

2012년에 접어들면서, '선진한국! 다함께 자전거! 다같이 신나게!'를 지향하는 〈한국자전거문화포럼〉은 활발하게 활동영역을 넓혀갔다. 나는 자전거이용활성화를 통해 '생명·환경운동'을 활발하게 펼치기 위해서는 뜻도 좋고 부르기도 쉬운 아이콘(Icon)이 필요하다고 판단하였다. 그래서 우리가 '걷기'하면 바로 제주 '올레길'이 떠오르는 것처럼 '자전거'하면 바로 떠오르는 그런 명칭을 개발하기로 했다.

그 동안 '자전거길'은 자전거도로, 자전거전용도로, 자전거보행자전용도로 같은 딱딱한 용어로만 표현하여 자동차도로와 구분되는 하드웨어(H/W)적인 개념정도로 인식되었다. 따라서 자전거는 인간의 기본적인 이동 수단인 '걷기'보다는 빠르지만 자동차보다는 훨씬 느린 '느림'의 탈것(vehicle)이며 자동차가 화석연료를 태워 환경을 파괴하는 '죽임'의 탈것임에 반해 환경을 살리는 '살림'의 탈것임에 착안하여 자전거길을 소프트웨어(S/W)적 개념인 '살림길'로 부르고 이를 아

이콘으로 활용하기로 했다,

'살림길(Life Way)'이란 ①'죽임'이 아닌 '살림' ②'살림'살이의 '살림' ③바퀴의 '살(Spoke)'과 바퀴 '테'의 영어인 '림(Rim)'을 합친 '살·림'이라는 3가지 뜻의 '살림'에 '길'을 붙인 합성어이다. 따라서 '살림길'은 ①환경과 생명을 살리는 '살림'의 탈것인 자전가가 달리는 안전한 길, ②'살림'살이를 위해 자전거를 이용하기가 편안한 길, ③'살·림(Spoke & Rim)'의 두 바퀴로 만든 자전거가 구르는 즐거운 길로 개념을 정리하여 업무표장등록을 필하였다. (제42-0004473호)

이에 따라 첫 캠페인 활동으로 행정안전부가 선정하는 2012 비영리민간단체 공익활동 지원사업에 〈자전거길, 이제는 '살림길'로 부르자!〉를 신청하여 선정되었다. 그래서 동년 5월 3일 15시부터 17시까지 〈자전거 '살림길' 운동 선포 및 자전거문화의 정립과 확산〉이라는 주제로 올림픽파크텔 서울홀에서 세미나를 개최하고 본격적으로 〈자전거'살림길'운동〉을 전개하였다. 당시 〈자전거'살림길'운동〉에 즈음하여 발표한 선포문은 다음과 같다.

자전거'살림길'운동 선포식

자전거'살림길'운동 선포문

오늘부터 사단법인 〈한국자전거문화포럼〉이 〈자전거'살림길'운동〉을 시작합니다. 〈자전거'살림길'운동〉이란 ①생명과 환경을 살리는 '살림'의 탈것인 자전거가 안전하게 달리는 길, ②'살림'살이를 위해 자전거를 편안하게 이용하는 길, ③'살림'(spoke & rim)의 두바퀴 자전거가 굴러가는 즐거운 길이라는 뜻의 '살림길'(업무표장등록 제42-0004473호)이라는 명칭을 자전거의 아이콘으로 다양하게 활용하여, 올바른 자전거문화와 자전거타기 붐을 조성하고 나아가 우리 삶의 질과 사회·경제적인 효과도 높이는 자전거이용활성화운동입니다. 〈中略〉

'살림길' 로고

자전거문화는 '살림의 문화'가 되고 있습니다. 이렇듯 '덧셈'의 탈것인 자전거가 '살림의 문화'를 여는 길인 '살림길'은 환경과 건강을 살리는 '생명길'이 되고 자연과 인간, 인간과 자연을 아우르는 '소통길'이 되며 아울러 사람과 자전거가 어우러지는

---

4) ▶BI에 사용된 색깔 가운데 녹색은 환경과 생명과 '살림'을, 파랑색은 안정·평온을, 빨강색은 희망과 활력을 각각 의미한다. ▶왼쪽 그림(pictogram)은 '살림'의 상징(녹색 두 잎사귀)인 두바퀴 자전거가 안전하고 편안하게(파랑색 바탕) '살림길'(인색 선)을 달리는 모습이다. ▶오른쪽 녹색의 한글 '살림길'은 자전거의 친환경과 부드러움(붓글씨)을, 그리고 빨강색의 영문 'Life Way'는 '살림길'이 희망과 활력의 '생활길'이며 '생명길'임을 표현한다.

'상생길'이 될 것입니다. 〈中略〉

2012년 5월 3일

사단법인 한국자전거문화포럼

　이렇듯 〈자전거포럼〉은 선포문과 같은 취지와 목표로 2012년 6월부터 12월까지 〈자전거살림길운동〉을 전개하여 전국 14개 지방자치단체의 24개 도로를 자전거 '살림길'로 선정하였다. 그리고 10월 15일에는 살림길 들꽃사랑 답사단 출범식 및 제5회 자전거문화 세미나를 개최하고 해당 지지체와 함께 '살림길'에서 자전거 퍼레이드를 펼치는 등 다각적으로 활발하게 〈자전거살림길운동〉을 전개하였다.

창원 '살림길' 팻말

구미 '살림길' 출발식

전국 35개 도로를 '살림길'로 선정하다!

　이어서 2013년에는 3개 지방자치단체의 7개 도로를 자전거 '살림길'로 선정하였다. 그리고 2014년에는 추가로 3개 지방자치단체의 4개 자전거도로를 '살림길'로 선정하였다. 그래서 〈자전거포럼〉은 2012년부터 2014년까지 3년 동안 모두 20개 지방자치단체[5]의 35개 도로를 자전거 '살림길'로 선정하였다. 여기서 특기할 것은 이 가운데 2014년 10월 31일에 선정된 강원도 정선 '살림길'은 바로 정선지역에 대한 김 시인의 민족문화와 생명사상에 따른 제안으로 이루어졌다는 사실이다.

즉, 〈자전거포럼〉이 전국 17개 지방자차단체의 31개 자전거길을 '살림길'로 선정하여 활발한 활동을 펴고 있던 2014년 3월 어느 날 〈토지문화관〉을 방문하여 김 시인을 만났다. 이 자리에서 〈자전거살림길운동〉의 취지와 목적과 2년 동안 전개한 사업내용을 자세하게 설명하였다. 내 설명이 끝나고 나서 김 시인은 강원도는 어떻게 되었느냐고 물었다. 그래서 강원도는 2012년 11월 춘천시의 북한강(강촌-의암호)·소양강·공지천 자전거도로를 '살림길'로 선정해서 2년째 활발하게 춘천 자전거동호인들과 〈'살림길'운동〉을 펼치고 있다고 했다.

그랬더니 자기가 정선아리랑의 원류를 통해 민족 문화의 뿌리를 찾기 위해 정선에 대해 역사와 지리 등을 공부해보니 앞으로 〈선후천 융합 대개벽〉 시대에 강원도와 정선(旌善) 지역이 큰 역할을 할 것이라면서 자신은 그 내용을 [아우라지 美學의 길]이라는 책으로 담아 펴내기 위해 원고를 쓰고 있다고 했다. 따라서 하루 빨리 정선지역도 〈자전거 '살림길'운동〉에 포함시키는 것이 좋겠다는 의견을 피력 했다.

정선 동강 '살림길'을 적극 주선하다!

그래서 내가 우리 〈자전거포럼〉이 먼저 정선의 도로가운데 자전거 '살림길'의 적합한 도로가 있는지 현지 조사한 후 이를 토대로 〈정선군청〉이 〈공단〉에 선정 신청을 해야 가능하다고 했다. 그렇다면 김 시인 자신이 〈정선군청〉에 미리 연락을 해놓겠다고 하면서 동강과 아우라지 쪽을 잘 조사해 보라고 했다. 이에 따라 〈자전거포럼〉은 곧바로 사이클 국가대표와 〈대한사이클연맹〉 사무국장을 지낸 김성주 사무총장(전 부산경륜공단 상임이사)을 중심으로 정선 지역 '살림길' 선정을 위한 현지 실사를 몇 차례 실시하였다.

그리고 2014년 5월 30일 나를 비롯한 김성주 사무총장 등 실사 팀[6]이 정선군 신동읍 방제(타임캡슐공원) 및 동강(고성분교-솔치3거리) 자전거도로를 현지 답사하였다. 그로부터 한 달 후인 2013년 6월 포럼은 정선 살림길선정 협의를 위해 〈정선군청〉 지역경제과를 방문하였다. 그리고 1차로 정선군 신동읍 지역의 도로를 '살림길'로 선정한 후에, 2차로 남면·사북읍·고한읍 등 정선군 남부권을 자연경관 지역으로 벨트를 조성하는 것이 좋겠다는 안을 제시하였다.

---

5) 전국 20개 '살림길'지방자치단체-서울송파·구미·대구·춘천울산·창원·순천·진주·청주·부여·군산·과천·부산·광주·전주·양산·상주·정선·사천·서울강동.
6) 이암악 단장(전 대한사이클연맹 전무이사) 김상수(전 부산지방공단 스포원 본부장) 이동엽(전 대한사이클연맹 사무국장) 이재정(전 서울체육고 교사)

이에 따라 〈정선군청〉은 2014년 8월 21일자로 방제길(신동읍 예미리-방제리) 9.8㎞와 동강길(신동읍 예미리-용탄리) 32㎞를 '살림길'로 신청하였고 그대로 선정되었다. 동년 9월 30일 선정증서를 교부받고 정선 자전거동호인 등 50여명이 참여하여 정선 동강 '살림길'에서 축하 자전거행진을 가졌다. 〈포럼〉은 방제길(타임캡슐공원) 및 동강길(고성분교-솔치삼거리)을 최종 정선 '살림길'로 선정하여 10월 31일 〈정서군청 신동사무소〉에서 선정식을 가졌다.

정선 동강 '살림길'

선정식을 가진 후 11월 초에 포럼 회원들은 축하 자전거행진을 또 펼쳤다. 이를 계기로 〈정선군청〉과 〈자전거포럼〉 간에는 유기적인 협력체계를 일단은 갖추게 되었다. 이런 사실을 곧바로 김 시인에게 알렸다. 여기서부터 〈정선군청〉과 오랫동안 관계를 맺어온 김 시인의 역할이 더욱 중요해졌다.

정선 "어메이징 '살림길' 프로젝트" 추진하다!

그런데 기회는 곧바로 찾아 왔다. 정선 '살림길' 선정식을 하고 열흘 뒤인 동년 11월 10일, 서울 종로구 안국동 〈천도교 수운회관〉 대교당에서 김 시인의 3개 저서인 [수왕사(水王史)]와 [아우라지 美學의 길]과 [초미(初眉)·첫 이마]의 출판기념회가 개최되었다. 나는 이 출판기념회에 최혜성 고문과 함께 참석하였다. 마침 그 자리에는 정선군수도 참석하였다. 기념식이 끝나고 서로 인사를 나누는 자리에서 김 시인이 나를 정선군수에게 소개를 해주었다.

김 시인이 "내가 아끼고 신뢰하는 대학 후배인데 며칠 전 정선 동강과 방제길을 자전거 '살림길'로 선정했는데 군수께서 알고 계시는지"를 물으면서, "앞으로 정선을 전국적으로 홍보하고 활성화 할 수 있는 프로젝트를 협의코자 하니 잘 협조해 달라"고 부탁했다. 전정환 군수도 〈정선군〉을 적극 홍보할 사람이 김 시인의 후배라는 점에서 매우 반갑게 나를 대해주었다. 나는 "따로 찾아뵙고 구체적인 활성화 방안을 설명 드리겠다"고 말했다.

이후 〈자전거포럼〉은 정선 〈살림길 활성화 프로젝트〉 즉, 친환경 레저·체험·관광·활성화를 위한 프로젝트의 명칭을 〈Amazing '살림길'〉로 결정하였다. 이후 본격적으로 〈정선군〉 지역경제과의 담당 공무원과 〈Amazing '살림길'〉 프로젝트의 실행을 위해 구체적인 협의를 여러 차례 가졌다. 그래서 1차적으로 장소를 '살림길'이 소재한 신동읍 지역으로 정하고 보다 더 구체적인 협의는 〈신동발전협의회〉와 MOU

를 체결하여 진행하기로 했다. 마침내 2015년 1월 신동 자전거 '살림길' 활용·발전방안[7]을 1차적으로 성안하였다.

먼저 〈Amazing '살림길'〉 프로젝트의 시범 사업으로 〈서울잠실고등학교〉와 〈자전거문화포럼〉이 공동 주관하고 정선군이 후원하여 2015년 7월 16일부터 18일까지 2박 3일 동안 진행하였다. 동 시범 사업은 〈서울잠실고등학교〉의 2015년 국토탐방 프로그램인 '자전거 체험활동을 통한 국토탐방 행사'를 '정선군 신동읍과 정선읍' 일원에서 35명(학생 31명, 교사 4명)이 참여하여 자전거·레프팅·관광 체험 등을 실시하였다.

이렇듯 〈서울잠실고〉의 자전거를 중심 테마로 하여 동강 레프팅 등 정선 자연환경을 다양하게 활용하는 시범 행사가 성공적으로 진행됨에 따라 〈Amazing 살림길〉 프로젝트도 한결 탄력을 받게 되었다. 한편 나는 김 시인이 정선의 역사·문화와 미래의 역할을 담은 저서인 [아우라지 美學의 길]을 열독하면서 앞으로 〈Amazing '살림길'〉 프로젝트를 주도해갈 김성주 총장과 함께 정선지역을 샅샅이 살피고 다녔다.

그러나 가장 큰 문제는 〈정선군 신동읍〉 측에서 〈Amazing '살림길'〉 프로젝트에 제공해야할 수행 공간, 즉 50~100명이 숙식할 수 있는 장소를 제공할 수 있느냐 여부였다. 1차적으로 인근의 폐교 등을 대상으로 물색하였으나 마땅한 장소를 찾을 수 없었다. 그래서 2015년 7월까지 여러 대안을 갖고 협의한 결과, 결국 〈정선군〉이 〈강원도청〉에 신동지역 활성화를 겸한 신규 회관건립을 건의키로 하였다.

이에 따라 〈강원도청〉에서는 실무선에서 원칙적으로 동의를 하였으나, 회관건립을 위해서는 〈강원도청〉과 〈정선군〉의 예산분담과 건립 부지 선임 등 행정적으로 선결과제가 많고, 막상 다 해결된다고 해도 건축기간 등을 고려하면 2~3년은 소요된다고 하였다. 그래서 〈자전거포럼〉으로서는 〈신동 자전거 '살림길' 활성화 프로젝트〉는 단념하고 부득이 다른 대안을 강구해야만 했다.

자전거의 '명칭'을 "쪽빛자전거"로 결정하다!

한편 〈자전거포럼〉은 '살림길'을 달리는 자전거를 무엇이라고 호칭할 것인가를 논의하였다. 이산화탄소 등 오염물질을 전혀 배출하지 않고 순수하게 생체에너지로 가는 청정한 탈것인 '자전거'의 이미지에 꼭 들어맞는 상징적인 명칭은 무엇일까? 우리가 맑고 깨끗한 하늘을 일컬을 때 '쪽빛하늘'이라고 일컫는 것처럼, 자전거야말로 맑고 깨끗한, 이산화탄소 등 오염물질을

상주 낙동강 살림길

---

7) 주요 내용은 살림길 미션 및 비전, 신동 자전거'살림길' 발전방안, 탐방 프로그램 '살림길' 요건, 사업운영 체계, 사업주요 효과, 과제수행 구성, 참여대상·인원, 향후 추진계획 등이다.

배출하지 않는 청정한 탈것(vehicle)이라는 의미에서, 〈쪽빛자전거〉로 부르면 어떨지 논의하였고 그렇게 부르기로 결정하였다.

그리하여 〈자전거'살림길'운동〉의 출범 4년째인 2015년부터는 '쪽빛자전거 전국 살림길을 달린다!'라는 새로운 슬로건을 내걸고 캠페인을 전개하였다. 이렇게 각계각층의 남녀노소 사람들로 구성된 전국 쪽빛자전거 〈'살림길' 들꽃사랑 중앙답사단〉과 해당 지자체의 〈지역답사단〉은, 1차로 2015년 6월 1일부터 5일까지 13개 지방자치단체(송파·과천·부여·군산·전주·광주·순천·사천·진주·창원·부산·양산·울산)들의 '살림길'을, 2차로 10월 27일부터 30일까지 7개 지방자차단체(강동·춘천·정선·상주·구미·대구·청주)들의 '살림길'을, '쪽빛자전거'를 타고 온갖 들꽃이 만발한 '살림길'을 힘차게 달리며 '느림과 살림'의 생명문화를 널리 알렸다.

제6장.

쪽빛자전거! 전국 순방
-소설 "토지" 무대에 가다!

광복70년! 쪽빛자전거! 대~한민국! GO! GO! GO!

이상과 같이 김 시인의 성원에 따라 '생명·환경운동'을 활발하게 펼친 〈자전거포럼〉은 '쪽빛자전거'를 타고 또 하나 참으로 뜻깊은 전국 자전거투어를 실시하였다. 바야흐로 광복 70주년 8·15를 맞은 2015년 8월은 유난히도 무더웠고 가물기조차 하였다. 그런데도 불구하고 세 명의 고등학생과 세 명의 발달장애인이 포함된 남녀노소 서른 명의 단원(단장 이암악)들은 땀방울을 뚝뚝 흘리며 '쪽빛자전거'의 페달을 힘차게 밟아 전국을 두루 달렸다.

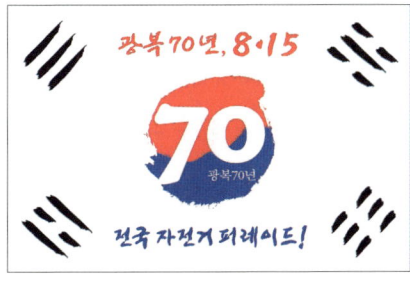

자전거 부착 깃발 디자인

바로 '선진한국! 다함께 자전거 다같이 신나게'를 지향하는 〈자전거포럼〉이 2015년 생활체육 활성화사업으로, 8월 9일부터 8월 15일까지 전국 13개 지방자치단체를 순방하며 〈광복70년! 8·15 전국 자전거

퍼레이드〉를 펼쳤다. 한 마디로 '광복70년 8·15'를 맞아 각계각층의 사람들이 현지 주민과 함께 '쪽빛자전거'를 타고 전국 방방곡곡을 누비면서 '대~한민국! GO! GO! GO!'를 힘차게 외쳤다. 첫째 GO는 민주통일, 둘째 GO는 경제번영, 셋째 GO는 문화창달을 위하여 전진하자는 굳센 다짐이었다.

독립기념관 방문

광주학생운동기념탑 방문

그런데 6박 7일 동안 전국을 순회하기위해 주요 거점과 거점 간은 자전거를 버스에 싣고 현지에서 자전거를 타고 가는 방법을 취하였다. 순방내용을 간추리면 ▶일제강점기의 항거 ▶조국 광복의 환희, ▶자유민주 건국 ▶6·25 전쟁승리, ▶4·19 등 민주의거 ▶서울올림픽의 영광, ▶경제개발 등의 열정이 엉기어 있는 현장들을 찾아 우리 민족의 저력을 확인하고, '쪽빛자전거 생명운동'을 이에 접속시켜 역사교육에도 기여하려는 것이 우리의 뜻이었다.

순방 후 순방내용을 담아서 〈광복70년! 대~한민국! GO! GO! GO!〉라는 제목으로 사업보고서를 만들어서 관계 기관 등에 배포하였다.

보고서 내용을 읽어 본 분들이 단행본으로 펴냈으면 좋겠다는 의견을 제시하였고 이에 따라 [쪽빛자전거! 대~한민국! GO! GO! GO!]라는 제목으로 다시 펴내었다. 당시 '쪽빛자전거'의 순방일정과 순방대상은 다음과 같았다.

순방 후 단행본 발간

■ 첫째 날(2015년 8월 9일, 일요일)
   (1)서울 : 제24회 서울올림픽대회, 평화의 불꽃-앞에 결의를 다지다!
   (2)화합 : 우리의 전통 민요-아리랑! 민중과 민족과 인류의 노래!
   (3)부산 : 광복동과 국제시장, 자갈치시장에서 역사의 애환을 더듬다!

■ 둘째 날(2015년 8월 10일, 월요일)
   (1)울산 : 지난 날 근대화의 메카, 이제는 선진화의 리더로 나서다!
   (2)창원 : 나의 살던 고향, 3·15의거와 기업사랑으로 이어지다!
   (3)장흥 : 70평생 고뇌하고 이를 작품으로 쓴 올곧은 작가 이청준!

■ 셋째 날(2015년 8월 11일, 화요일)
   (1)광주 : 분연히 항거하여 독립과 민주화를 끝내 이루어 내다!
   (2)분단 : 남북 이산(離散)의 아픔! 누가 이 사람을 모르시나요?
   (3)전주 : 일제 때 '시름' 잊고 이제 기쁜 구도로 희망을 노래한다!

■ 넷째 날(2015년 8월 12일, 수요일)
   (1)대전 : 애국선열들의 넋과 호국용사들의 얼이 함께 어우러지다!

(2)청주 : 의암 손병희 선생, 3·1독립운동 정신은 길이 빛나리라!

■ **다섯째 날(2015년 8월 13일, 목요일)**

(1)대구 : 빼앗긴 들에도 봄은 오는가. 국채보상운동과 2·28의거 일으키다!

(2)칠곡 : 다부동 전투-산화 넋들과 장한 용사들의 결코 잊지 않으리라!

(3)구미 : 금오산 기슭에서 싹튼, 내 일생 조국과 민족을 위하여!

■ **여섯째 날(2015년 8월 14일, 금요일)**

(1)천안 : 독립기념관-호국정신과 조병옥 박사와 유관순 열사를 만나다!

(2)서울 : 먼동이 트기 전에 가고만 젊은 4·19 넋들을 기리다!

■ **일곱째 날(2015년 8월 15일, 토요일)**

(1)서울 : 코엑스, `88메인스타디움, 국립서울현충원, 전쟁기념관을 가다!

(2)서울 : 백범 김구기념관, 나는 가장 아름다운 나라를 원한다!

(3)서울 : 자유민주 정부 수립, 대한민국의 영광과 번영이 움트다!

한국 현대문학의 거장-'이청준' 작가의 뿌리를 찾다!

상기 일정 가운데 '8·15 70주년 전국순방단'은 둘째 날 세 번째로 "이청준이 없었다면 한국에서 현대문학은 성립되지 않았다"고 하는 바로 그 이청준(李淸俊, 1939~2008)의 문학적 뿌리를 찾아 전남 장흥군 회진면 진목리를 찾아갔다. 작가 이청준은 '퇴원' '춤추는 사제' '소문의 벽' '서편제' '눈길' '당신들의 천국' 등을 써서 동인문학상·이상문학상·대한민국문화예술상을 수상하였다. 순방대상에 문학탐방 형태로 이청준의 생가를 포함시킨 것은 이청준 작가의 고통과 위대성을 누구보다도 잘 아는 안삼환 서울대 명예교수의 제안에 따른 것이었다.

우리 〈포럼〉의 고문이기도 한 안 교수는 이청준 작가와는 학생시절 서울대 독문학과에서 동문수학한 사이이다. 안 교수는 광복70년을 맞아 한국 소설을 세계적인 수준으로 끌어올린 '이청준'의 고향에 가서 그의 문학적 성과를 새겨보는 것은 큰 의의가 있을뿐더러, '독문학과의 이청준'은 '미학과의 김지하'와 문리대 동문이자 각각 전남 장흥과 목포 출신인, 호남 향우로서 둘 다 한국 문학을 빛낸 인물임을 강조하였다.

'안삼환'의 특강과 "괴테, 토마스 만 그리고 이청준!"

당시 안 교수는 [독일문학사]의 원고를 집필 중으로 바빴으나 동행하며 경남 창원에서 전남 장흥을 향해 달리는 버스 안에서 '이청준의 삶과 작품'에 대해 특강을 하고, 순방단원들에게 [괴테, 토마스 만 그리고 이청준, 세창출판사, 2014]이라는 자신의 저서(30권)를 서명해서 기증해주었다. "이청준은 성실·과묵하며 고매한 인품의 소유자로서 오로지 삶을 작품 창작에 전념하여 한국 소설을 세계적 수준으로 끌어 올린 작가"라는, 요지의 간결하면서도 핵심을 찌르는 안 교수의 '버스 특강' 덕택에 정말 유익한 '남도(南道)투어'가 되었다.

오후 5시경 이윽고 전국순방단 버스는 장흥군 회진면 진목리 마을회관에 도착했다. 그 때 한 분이 다가와 자신은 〈천관문학관〉 관장인 이대흠 시인(이하 '이 관장')이며 '이청준'으로부터 사사를 받았다고 자기소개를 했다. 그런데 이 관장이 여름휴가 중임에도 우리를 안내하기위해 온 것은 이곳 장흥 출신으로 내가 '패럴림픽조직위'에 있을 때 함께 일한 '전국순방단'의 안이문 자문위원('대한민국장애인문화예술대상' 운영위원장)이 〈장흥군청〉에 특별히 협조를 요청한 때문이었다.

'이청준'의 자전적 소설-[눈길]의 창작 사연을 듣다!

우리는 이 관장을 따라 호젓한 골목길을 5분 쯤 걸어 들어가 아담한 이청준의 '생가', 정확히는 유년시절 살던 집에 다다른다. 이 관장의 설명에 의하면 이청준은 이 집에서 조금 떨어진 곳에서 태어나 '5살부터 광주서중에 입학할 때'까지 살았다고 한다. 당시엔 마당 앞까지 바닷물이 들어오는 갯벌이었으며 함석지붕이었으나 훗날 장흥군청에서 인수하여 기와를 올렸다고 한다. 그런데 이 집과 관련해 애달픈 사연을 들려주었다.

즉, 어머니가 가난에 몰려 이 집을 팔았는데 새 주인에게 부탁을 해서 안방 한쪽에 이불과 옷궤를 남겼다고 한다. 당시 광주일고 1학년이던 이청준이 겨울방학을 맞아서 고향에 오자, 어머니는 내 집인 양 밥해 먹이고 하룻밤을 재웠다. 그리고 다음날 새벽 어머니는 눈길을 걸어 이청준을 장터 차부까지 데려다 주고 눈물을 참으며 이청준의 온

기가 밴 발자국만 밟고 돌아 왔다고 한다. 이 이야기는 훗날 이청준의 자전적 단편소설인 [눈길]로 쓰여 졌다.

이청준! 그는 분명 우리 가슴에 언제나 살아있다!

생가를 나선 '쪽빛자전거 전국순방단'은 이젠 자전거의 페달을 밟아서 이청준이 고이 잠들어 있는 야트막한 산기슭에 자리한 이청준의 묘소로 간다. 무덤 앞에는 동료, 지인, 독자들이 마련한 '이청준 문학 자리'가 꾸며져 있다. 높이 2m 가량의 비석에는 남도 연작 중 한 편인 '해변 아리랑'의 한 대목이 이렇게 새겨져 있었다.

그는 늘 해변 밭 언덕 가에 나와 앉아 / 바다의 노래를 앓고 갔다 / 노래가 다 했을 때 / 그와 그의 노래는 / 바다로 떠나갔다 / 바다로 간 그의 노래는 / 반짝이는 물비늘이 되고 / 먼 돛배의 꿈이 되어 / 섬들과 / 바닷새와 / 바람의 전설로 / 살아갔다.

광복 70년, 이청준의 문학 작품들이 있어 우리의 삶은 결코 허무하지 않다. 때론 그의 작품들이 '서편제' '천년학' '축제' '밀양' 같은 영화(映畵)로도 만들어져서 우리의 삶을 성찰(省察)케 하고 있다. 그의 사후에 대한민국 금관문화훈장이 추서되었다. 작가 이청준! 그는 분명 우리 가슴에 언제나 살아있을 것이다.

대전현충원 찾아 호국영령에 참배하다!

한국혼은 어디에 있는가 / 우리의 숨결 속에 있고 / 핏줄 속에 있고 맥박 속에 있다 // 우리의 노래 속에 있고 / 우리의 흙 속에 있고 / 우리의 생활 속에 있다 // 호국의 항쟁 속에 있고 / 문화의 유산 속에 있고 / 우리의 애국정신 속에 있다.

다음으로 넷째 날 첫 번째로 '순방단'이 찾아간 〈대전현충원〉의 입구 큰 자연 돌에, 위와 같이 새겨진 글귀가 우리 단원들의 마음을 사로잡았다. 이는 어인 까닭인가. 정녕 이 나라와 이 민족을 위해 몸 바친 거룩한 님들의 숭고한 정신 때문이었음은 물론이다. 특히 그 곳에서 우리는 다음과 같이 뜻깊은 분들의 넋도 기리게 되었다.

우리 단원들은 〈대전현충원〉에서 공동참배를 가진 후에 함께 참가한 최혜성 고문의 안내로 자신의 선친인 최경호(崔京浩,1898~1985) 애국지사의 묘소를 찾았다. 최경호 선생은 한일합방조약으로 나라가 망하자 만주로 망명하여 신흥무관학교를 졸업하고 광복 때까지 중국에서 독립운동을 하였다. 이어서 1964년 6·3투쟁 당시 미학과 김지하 등이 시작하고 곧바로 나도 가세했던 문리대 단식농성장을 결연히 찾아와 열변을 토하며 학생들을 격려

오른쪽 최혜성 고문

했던 함석헌(咸錫憲, 1901~1989) 선생과 북한의 폭침으로 희생된 천안함 46용사들의 묘소에도 참배하여 고귀한 넋들 앞에 고개를 숙였다.

'토지문화관'에 '자전거수련캠프' 설치 추진하다!

자전거타기 활성화를 통한 생명운동을 체계적으로 이어가기위해서는 숙박시설을 완벽하게 갖추고 있는, 원주 〈토지문화관〉에 자전거수련캠프를 설치하여 자전거체험과 함께 김지하의 '생명사상'과 박경리의 '문학정신'도 선양하는 프로그램을 가지는 것이 좋겠다는 생각을 하게 되었다. 그래서 〈서울체육고〉 등 교육계에 30여 년간 종사한 〈자전거포럼〉의 이재정 자문위원과 이 문제를 협의하였다. 그 결과 자기가 서울지역 고등학교 학생들을 캠프에 참여토록 주선하는 역할을 할 수 있을 것이라고 했다. 아울러 근래 주부들에게 탁구 지도를 하고 있어 주부들의 참여도 가능할 것 같다고 했다.

그래서 이재정 위원과 며칠간 '토지문화관 자전거수련프로그램'에 대한 시안을 만든 후에 김 시인에게 전화로 취지를 설명했다. 이에 대해 김 시인은 김영주 〈토지문화재단〉 이사장과 의논한 후에 연락을 주겠다고 했다. 며칠 후 김 시인으로부터 김 이사장이 일단 〈자전거포럼〉 측을 만나 계획을 들어 보겠다고 하니 〈토지문화관〉을 방문해 달라고 했다. 2015년 11월 중순 경 나는 최혜성 고문·이재정 위원과 함께 원주 〈토지문화관〉으로 김 이사장과 김 시인을 방문하여 우리 〈포럼〉의 '자전거체험프로그램'의 계획을 설명하였다.

김 이사장과는 2011년 10월 제1회 〈박경리문학상〉 시행에 즈음하여 통영 박경리 선생 묘소에서의 고유제와 축하 자전거퍼레이드 관계로 만난 이후 4년 여만에 다시 뵙게 되었다. 김 이사장은 다리가 아프신지 거동하는데 불편을 겪고 있었다. 그리고 배석한 김 시인은 〈토지문화재단〉 관련 사항은 전적으로 김 이사장의 의견을 경청하고 존중하는 입장으로 시종 그런 '모심' 자세로 일관하였다. 김 이사장은 내 설명을 다 듣고 나서 다음과 같이 말씀하였다.

즉, "그동안 〈토지문화관〉은 〈토지문화재단〉이 직접 관리 운영해 왔고, 단 한 번도 외부에 어떤 업무도 위탁하지 않았다. 그러나 다른 분도 아니고 남편이 신뢰하는 대학 후배로서 '박경리문학상 고유제'와 '축하 자전거 퍼레이드'까지 해준 박 회장이 추진한다고 하니 동의한다. 다만 참가 대상에서 주부는 제외해 달라고 했다." 이에 따라 향후 일들은 〈토지문화관〉의 권오범 국장과 〈자전거포럼〉의 이재정 위원이 긴밀히 협의하며 추진하기로 했다.

이후 〈토지문화관〉과 〈자전거포럼〉은 김지하 시인의 '생명사상'과 박경리 작가의 '문학정신'을 고구(考究)하면서, '문학과 자전거가 어우러지는 자전거체험프로그램'을 위한 업무협약(안)을 검토 합의 하는 등 실무적으로 진척을 보았다. 이에 따라 포럼의 이재정 위원은 이 프로그램의 참여 대상인 중·

원주 토지문화관

고·대학생 및 회사, 자전거 동호인들 가운데서 서울지역의 몇 개 고등학교를 선정·방문하여 이 프로그램을 홍보하며 참여여부를 타진하였다. 그러나 의외로 학교 측은 안전문제 등을 내세우며 유보적인 입장을 보였다.

당초 주된 참여대상으로 여겼던 서울지역 고교 측의 이런 소극적인 반응은 이 프로그램을 실현하려면 많은 시간과 경비 등의 여러 난제들이 선결되어야 한다는 것을 깨우쳐 주었다. 그래서 2016년에 접어들면서 어쩔 수 없이 이 프로그램의 추진을 접어야 했다. 하지만 당초 자전거포럼 측의 제의를 흔쾌히 받아준 김영주 이사장과 김 시인의 배려에 부응치 못한 것은 송구하기 짝이 없었다. 그러나 김 시인 부부는 너그러이 이해해 주었다.

'쪽빛자전거', 소설 '토지'의 주무대를 찾아가다!

하지만 박경리 선생의 문학정신을 잇는 생명·환경운동의 확산을 위한 〈자전거포럼〉의 활동은 그 후에도 끊임없이 계속 이어졌다. 즉, 〈자전거포럼〉은 2016년 7월 1일부터 7일까지 〈대한체육회〉가 지원하는 기타 생활체육단체 사업의 일환으로서 "쪽빛자전거, 전국 19개[8] '살림길' 순방 퍼레이드"를 가질 수 있었다. 그 가운데 넷째 날(7월 4일

---

8) 송파·춘천·상주·구미·대구·울산·부산·양산·창원·진주·사천·순천·광주·전주·군산·부여·청주·과천·강동

월요일) 세 번째로 30명의 참가자들은 '쪽빛자전거'를 타고 대하소설 [토지]의 주무대로서 '최참판댁'이 있는 경남 하동군 악양면(평사리)을 찾아 갔었다.

섬진강 자전거길

'쪽빛자전거'의 대오는 초반에는 섬진강과 인접한 '섬진강대로'를 따라가서 교차로를 건넜다. 그리고 19번 국도를 따라 이어지는 자전거길에서 부지런히 페달을 밟아, 두 시간 정도를 달려서

하동군 악양면 환영행사

마지막으로 매우 가파른 오르막을 올라 하동군 악양면사무소에 다다랐다. 퇴근시간이 지났음에도 조문환 면장과 면사무소 직원들이 직접 제작한 환영 팻말을 들고 따뜻이 환영해 준다. 너무나 감격스러웠다.

경남 하동군은 야생차의 자생지로서 최고품질의 녹차생산지로 유명하며 그 중심이 곧 악양면이다. 그런데 정작 '악양면'이 전국적으로 잘 알려지게 된 것은 '평사리'가 박경리 작 [토지]의 주무대(土舞臺)인 '최참판댁'이 실제로 들어서고 난 이후부터이다. 하동군이 소설 속의 '최참판댁'을 그 자리에 실제로 세운 것이다. 생전의 박경리 선생은 2001년 12월 3일, 2002년 판 [토지]를 내면서 이와 관련하여 이렇게 회고하고 있다.

박경리, 별안간 목이 메이고 눈시울이 뜨거워졌다!

얼마 전에 하동 평사리에 〈최 참판댁〉을 복원해놓고 '토지문학제'라는 행사가 있었다. 허리를 다쳐 운신이 불편했던 것은 사실이지만 뒷전이 내 편안한 자리로 늘 치부했던 숫기 없는 기질 탓도 있어 잔치에 참가하는 것이 영 내키지 않았다. 그러나 딸아이의 부축을 받으며 하동으로 내려갔다. 섬진강 강변길을 따라가는데 지천으로 쌓아놓은 붉은 감이 오후 햇빛을 받고 있었다. 그 풍경을 바라보며 그때도 왜 나는 작가가 되었을까. 마음속으로 뇌었다.

해거름의 행사장에서 몸과 마음이 얼어버린 나는 자동인형처럼 연단으로 올라갔다. 지리산의 한(恨)에 대하여 겨우 입을 열었다. 오랜 옛적부터 지리산은 사람들의 한과 슬픔을 함께 해왔으며, 핍박받고 가난하고 쫓기는 사람, 각기 사연을 안고 숨어드는 생명들을 산은 드넓은 품으로 싸안았고 동족상잔으로 피 흐르던 곳, 하며 횡설수설하는데 별안간 목이 메이고 눈시울이 뜨거워졌다. 예상치 못한 일이 내 안에서 벌어졌던 것이다. 세월이 아우성치며 달려드는 것 같았다. 둑이 터져서 온갖 일들이 쏟아져 내리는 것 같았다.

박경리, 아아! 이제야 '토지'를 쓴 연유를 알겠구나!

> 아아 이제야 알겠구나. [토지]를 쓴 연유를 알겠구나. 마음속으로 울부짖으며 나는 다시 말을 이어나갔다. 지도 한 장 들고 한번 찾아와 본 적이 없는 악양면 평사리. 이곳에 [토지]의 기둥을 세운 것은 무슨 까닭인가. 우연치고는 너무나 신기하여 과연 박 아무개의 의도라 할 수 있겠는지. 아마도 그는 누군가의 도구가 아니었을까. 전신이 떨렸다. 30여 년이 지난 뒤에 작품의 현장에서 나는 비로소 [토지]를 실감했다. 서러움이었다. 세상에 태어나 삶을 잇는 서러움이었다.
>
> — (2002년 版〈토지〉를 내며, 2001.12.3. 박경리)

〈최 참판댁〉에서 했던 위와 같은 박경리 선생의 말을 떠올리며 나는 풍요를 약속한 이상향인 악양(岳陽)을 위해 깨끗한 탈것인 '쪽빛자전거'가 긍정적인 역할을 꼭 해야 한다고 굳게 다짐하였다. 악양 벌에서 울려 퍼지는 진솔한 삶의 노래가 저 멀리 지리산 천왕봉을 향해 울리어 감을 느꼈다, 이상향인 '악양'에서 왜 환경과 생명을 살리는 '쪽빛자전거'가 중요한지 박경리 선생의 다음의 절규에 우리 모두 귀를 기울여야 하지 않겠는가? 박경리 선생은 생전에 하동 '악양'을 다음과 같이 기술하고 있다. 참으로 의미심장하다.

"인간들이 이룩한 것이 무엇일까? 백팔번뇌 끝이 없구나!"

악양평야는 사방이 산으로 둘러싸여 외부에서는 넘볼 수 없는 호수의 수면 같이 아름답고 광활하며 비옥한 땅이다. 그 땅 서편인가? 골격이 굵은 지리산 한 자락이 들어와 있었다. 지리산이 한과 눈물과 핏빛 수난의 역사적 현장이라면, 악양(岳陽)은 풍요를 약속한 이상향이다. 두 곳이 맞물린 형상은 우리에게 무엇을 얘기하고 있는가. 고난의 역정을 밟고 가는 수없는 무리. 이것이 우리 삶의 모습이라면 이상향을 꿈꾸고 지향하며 가는 것 또한 우리네 삶의 갈망이다. 그리고 진실이다.

최참판댁 전경

어디 지리산뿐일까 만은 산짐승 숨어서 쉬어 볼 만한 곳도 마땅치 않고 목숨을 부지하기 어려운 식물, 떠나버린 생명들, 바위를 타고 흐르던 생명수는 썩어가고 있다. 도시 인간들이 이룩한 것이 무엇일까? 백팔번뇌 끝이 없구나. 세사(世事) 한 귀퉁이에 비루한 마음 걸어놓고 훨훨 껍데기 벗어던지며 떠나지 못하는 것이 한탄스럽다. 소멸의 시기는 눈앞으로 다가오는데 삶의 의미는 멀고도 멀어 너무 아득하다.

— 〈2002년 版 〈토지〉를 내며, 2001.12.3. 박경리〉

〈자전거포럼〉은 〈토지문화관〉과 유대가 깊습니다!

　이런 〈자전거포럼〉이 펼친 일련의 활동은 나로서는 평소 지하 형과 함께한 자연과 사람을 살리는 생명·환경운동을 실천한 것이었다. 그렇다! 오로지 '자전거꾼'인 내가 할 수 있는 일이 이것 밖에 더 있었겠는가! 우리를 환영해주는 악양면 관계자들에게 나는 다음과 같이 인사말을 하였다.

　반갑습니다. 〈한국자전거문화포럼〉 회장입니다. 오늘 이렇게 저희들을 환영해주시는 조문환 면장님과 면사무소 직원 여러분께 진심으로 감사드립니다. 그리고 제가 〈창원경륜공단〉 이사장으로 재직할 때 창원시청 기획과장이었고 현재 하동에 거주하시는 문찬인 〈하동향토사연구위원회〉 회장님도 뵙게 되어 너무 기분이 좋습니다. 어쩌면 저희들이 오늘 '쪽빛자전거, 전국 '살림길' 순방 퍼레이드'를 펼치며 토지의 주무대인 하동 악양면(평사리)을 찾아 온 것은 결코 우연은 아닌 것 같습니다.

저희 〈한국자전거문화포럼〉이 설립되고 가장 먼저 치른 행사가 박경리 선생의 사위인 김지하 시인과의 인연에 따라 2011년 11월 19일, 원주〈박경리문학공원〉에서〈토지문화관〉까지 펼친 '제1회박경리문학상' 축하 자전거 퍼레이드였으며, 현재도 〈토지문화관〉과는 깊은 유대 관계를 이어오고 있기 때문입니다. 오늘 이 방문을 계기로 앞으로 저희 〈자전거포럼〉은 소설 [토지]의 본 고장인 악양면을 열심히 홍보할 계획입니다. 감사합니다.

박경리 선생의 팔순생신을 축하하는 딸 김영주 관장, 사위 김지하 시인

제3부
뜻깊은 '우주생명학'

하늘과 바다와 산, 나무와 바위와 집! 온 '누리'에 뭇 '생명'이 어우러지도다!

제1장.

강원도 '정선'은
우리 민중문화의 근원이다!

정선은 새 문명시대를 이끌 의미심장한 지역이다!

나는 김 시인과 오랫동안 교류하며 여러 사안들에 관해 직접 듣거나 또는 각종 저서(著書)들과 자료들[1]을 확보하여 숙독(熟讀)하였다. 그래서 이제부턴 내가 파악한 김 시인의 난해하고도 특이한 '우주생명학' 또는 '우주생명사상'에 관해 기술하려고 한다. 하지만 독자들이 좀 더 이해하기 쉽도록 먼저 김 시인이 강원도 정선(旌善)을 우리 민중문화의 근원으로 주목하고, 다가올 새 문명시대를 선도해 갈 의미심장한 지역이라고 밝힌 내용부터 소개하려고 한다.

김 시인의 '정선'에 대한 관심과 천착은 앞서 제2부 제5장에서 〈자전거'살림길'운동〉을 기술하며, 정선 〈어메이징 '살림길' 프로젝트〉의 추진과 진행상황을 설명하는 과정에서 미리 조금 소개한바 있다. 그렇지만 이번 제3부 제1장에서는 김 시인의 〈우주생명학〉과 관련하여 강원도 '정선' 땅이 지닌 풍수적 비의(秘義)와 문화적인 함의(含意)를 본격적으로 살펴보려고 한다.

1979년 10월 26일 박정희 대통령이 김재규 중앙정보부장에 의해 시해(弑害)된지 10개월여 만인 1980년 9월 11일 김 시인은 마침내 형 집행정지로 출옥하였다. 1960년대 그의 대학 시절과 1970년대 유신 독재에 정면으로 맞서, 민주주의를 위해 목숨을 걸고 싸웠던 김 시인은 박정희의 종말로 승리를 거두고 출옥한 것이었다. 김 시인 자신이 '승리'했다고 말한 적은 한 번도 없었지만, 나는 제3자의 입장에서 박정희에 대한 김지하의 승리라고 생각한다. 김지하는 박정희를 미워했으면서도 박정희에 대한 복수의 관념 같은 것은 전혀 갖고 있지 않았던 것으로 보인다.

김 시인이 대학시절이래 20대와 30대의 청년 시절을 쫓김과 고문과 투옥으로 지새우고 세상으로 되돌아 나온 것이 나이 40세였다. 출옥 후 원주(原州)에 살면서 건강도 어느 정도 원거리까지 왕래할 수 있을 만큼 회복되자, 그는 먼저 강원도 정선(旌善) 일대를 절룩거리는 발걸음으로 샅샅이 답사하였다. 김 시인이 정선 땅에 이다지도 각별한 관심을 갖게 된 데에는 이유가 있었다. 그가 2014년에 펴낸 [아우라지 美學의 길, 다락방](5쪽)에서 다음과 같이 스스로 밝히고 있다.

"일제 때 익산에서 동편제 판소리 귀소성(鬼笑聲)의 명인 송흥록(宋興祿,

---

1) ■김지하-오적(五賊, 도서출판 답게, 2001) ■흰 그늘의 길1~3(학고재, 2003) ■김지하의 예감(이룸, 2007) ■춤추는 도깨비(자음과모음, 2010) ■흰그늘의 산알 소식과 산알의 흰그늘 노래(천년의시작, 2010) ■수왕사(올리브, 2013) ■아우라지 美學의 길(다락방, 2014) ■초미(初眉·첫 이마, 다락방, 2014) ■흰 그늘(작가, 2018) ■우주생명학(작가, 2018) ■김지하의 '흰 그늘의 미학'에 관한 고찰(홍용희) ■정선아리랑과 화랑도 ■물이라는 새 문명이 온다 ■김지하가 쓰는 화엄개벽모심의 길(1~12) ■정역을 말한다 ■여자가 세상을 바꿀 수 있는가 ■변혁적 생명학, 서다림의 자책을 거쳐서 ■모심으로 가는 길

1801~1863)은 '한국 민중문화의 핵은 판소리요, 판소리의 핵심은 시김새[2]다. 그리고 그 시김새의 근원은 정선아리랑이다'라는 의미심장한 한마디를 남기고 떠났다. 이것이 무슨 소리인가. 정말 그럴까. 젊어 남도민예에 미쳐 공부했던 나에게 이 한마디는 평생을 속으로 사로 잡아온 미스터리였다."

1960년대 초 김 시인이 서울대 문리대 미학과에 재학하고 있을 때 위에 소개한 송 명인의 언론 인터뷰 기사를 처음 접하였다고 한다. 그 이후부터 김 시인의 뇌리에서 송 명인의 민중문화의 근원에 관한 짧지만 강렬한 언급은 지워지지 않았다. 그리고 계속 큰 울림으로 다가왔고 언젠가 꼭 풀어야할 숙제가 되었다. 그러나 민주화 투쟁과 이에 따른 수감으로 점철된 20대와 30대엔 그 참뜻을 탐구할 형편이 전혀 되지 못했다.

그러나 이제 출옥하여 송 명인이 민중문화의 근원이라고 말한 그 정선아리랑의 뿌리를 찾기 위해 본격적으로 나선 것이었다. 그래서 아우라지, 동강유역, 정선 5일장, 백두대간 등을 샅샅이 살폈고 관련 자료를 찾고자 정선군청을 셀 수 없이 드나들었다. 그렇게 김 시인이 '정선'의 역사와 지세를 탐닉(耽溺)한 결과, 정선아리랑의 근원은 '아우라지에 있고 아우라지의 비밀은 지명인 여량(餘糧)에 있다'고 결론짓게 되었다.

정선의 지역 특성은 '우주생명학'과 직결된다!

김 시인이 강원도 정선 일대에 대한 천착은 그의 생애에 있어서는 중요한 족적이 되었지만, 더 중요한 것은 그의 사상의 전개 과정에 있어서 주요한 대목을 이룬다는 점이다. 김 시인은 그의 답사와 천착을 통해 이 지역의 산과 물, 지세(地勢) 등 풍수(風水)가 상서(祥瑞)로운 변화를 가져올 기운을 지닌 것을 발견하였다. 김 시인의 독특한 풍수적 용어로 표현하면 이곳이 바로 '사자당분신(師子幢奮迅)'의 실례(實例)였다.

이른바 '사자당분신'에 대한 설명은 앞으로 다음 제2장에서 김 시인 자신의 진술로 자세하게 나올 것이지만, 우선 간단히 미리 말하면 '사자당(師子幢)'이란 장차 미륵(彌勒) 부처가 태어날 수 있는 생지(生地), 그러니까 길지(吉地)라는 의미이며 '분신(奮迅)'이란 이 '길지'가 지닌 상서로운 변화를 초래할 기운(氣運)을 뜻한다. 이 두 단어를 붙여 김 시인은 '사자당분신'이라는 용어로 사용하고 있는데 그는 이 용어를 '장소'에 방점을 두기도 하고 '기운'에 방점을 두기도 하는 복합적인 의미로 사용한다.

김 시인은 정선 일대가 유일한 '사자당분신'이라고 단정하지는 않고 하나의 실례(實例)라고 하였지만, 정선이 포함된 한반도의 중원(中原)을 '사자당분신'의 터로 강조하고 있는 것만은 분명하다. 그런데 '사자당분신'으로서의 특성은 그의 〈우주생명학〉 또는 〈우주생명사상〉과 직결된다. 이 점이 매우 중요하다. 그래서 이 책의 다음 장에서 소

---

2) 넓은 의미로는 선율선(旋律線)이나 절주(節奏:리듬)의 자연스런 연결이나 유연한 흐름을 위해, 또는 화려함과 멋스러움을 위해 어느 음에 부여되는 표현기능을 뜻하는 용어이다. '식음(飾音)' 또는 '시금새'라고도 부른다. 정악 계열 보다 민속악 계열의 음악이 훨씬 많은 '시김새'를 갖는다.-한국민족문화대백과사전

개할 김 시인의 '우주생명학'을 이해하기 위해서는 그의 강원도 정선 일대의 산천 풍수에 관한 견해를 반드시 들어보아야 한다.

정선아리랑의 근원은 모름지기 '아우라지'이다!

그럼 이제부터 김 시인의 강원도 정선 땅에 관한 탐구과정을 되돌아보기로 한다. 오늘날 '아우라지'는 강원도 정선군 여량면 여량리(餘糧里)에 위치하고 있다. 바로 평창군 도암면에서 발원하는 구절 쪽의 송천(松川)과 삼척시 하장면에서 발원하는 임계 쪽의 골지천(骨只川)이 합수(合水)하는 곳을 '아우라지'라고 부른다. 예로부터 정선 '아우라지'는 남한강 1천리 길 물길을 따라 목재를 운반하던 뗏목의 시발점으로서 각지에서 온 떼꾼들의 '아라리' 소리가 끊이지 않았던 곳이다.

정선 아우라지

특히 뗏목운행과 행상을 위해 멀리 객지로 떠난 임을 애타게 기다리는 마음과, 장마 때문에 강물을 사이에 두고도 이루지 못하는 남녀의 애절한 한을 읊은 사연이 오늘날 '정선아리랑'의 갖가지 가사로 남아서 널리 불리어지고 있다. 그런데 김 시인은 앞서 언급한 바로 그

[아우라지 美學의 길]이라는 저서에서 자신이 역사·문화적으로 탐색한 정선 '아우라지'의 특성을 아래와 같이 기술(記述)하고 있다.

먼저 정선 '아우라지'의 명칭에 관한 고찰이다. 일찍이 독일의 철학자이고 미학자이며 평론가였던 발터 벤야민(Walter Benjamin, 1892~1940)이 주창한 '아우라(Aura)'의 개념은 초월적 신비성 및 본체, 또는 정체(正體)라는 뜻이었다. 그런데 벤야민의 이 개념은 추상적이고 허망하였다. 그래서 김 시인은 그런 '아우라'의 정체를 스스로 다시 검토하여 다음과 같이 정립하였다.

"오랜 옛날 유럽의 고전 신화학(神話學)은 그 근본이 아시아로부터 전래되는 과정을 거쳤다. 그리고 그 근원은 중앙아시아 동남부, 즉 간다하라와 파미르고원 동남부, 그리고 조금 더 먼 극동까지 포함되고 있었다. 따라서 그곳 여기저기에 존재했던 태초의 근원적 생명관의 형태인 '물 이미지'의 여러 개념으로부터 형성된 용어가 '아우라'였다. 그 '아우라'의 근본은 바로 '아우라지'로부터 온 것이다. 즉, 그런 '아우라' 개념의 한 종류가 곧 정선 '아우라지'이다."

아우라지의 비밀은 '여량(餘糧)'이라는 지명이다!

'정선 아우라지'의 본디 이름 그러니까 지명(地名)은 여량(餘糧)이다. 그런데 일찍이 여량(餘糧)이란 명칭을 처음 지어 붙인 것은, 2,000년 전 발해만 근처의 심치제인(沈治濟因)으로부터 시작되어 고려 중기의 몽고 침입에 따른 강화도 천도(遷都) 때였다고 한다. 바로 700년 전 강릉의 선비 김주호(金周虎, 또는 李圓虎)가 몇 달간 이곳에 머물며 지은 이름[3]이라고 한다. 지명인 여량(餘糧)을 풀이하면 '남은 곡식' 또는 '남은 음식'이라는 뜻이다.

그렇지만 그 여량(餘糧)은 단순히 잉여(剩餘)가 아니라, 인류의 공통 의식인 하느님·부처님·신령님·조상님 등에게 감사하는 제례(祭禮)나, 약리(藥理) 즉 땅이나 강에 뿌리려고 기연상서(奇然祥瑞) 차원에서 미리 남겨둔 곡식이요 음식이지 결코 먹고 남은 것이 아니다. 애당초 일부러 남길 목적으로 남긴 것이므로 분명 어떤 가치관을 갖는다. '여량'은 칼 마르크스의 잉여(剩餘)와 막스 베버의 '프로테스탄 캐피탈리즘'의 핵심인 상여(常餘·항속적 잉여)를 훌쩍 넘어선다. '여량'은 바로 두 개의 '잉여'를 다 같이 극복하는 새 잉여의 세상을 열어 줄 것이다.

'여량'은 제사라는 치유효과와 약리적 생명 추구로 이어져서 결국은 시김새와 상통하게 된다. 따라서 여량(餘糧), 즉 남긴 음식이 곧 판소리 '시김새'의 비밀이 된다. 그런데 '여량'이 어떤 의미를 갖는지를 규명하면서 김 시인은 대단히 중요한 선언을 한다. 즉 자신의 새로운 미학(美學)에 관한 개념이다. 다음 〈우주생명학〉을 언급할 때 상술하겠지만 김 시인의 〈우주생명사상〉을 이해하기위해서는 미리 그 만의 독특한 미학 개념을 염두에 두어야한다. 그는 [초미(初眉)·첫 이마, 다락방, 2014](225쪽)에서 이렇게 술회하고 있다.

"우주생명학은 강원도 '정선 아우라지'의 지명인 여량(餘糧)으로부터 시작되는 새로운 미학이어야 한다. 그 미학은 종교, 철학, 도덕, 교육, 윤리 따위가 아닌, 가르침과 훈육이 아닌, 아름답게 느끼고, 여성과 아이들(玄牝, 玄覽)이 스스로 아름답게 느끼고 옆에 스스로 전달하고 합의하고 깨달아 가는 우주생명의 깊은,~"

정통 '미학'을 넘어 '새 미학'을 추구하다!

이렇듯 김 시인의 새 미학은 정선 아우라지의 지명인 '여량'으로부터 구체화되고 있다. 어쨌든 원래 미학(美學, Aesthetics)이란 미(美)와 예술(藝術)을 그 대상으로 삼고 있는 학문이다. 그러나 김 시인은 자신의 새 미학을 정치·경제·과학·종교를 넘어서 그것들을 모두 아우르는 "삶의 길로서의 문화, 그 문화의 총괄적 지침으로서의 한 미학"이라고 강조한다. 그러니까 자신의 새 미학은 유럽 관념시대의 정통 미학사(美學史)의 그 미학이 아니라는 것이다.

이렇듯 '아우라지'가 김 시인의 새 미학적 중심 테마로 떠오른 것도 '정선아리랑' 때문이었다. 이는 '정선아리랑'이 남도 민요와 동남부, 중북부 탈춤 등 민예(民藝) 속에 '숨은 한(恨)과 신명의 미학' 원리인, '시김' 또는 '시김새'의 핵심적인 열쇠라는 동편제의 명인 송흥록의 생전

---

3) 그 근원에는 200년경 전 발해만 성철령하(聖鐵嶺下) 진(震)의 심치제인(沈治濟因)이라는 기인(奇人)이 앞으로 동쪽에서 떠오를 한 '우주의 새 징후'인 샛별(辰)을 위해 농사의 이름, 그 작업과 잉여 따위 전체를 일러 여량(餘糧)이라 지었다고 한다. 일종의 제사준비라고 일컬었던 것이다.

마지막 말씀이 있었기에 가능하였다. 아무튼 김 시인의 미학은 정선 아리랑의 비밀을 쫓아 '아우라지'의 의미를 탐구하는 것을 계기로 '문화의 총괄적 지침'으로 그 개념이 확대되었다. 따라서 김 시인은 새로운 〈우주생명학〉이 자신의 미학인 '아우라지 美學'이며 그 요체는 바로 여량(餘糧)이라고 주장한다.

정선 '아우라지'는 '천부경'이 뜻하는 땅이다!

또 하나 소개할 것은 김 시인이 송흥록 명인의 말씀을 탐구하는 과정에서 자신이 새롭게 터득한 '정선 아우라지'를 에워싼 자연 환경의 상징성이다. 이에 대해 김 시인은 [아우라지 美學의 길](15쪽, 35쪽)에서 '정선 아우라지'의 지역적인 특성, 그러니까 풍수적인 특성을 다음과 같이 해석하여 묘사하고 있다.

"송천과 골지천(원본은 '줄천'), 그 동쪽과 북쪽의 물, 양수(陽水)와 음수(陰水)가 합수(合水)하는 것, 그 물이 함께 서남으로 흘러가는 쫄쫄 개울 주변의 양쪽 벌판의 장터, 그 곳으로까지 구불구불 굽이쳐 오고 있는 길, 구절리, 그리고 합수 지점에 서 있는 처녀상 주변을 빙 둘러싸고 있는 네 개의 산, 그 뿐이다. 그것이 전부다. 그것이 무엇인가."

"물론 그곳에서 동해안으로 가는 임계 방향에 아홉 구비 구절리(九折里) 굽이 길과 구미정(九美亭) 밑 합수처(合水處)가 상징하는 바는 참으로 의미심장하다. 바로 그 아홉이 중첩된 산세(山勢)가 천부경(天符經) 아홉 거듭(9x9)의 81자(字)를 부르고 있지 않은가. 따라서 이곳은 분명 '천부경'의 땅임을 뚜렷하게 암시하고 있다. 아울러 예맥 산해경(山海經)의 몽롱함이 어리기도 한다."

말하자면 김 시인은 '정선 아우라지'의 산과 물의 어우러짐은 이른바 민족 최고(最古)의 고전이라 일컫는, [천부경] 81자로 연결되고 그 핵심 내용인 '묘연만왕만래(妙衍萬往萬來)'를 상징한다고 보고 있다. 따라서 '아우라지 美學'은 결국은 '해인(海印)의 美學'으로 나아간다고 보았다. 그래서 종합하면 김 시인은 아우라지의 지명(地名)인 '여량'으로부터는 정선아리랑의 근원과 시김새를, 그리고 아우라지의 지형(地形)으로부터는 [천부경]의 비의(秘義)를 밝히게 되었다고 한다.

참 생명을 함축한 또 하나 주목할 곳이 있다!

그렇다면 앞서 [아우라지 美學의 길]에서 결국은 '海印의 美學'으로 나아간다고 함은 어인 까닭인가. 김 시인에 의하면 정선 땅에는 인류 전체의 새 삶과 새 우주의 참 생명을 찾을 그 핵심 비밀을 함축한 또 하나 주목할 곳이 있다고 주장한다. 즉, 정선의 북쪽엔 시김새의 비밀과 천부경의 뜻을 간직한 '아우라지'가 있고, 남쪽엔 '궁궁(弓弓) 유리 화엄 대개벽'을 열어갈 궁궁명(弓弓冥)으로, 동강(東江, 桐江)변의 연포(戀浦)와 골덕내(德川里)와 나리소를 지목하고 있다.

우선 3개 지명의 설명부터 해야 할 것 같다. 연포(硯浦)는 원래 벼랑

동강 주변(연포, 제장마을, 칠족령, 나리소)

을 뜻하는 베루와 산을 뜻하는 뫼가 합쳐진 뜻을 가진 '베리뫼' 또는 '베리메' 마을이었다고 한다. 그런데 일본강점기 때 벼랑을 뜻하는 베루를 먹(墨)을 갈 때 쓰는 벼루 연(硯)자로 잘못 붙여 연포(硯浦)가 되었다. 그런데 김 시인은 자신의 저서인 [아우라지 미학의 길]과 [초미(初眉)·첫 이마]에서 연포(戀浦)로 쓰고 있다. 깊은 까닭이 있을 것이라 여겨 이 글에선 그대로 연포(戀浦)로 쓴다.

연포는 하룻밤 세 번 달뜨는 마을로 알려져 있다. 동강 물이 굽이도는 마을 앞으로 뜨는 달이 칼봉, 작은 봉, 큰 봉으로 가려졌다가 나타나는 비경(秘境)을 되풀이하기 때문이다. 동강에 다리가 놓이고 영화

'선생 김봉두(2003)'의 촬영지로 알려지면서 유명세를 타기 시작했다. 현재 연포분교는 캠핑장 겸 생태체험관으로 운영 중이다. 마을은 깎아지른 듯 우뚝 솟은 절벽을 뜻하는 '뼝대'와 마주하고 있다.

연포마을

그리고 골덕내(德川里)는 1914년 일본강점기 때 행정구역 통폐합에 따라 소골(所洞), 바새(所沙), 연표(硯浦), 제장(堤場)을 병합하여 큰 산을 뜻하는 덕산(德山)과 내(川)의 이름을 따서 '덕

제장마을

천리'라하고 또는 '골덕내'라고 부르기도 한다. 또한 나리소는 동강 유역 산세를 가장 가까운 거리에서 확인할 수 있는 곳이다. 또 나리소 전망대는 동강을 감상하며 산책을 즐길 수 있다. 백운산 '나리소'는 물이 깊고 조용한 까닭에 절벽 아래 이무기가 살면서 물속을 오간다는 이야기가 옛날부터 전해온다.

궁궁명(弓弓冥)은 어둡고 신묘한 '강원도 산골짜기'이다!

다음은 '궁궁명(弓弓冥)'이라는 용어에 대한 설명이다. 김 시인의

[아우라지 美學의 길]과 [초미(初眉)·첫 이마]를 비롯하여 저서 여기 저기서 궁궁(弓弓), 궁궁처(弓弓處), 명(冥), 명계(冥界), 명과(冥菓), 명개(冥開), 궁궁명(弓弓冥) 등의 용어가 자주 나온다. 김 시인의 설명은 이렇다. 즉, 궁궁(弓弓)은 '정감록(鄭鑑錄)에서는 이재궁궁(利在弓弓)이라는 구절에서 나왔고, 동학주문(東學呪文)에는 궁궁태극(弓弓太極)이라 해서 궁궁(弓弓)이 강조되어 있다. 그런데 김지하의 책에서 쓰는 '궁궁(弓弓)'의 비의(秘義)는 새로운 산(山)길, 즉 자신이 찾고 있는 '강원도의 길'이라고 한다.

그러면 명(冥) 또는 명계(冥界)란 무엇인가. 명(冥)은 어둡다는 뜻이지만 불교에서는 귀신 골짜기나 소굴, 어둡고 거친 통로, 반드시 거쳐야하는 시커먼 선방(禪房) 같은 것이다. 바로 '화엄(華嚴)의 비밀이 숨어 있는 어둡고 혼돈스러운 골짜기'이다. 그리고 강원도의 백두대간에는 구멍이 많은데 이것을 불교풍수학에서는 명(冥)이라고 한다. 그런데 유사한 용어인 명계(冥界)라는 말이 강원도와 관련되어 있음을 밝히고 있다.

일찍이 신라의 자장율사(慈藏律師)가 당나라 오대산에 화엄경 공부를 하러 갔을 때, 첫날 문득 몽중(夢中)에 문수(文殊)사리가 나타나서 다음과 같이 말했다고 삼국유사에 기록되어 있다. 즉, "화엄을 공부하려면 중국 오대산에 있지 마라. 당신네 나라 동북쪽 그 산 많은 명계(冥界)에 산봉우리마다 문수사리들 1만이 태어날 때부터 도사리고 앉아 있으니 그곳으로 가시라." 바로 이때 명계(冥界)란 말이 처음 등장한다. 그래서 자장율사는 귀국하여 강원도 오대산 지금의 월정사(月精

寺) 터에 움막을 짓고 수행을 했다.

이에 근거하여 김 시인은 '궁궁(弓弓)'과 '명(冥)'을 합친 '궁궁명(弓弓冥)'을 화엄의 비밀이 숨어 있는 '어둡고 신묘한 강원도 산골짜기'라는 의미로 쓰고 있다. 바로 강원도의 이재궁궁(利在弓弓)은 명계(冥界)가 무수히 도사린 산(山)들이다. 그래서 정선 아우라지 '궁궁명'은 아우라지와 임계(臨溪) 사이 고개에 선 두 산들, 작은 너그니와 큰 너그니처럼 시커먼 산 도깨비들이 우굴대는 삽당령(揷唐嶺) 인근의 노추산, 옥갑산, 두타산 등을 가리키며 바로 이곳들을 품고 있는 오대산이 문수(文殊)사리가 말한 그 명계(冥界)이다.

그렇다면 자장(慈藏)과 그의 추종자들이 집착했던 대로 문수의 그 명계는 지금의 월정사(月精寺)가 있는 오대산(五臺山)일 뿐인가. 아니다. 두타산 밑 무릉계 곁의 삼화사 역시 자장이 세운 절이다. 때문에 화엄사찰들이 세워져 있는 넓은 강원도 산악지역 거의 전체가 해당지역일 것이다. 특히 구룡령의 명개 삼거리 쪽으로 돌출한 오대산 산세의 융융함은 가히 그 기연수맥의 호쾌함과 광활함을 충분히 느낄수 있도록 해준다. 명계(冥界)는 백두대간의 북남일백에까지 확장되고 있지 않겠는가. 김 시인은 그렇게 여기고 있다.

정선 연포·골덕내는 진도 맹골수도를 상징한다!

한편 정선의 남쪽 동강(東江)이 심하게 휘돌아 흐르는 궁궁명(弓弓

冥)인 연포·골덕내·나리소의 물과 산의 어우러짐은 어떤 모습인가. 김 시인이 [아우라지 미학의 길](215쪽~216쪽)에서 쓴 내용을 발췌하여 인용하면 다음과 같다.

"연포는 완연히 '弓'형(形)의 물과 '弓'형(形)의 산이다. 그러나 새올마을 뒷산 길에서 연포길과 갈라지는 골덕내길은 그와 정반대의 '듬'형(形)의 길이요 산이다. 골덕내의 또 하나의 이름은 제장(堤場·諸場)마을인데 여러 가지 장(場-시장)이 서는 마을이란 뜻이다."

"골덕내라는 지명(地名) 자체가 전라남도 진도의 맹골수도(孟骨水道)[4]와 똑같은 의미와 발음 구조인데 이곳의 칠족령(漆足嶺)이라는 산악은 딱 맹골수도나 팽목항과 같은 드세고 거센 식물들로 가득 찬 백운산(白雲山) 줄기의 기이한 지역이다. 박쥐나무, 꼬리나무 등 복잡하고 기이한 암석과 식물들로 가득한 괴암(怪巖)이다. 이 옆에 연포(戀浦)가 있다. 그리고 그 곳에 거북이마을이 있다. 또 연포 입구에는 창말(선창마을)과 새나루(새 나루터) 같은 바다 옆 포구(浦口) 이름이 붙은 마을들이 있다."

"왜? '산이 바다의 참 시작이다'라는 것이다. 마찬가지로 고대로부터 바다의 참다운 성질이 산의 일정한 지형(地形)과 지세(地勢) 속에서 미묘한 형태로 나타나고 있음이 풍수(風水)와 지정학(地政學) 등 여러 분야에서 실증되고 있다. 바다 공부의 알짬은 본디 산에서 하는 법이다. 풍수(風水)는 즉 산에서 수(水) 즉 물과 바다를 배우는 것이다."

"흰 그늘 또는 시김새는 절벽으로 완전히 끝난 정선군 쪽의 연포의 강물흐름이 절벽을 타고 쬐그만 2.7㎞의 길을 따라 평창군 쪽으로 큰 동강으로, 남한강으로, 한강으로, 서해안으로, 태평양으로 나아가는가의 의미심장한 '모순률'의 상징적 표현이기도 하다."

– 장보고가 깨달은 '바다에로의 창조경제' 비밀은(2015.1.22. 김지하 기고, 데일리안)

세월호 사건은 역사 속에 감추어진 명(冥)이다!

"바다 앞에 서니 세월호 사건이 떠오른다. 그것이 무엇이냐. 아무도 그 민족사적인 숨은 의미를 찾거나 말하는 사람이 없다. 그냥 구원파의 탐욕과 국가 기능의 무능으로 인한 단순한 오류에 불과한 것이냐. 그렇다. 그러나 아니다. 탐욕이고 무능이고 오류임에 틀림없다. 그러나 동시에 그것은 역사 속에 감추어진 명(冥)이다. 우리 민족이 지난 60년의 가난과 전쟁의 고통을 간신히 이겨내고 이제 '대박통일'과 '환태평양해양경제(TPP)'와 '유라시아 경제이니시어티브'를 달성하고자 이제 막 발돋움 할 때 그 도약에 필요한 뜀질 기력을 기르기 위해 주어진 힘든 훈련 같은 것이다."

"여기서 통일신라 후기인 9세기경에 활약했던 장보고(張保皐)를 한번 생각해 보자. 장보고는 당시 중국 산동성 저간에 법화원을 두고 완도와 진도에 청해진을 두어, 해적을 소탕하고 당나라와 일본을 상대로 해상무

---

4) 맹골수도는 전남 진도군 조도면의 맹골도와 거차도 사이에 있는 물길로, 세월호 침몰 사고가 발생한 곳이다. 물살이 맹수처럼 사납고 거칠다는 데서 이름이 유래한 맹골수도는 이순신 장군이 명량대첩을 이끈, 해남과 진도 사이의 물길인 울돌목에 이어 우리나라에서 두 번째로 유속이 빠른 곳이다.–에듀윌 시사상식

역을 펼쳐 창조경제를 이룩하였다. 바로 진도 맹골수도가 주된 무대였다. 당시 장보고의 측근인 한양자(韓良子)는 어해안애(於海岸涯)라고 그 맹골수도의 명(冥, 귀신소굴)의 이름을 지었다고 한다."

— [초미(初眉)·첫 이마](241~244쪽) 발췌

'바다'로 가자! 화엄경의 해인명(海印冥)이다!

"명(冥)은 자장율사에게 문수(文殊) 사리가 준 가르침 중의 화엄경이 있는 강원도의 산악들을 말한다. 우리는 이 冥에 이제 이 화엄경을 펼쳐야 한다. 그것이 무엇이냐. 바닷골(海印冥)이다. 거대한 세계 최고의 해양대학이요, 조선 산업이요, 미국, 호주, 동남아와 협동하고 남미와 손을 잡아 '大TPP-대규모 환태평양경제동반자협정'-으로 인류 경제의 새로운 길 '바다의 낙원'을 개척해야 되는 것 아닌가!"

— [초미(初眉)·첫 이마](244~245쪽) 발췌

"맹골수도가 어딘가. 시김새의 고장이다. 시김새가 무엇인가. 판소리와 탈춤과 육자배기와 매나리의 본질이다. 우리 민족의 근본정신인 '불금', 불함(不咸)이다. 우리 민족정신은 절망 속에서(금) 희망(불)을 발견하고 슬기롭게 대처해온 미래정신이 있다. 아인슈타인은 '인류의 미래는 바다에 있다'고 했고, 스티븐 호킹 박사도 '바다야 말로 새로운 우주'라고 말했다. 그것이 바로 화엄경의 해인(海印)이다."

— [초미(初眉)·첫이마](264쪽) 발췌

미국과 손잡고 태평양 경제를 일으켜야 한다!

"일찍이 수운(水雲) 최제우(崔濟愚) 선생의 시에 '대등명수상 무혐극(大燈明水上 無嫌剋)'-물 위에 등불이 환히 밝으니 의심을 낼 여지가 없다-이라 했다. 삼면이 바다인 우리에게 있어 물 위에 등불이 환히 밝음은 슬픔으로부터 솟아나는 희망의 시김새는 새로운 우주 다물(多勿) 즉 대전환이다. 그런데 바다와 대륙의 참다운 기원은 산에 있다. 세계의 우주적 새 기원은 한반도 백두대간에 있다."

"강원도 정선군 칠족령 아래 연포의 거북이마을은 태평양 경제의 내일을, 그 옆의 골덕내의 제장마을은 여러 사람, 여러 시장이 모여드는 사마르칸트를 뜻하는 실크로드 그 자체다. 그 산 속으로 가는 마을 이름이 새나루요, 선창마을이라면 그저 놀랍기만 하다. 그 산과 그 마을에 아름다운 정선아리랑이 울리고 희귀한 약초들이 번성한다면 이상하다고 고개만 갸웃할 것인가."

"익산에서 종명한 동편제 명인 송흥록은 '한국문화의 핵은 판소리다. 판소리의 비밀은 시김새다. 시김새의 근원은 정선아리랑이다'라고 했다. 시커멓게 침몰하는 어둠속에서 한줄기 넘실대는 흰 빛 살아서 가야 한다. 비록 넋이라도 가야 한다. 가자. 바다로. 바다는 산과의 만남이다. 중국과 러시아는 실크로드를 개척하기 위해 손을 잡고 미국의 동아시아 진출을 막고 있다."

"미국이 TPP(환태평양경제동반자협정)를 활동하여 영역 확보에 나설 때

미국과 손을 잡아서 태평양경제를 일으켜야한다. 이것이 산업화와 민주화의 융합으로 발전되어 왔고 미래를 바다에서 건져 올려야 하는 시대적 소명이다. 우리에게는 해양개척의 야망이 꿈틀대는 미지의 세계가 기다리고 있다. 춤추는 바다, 흰 그늘의 바다로 가자."

– [초미(初眉)·첫 이마](264~267쪽) 발췌

이제 그의 〈우주생명사상〉의 요체를 살펴보려고 한다!

김지하라고 하면 으레껏 '저항시인'이나 '생명사상가'라는 이미지를 떠올린다. 하지만 김 시인이 강원도 정선(旌善)을 우리 민족문화의 근원이며 우리가 새 문명시대를 선도할 상징성을 지닌 땅이라고 이처럼 당당하게 설파한 것을 보면, 김지하의 이미지에 예지가(叡智家) 또는 예지가(豫知家)나 선지자(先知者)를 새로 추가해야 할 것 같다.

어떻든 내가 〈자전거포럼〉을 통해 '생명·환경운동'을 펼칠 때, 김 시인은 그가 일일이 답사하여 깨달은 이 지역의 천기(天氣)와 핵심이 되는 명소인 '아우라지'와 '연포'와 '골덕내'와 '나리소' 등을 직접 안내하면서 아낌없이 설명을 해준 것은 나에 대한 신뢰와 사랑을 보여준 것이라고 확신하며 감사한다. 그것은 바로 김 시인과 내가 쌓아올린 교의(交義) 때문이라 여긴다. 지금껏 강원도 산과 물, 본체와 흐름(風水)에 관한 김 시인의 고찰을 토대로 이제 그의 〈우주생명사상〉의 요체를 살펴보려고 한다.

제2장.

'우주생명사상'과
'궁궁 유리 화엄 대개벽'!

'우주생명학'은 '생명사상'과는 분리해서 살펴야 한다!

'김지하'라고 하면 일반인들의 머리에 떠오르는 생각은 독재에 반대한 '저항시인', '민주운동가', 생명을 귀중히 여긴 '생명사상가' 등이라 생각한다. 맞는 말이다. 김 시인은 대학생시절부터 참된 민주주의를 열망하는 민주주의자였다. 인간의 자유와 인권이 보장되는 민주주의를 위해 투쟁하였다. 인간의 자유와 인권을 짓밟는 유신독재에 맞서 싸웠다. 감옥에서 창틀 틈바구니에서 돋아나는 풀잎을 보고 그는 생명의 경외를 느꼈다.

그는 한 생명의 가치를 한 정권보다 더 무겁고 더 소중하다는 것을 역설하였다. 또한 그는 생명의 요소들인 삶, 자유, 인권, 평화를 옹호하고 진작하기위한 의식(意識)과 이것들에 반(反)하는 사상과 행위에 대해서는 날카로운 비판정신을 늦추지 않는 '생명사상가'였다. 김 시인은 그 자신 말할 수 없이 강한 의지와 용기로 그의 '생명사상'을 실천에 옮겼다. 그의 '생명사상'은 내용이 분명하고 이해하기 어려운 것도 없었다. 그런데 그가 마지막 저서인 [우주생명학, 작가, 2018]을 출간함으로써 독자들 사이에 약간의 혼란이 야기되었다.

　[우주생명학]이라는 책의 제목이 주는 선입관으로서는 이 책에서 생명의 중요성과 그에 관련된 요소들을 이론적으로 심화시킨 것으로 기대케 하는 것이었다. 그러나 실제의 책 내용은 이것과는 차원을 달리하는 세상의 미래상(未來相), 그러한 미래가 초래되는 하늘의 이치(天理), 초래될 수밖에 없는 운명 등을 논한 거대담론이다. 말하자면 세상의 미래를 점치는 '운명학'이라고 할까? '예언서'라고 할까? 아무튼 김 시인만이 창조할 수 있는 신앙적 성격의 책이다. 그래서 [우주생명학]을 읽을 때는 김 시인의 〈생명사상〉과는 일단 분리해서 새로운 세계를 대하는 마음으로 읽는 것이 혼란을 회피하는데 도움이 되리라 생각된다.

모든 생명을 구제하려면 세상이 통째로 바뀌어야 한다!

　'우주생명학'이라는 말 속에서의 '생명학'이란 용어는 단순히 인간 및 동식물의 생명을 지칭하는 것이 아니라, "삶의 이치"라는 정도의 의미로 이해하면 좋을 듯하다. 다시 말하면 〈우주생명학〉이란 '우주 속에 살아 있는 삶의 이치'라는 뜻을 지닌 것으로 이해하는 것이 옳을 것 같다. 김 시인이 왜 〈우주생명학〉 또는 〈우주생명사상〉이라는 거대담론을 구상하고 연구·사색하여 책으로 집대성하였는가를 나름으로 생각한 바를 말하면 이러하다.

김 시인이 생명을 귀중히 여기고 사랑한 데에는 변함이 없고 변함이 있을 수도 없었다. 하지만 이 지구상의 모든 인간의 생명이 소중해지려면 개별적 노력이나 개별차원의 노력으로는 부족하다. 개인 차원에서 문제 해결을 위해 노력하드라도 이에 해당되지 못한 개인들은 여전히 생명이 위협받는 처지에 머물게 될 것이기 때문이다. 그래서 인간 모두의 생명을 구제하기 위해서는 세상을 통째로 바꾸어야 하고 바뀌어야 한다고 김 시인은 생각하였던 것 같다.

그가 출옥한 바로 직후에 "반(反) 생명의 종양 뿌리를 제거하지 않는 한 '민주화운동'도 한계가 있다"고 공언했다는 것은, 바로 생명에 대한 그의 관심이 감옥을 통해 범(汎)인류의 차원에서 해결돼야할 과제로 문제의식이 확장되었음을 알게 한다. 그리하여 그는 모든 생명이 차별 없이 생명의 가치를 영위할 수 있는 이상향을 모색하였다고 생각된다.

그 이상향의 모습, 그 이상향이 이루어질 이치, 그 이치에 관련한 설명 등이 바로 〈우주생명사상〉 또는 〈우주생명학〉이며, 그런 〈우주생명학〉을 담은 하나의 경전(經典)이라 할 수 있는 책이 그의 [우주생명학]이라고 생각된다. 그런데 미리 말해두거니와 앞서 말한 것처럼 그의 [우주생명학] 책은 이해하기가 쉽지 않다. 그의 문장이 어려울 뿐더러, 인과관계의 설명이 불분명하기 때문에 종잡을 수 없는 부분이 비일비재하기 때문이다.

또 한 가지 밝혀두고 싶은 것은 그의 [우주생명학] 책에 대한 나의 이해가 완전할 수 없다는 점 이외에도 김 시인의 고전 해석에 대해 동의할 수 없는 부분도 있다는 점이다. 하지만 이러한 점들은 어디까지나 나의 이해 부족에서 기인한 것으로 간주해 주시기 바란다. 이러한 나의 한계 내에서 나마 김 시인이 저술한 [우주생명학]에 담긴 그의 〈우주생명학〉 내지 〈우주생명사상〉을 원저(原著)에 기초하여 지금부터 소개하겠다.

'우주생명사상'의 결론은 이런 것이다!

김 시인의 〈우주생명학〉, 즉 〈우주생명사상〉이 어떤 것이지 먼저 결론부터 말하고자 한다. 왜냐하면 김 시인의 귀납적·연역적으로 뒤바뀌는 종횡무진한 논리를 따라 가서 결론에 도달하기 보다는, 결론부터 말하는 것이 좀 더 쉽게 그의 〈우주생명학〉을 이해할 수 있는 길이라고 생각되기 때문이다. 김 시인이 추구하는 '우주생명사상'의 결론은 다음과 같다.

"앞으로 인류의 미래는 여성을 비롯한 약자들-아기들과 소외된 사람들-이 중요한 위치를 차지하여 세상을 이끌며, 그 세상은 음양이 조화를 이루고, 동서양의 종래 사상들이 융화하며, 갈등과 격차가 해소된 평화롭고 안녕된 사회가 될 것이며, 기후마저 혹서(酷暑)나 혹한(酷寒)이 사라지고 따스하고(春分) 서늘한(秋分) 날씨가 되는 '이상향'이 된다"는 것이다. 김 시인은 이 같은 '이상향'을 〈궁궁(弓弓)유리화엄〉의 세상이라 일컫고 그렇게 변화하는 것을 '개벽(開闢)'이라고 지칭하였다.

동양의 고전과 중조선의 산천이 '우주생명학'의 근거이다!

김 시인은 이 같은 '이상향'이 실현될 근거로 천부경(天符經), 동학(東學) 정역(正易), 화엄경(華嚴經)과 우리 선현들의 성과 위에 자신이 발전시킨 풍수역(風水易)을 합하여 제시하며 설명하고 있다. 아울러 구체적인 〈궁궁(弓弓)유리화엄〉의 비의처(秘義處), 그러니까 〈궁궁(弓弓)유리화엄개벽〉을 실현시킬 상징지역으로 강원도 원주 일대를 지목하고 그 근거로서 이 지역의 산천(山川)과 지세(地勢)를 다음과 같이 거증(擧證)하고 있다.

"나는 이에 하나의 큰 사례(事例)를 제시했다. 그것은 한반도의 중조선, 강원도, 경기도, 충청북도가 만나고, 섬강과 한강과 단강이 만나 합수(合水)하는 곳, 흥원창(興原倉)·월봉(月峰) 인근 사방(四方) 백여 리가 곧 "오늘에 살아있는 사자당분신(師子幢奮迅)"의 터임을 밝히고 또 해명·해설하는 일이다. 이것은 참으로 중요한, 그리고 무서운 오늘의 대신비(大神秘)인 것이다."
— [우주생명학](66쪽)

흥원창 합수처

"내게 분신(奮迅)이 무슨 행위이며 상징이냐고 묻는 다면 이렇게 대답할 것이다. '산천도 때론 몸부림을 친다. '분신'이다. 왜? 어떤 거룩한 상서(祥瑞)를 배출하려는 몸부림이다.' 이때 그곳을 '사자당(師子幢)'이라 부르게 된다. 이래서 이 근역을 '사자당분신(師子幢奮迅)'이라 칭했다는 것이다. 불교적으로 말하면 곧 미륵부처의 생지(生地)인 것이다."

- [우주생명학](68쪽)

"바로 그들이 '서다림'이라는 "부처님(세존/世尊)이 계시는 자리" 곧 '사자당'에서 어떤(바로 '물과 빛'이라는 행위, 작용, 실천) 자비행("분신/奮迅")을 행하는 것, 바로 '맹렬한 기세로 일어나는 것'—그것이 〈사자당분신(師子幢奮迅)〉이겠다. 그렇다면 오늘날, 이 선후천융합대개벽(先後天融合大開闢)이라 통칭하는 대혼돈기의 우주에서 차츰 '물과 빛'의 문화적 실용과학이 유행하는 것은 다름 아닌 곧 '사자당분신' 바로 그것이게 된다."

- [우주생명학](85쪽)

김 시인은 이러한 개벽된 새 세상은 꼭 실현'될 것'이며 또한 실현'시켜야'한다고 강조한다. 실현'될 것'이라는 자연적 결과와 '실현시켜야'한다는 작위적 결과를 동시적으로 표현하고 있다. 아무튼 서둘러서 고쳐 말하면 새 세상(궁궁유리화엄세상) 실현의 출발은 한국의 중원(中原)에서 비롯될 것이며, 한국인은 이것을 실현시킬 사명 곧 운명을 지니고 있다는 주장이다. 즉, 김 시인의 〈우주생명사상〉은 인류의 미래를 점치는 '운명학'이자, 미래를 내다보는 '예언적 성격의 사상'이라고 할 수 있다. 앞으로 논의에서 김 시인의 주장들을 구체적으로 들여다보겠다.

전통 민족민중사상에 동·서양사상을 융합하다!

　김 시인의 〈우주생명사상〉은 '참된 삶과 예술은 무엇인가'를 찾기 위해, 끊임없이 고뇌하고 온갖 상상력을 동원하면서 이를 입증하기 위해, 동서양 사상과 우리 역사와 전통 사상들을 적극 인용하고 융합시킨 것으로 나타났다. 하지만 그의 〈우주생명사상〉은 결코 어느 한 사람이나 어느 한 나라나 어느 한 민족만을 위한 탐구는 아니었다. 그는 우리 전래의 천부경과 정역과 동학과 화엄경 등의 함의(含意)를 줄기차게 인용하면서도 극단적인 국수주의(國粹主義), 그러니까 이른바 '국뽕'으로는 결코 가지 않았다.

　그 까닭은 김 시인이 동양사상의 본질과 함께 서양 미학과 예술에 대해서도 깊이 관통했기 때문이었다. 따라서 그의 〈우주생명사상〉은 종국적으로는 인류의 새 길과 새 문명의 시대 전환, 즉 이른바 〈선후천 융합 대개벽〉인 〈궁궁 유리 화엄 대개벽〉의 도래를 언급하면서도 우리 한국 민족만의 일방적인 독주를 내 세우고 있지는 않다. 바로 다음의 인용에서 그의 이 부분의 생각을 엿볼 수 있다. [우주생명학](12~19쪽)

'궁궁 유리 화엄 대개벽'은 이루어 질 것이다!

　"이제 새로운 국가목표가 제시되고, 근본적인 요구인 남녀·음양·빈부 등의 본질적인 해방과 평등이 성취되는 〈통일〉과 〈동서사상 화합〉과 세계 인류의 새 길을 이끌어 갈 참 메시지 민족의 길을 창조해야하고 우주와 생명의 큰 변화 속에서 참다운 〈선후천 융합 개벽(先後天融合開闢)〉을 이루어야만 한다. 그것이 〈궁궁(弓弓) 유리 화엄 대개벽〉이다."

"이미 다 공언(公言)되어 있듯이 〈궁궁(弓弓)〉은 동학의 진정한 세계상이요 〈유리〉는 정역(正易)의 앞으로 올 춘분(春分)·추분(秋分) 중심의 4천 년 유리세계와 〈세계 여권운동〉의 상징적 목표인 〈유리천정〉의 그 '유리'다. 그리고 당나라 측천무후가 창안한 상업시장인 〈유리창〉의 표현이다. 또한 벽암록(碧巖錄)에 나오는 설두스님이 압축한 동양 이상정치(당나라 때)인 〈무봉탑(無縫塔)〉의 비유다. 이것을 우리가 현실화시켜야 한다." 〈中略〉

"나는 이쯤에서 우리 민족이 통일과 함께 참으로 합리적으로 진보와 보수, 좌익과 우익, 남성지향과 여성지향의 오랜 분열을 저 밑으로부터 솟아오르는 참다운 *〈복승(復勝)〉의 지혜로 융합할 것을 믿는다. 그것이 진정한 〈선후천(先後天) 융합 대개벽〉이니 바로 〈궁궁(弓弓) 유리 대개벽〉이다. 그리고 그 개벽은 온 세계에, 온 우주에 여러 가지 형태로 이루어질 것이다. 그래서 〈궁궁(弓弓) 유리 화엄 대개벽〉인 것이다. 나는 조그마한 첫 시작이 이 나라에서 시작한다고 믿는다. 그것이 곧 참 동학이요, 좁혀서는 1895년 음력 4월 5일 밤 경기도 이천시 설성면 앵상동의 앵봉(鶯峰)에서 시작되는 〈수왕사(水王史)〉, 즉 〈수왕회(水王會)〉다."

"나의 긴 투쟁사에서 항상 잊지 못하는 것은 동학의 최수운 선생, 최해월 선생, 그리고 천주교의 김수환 추기경과 지학순 주교이다. 그리고 뒤

이어 수경 스님과 월정사의 정렴 스님이다. 아하 또 있다. 나에게 정역을 가르쳐준, 그리고 함께 주역도 가르쳐 준 송재국 교수다. 이들을 잊지 못하는 것은 바로 이들의 사상이 동학, 천주교, 불교, 그리고 역(易)이, 곧 이제부터 바로 와야 할 한국통일과 동양과 전 세계의 대개벽 사상이라는 점 때문이다. 그렇다. 그래서도 나는 잊지 못한다. 또 그만큼 내 삶에서 나의 힘이 되어준 분들이기 때문이다."〈中略〉

"수경과 정렴 스님은 나의 화엄경 공부 과정에 도움을 준 분들이고, 아직 만나지 못했지만 송재국 교수는 '주역·정역 융합의 선후천 개벽'의 유학의 길을 가르쳐 준 분이다. 수운·해월 두 선생님은 우리 집안의 선생이고 나의 평생의 선생님이다. 특히 내가 정신병 발작으로 청주에서 죽음의 위험에 빠졌을 때, 거듭 "일어나라! 너는 또 일해야 한다"라고 나를 일으켜 세우신 분들이다."

'복승의 날', '생명생성의 날'이 가까이 와 있다!

"나는 이제 미국과 온 세계, 그리고 이 나라의 남과 북이 다 같이 위기에 빠진 지금, 참으로 요구되는 근원의 대개벽을 찾기 위해 두 선생님의 동학을 중심으로 화엄불교·기독교, 주·정역 두 유학 융합을 다시 공부함으로써, 이 길 〈궁궁(ㄹㄹ) 유리 화엄 대개벽〉의 길을 모색한다. 내가 그동안 그 길고 긴 민주주의 확립과 생명·평화의 길을 걸어오면서 내내 기독교 등에 의지하면서도 끝끝내 인고의 시절을 감내했던 힘은 결국 수운·해월 선생님의 동학이었다. 끝끝내 동학은 궁궁(ㄹㄹ)의 진리를 우선

이 반도와 동양을 참 선후천 융합개벽으로 이끌고, 세계의 모든 생명·무생명과 우주를 진정한 개벽으로 끌고 갈 것이다." 〈中略〉

"나에게 우리 지금 모두의 일, 산다는 일 그것이 무엇인가를 뚜렷이 가르쳐 주는 지혜는 이제껏 나의 공부와 체험, 상상 전체를 통해서 볼 때, 동학, 화엄경, 주역과 정역, 그리고는 가톨릭·기독교 정도다. 물론 천부경과 산해경과 오운육기학(五運六氣學) 등이 있으나 그것은 거기에 합세하는 힘이다. 나는 결단했다. 지금 현실적으로, 실천적으로, 경험적으로 무엇을 결정하는 일은 똑바를 수가 없다. 새로이 보아야 한다. 새로이 판단해야 한다. 그러고 나서 그 실천을 생각해야 한다. 오고 있다! 새날이, 대개벽의 새날, 화엄적 대확산의 커다란 *복승(復勝)의 날이, 그 '생명생성의 날'이 가까이 와 있다. 그것을 파악하는 결단을 해야 한다. 지금 나의 일은 바로 그것이다."

복승(復勝)이란 무엇을 의미하는가?

위 [우주생명학]의 인용문을 정확하게 이해하기 위해서는 앞 소절의 "저 밑으로부터 솟아오르는 참다운 *복승(復勝)의 지혜로 융합할 것을 믿는다"와 뒤 소절의 "화엄적 대 확산의 커다란 *복승(復勝)의 날이, 그 '생명생성의 날'이 가까이 와 있다"에 나오는 〈복승(復勝)〉에 대한 별도의 설명이 필요하다. 1989년 10월 김 시인이 생명사상의 실천으로 '한살림운동'을 펼칠 때 참여하여 '한살림선언문'을 집필하였고, 6·3투쟁을 함께 했으며 천부경 등 우리 전통 고전 연구가인

〈자전거포럼〉의 최혜성 고문은 '복승'의 뜻과 원리를 다음과 같이 설명하고 있다.

"복승(復勝)이란 황제내경(黃帝內經)에 나오는 용어로 음양오행론(陰陽五行論)을 의학에 적용하면서 발생한 개념이다. 즉, 음양오행론(陰陽五行論)에는 상성(相性)이라는 개념이 있는데, 이는 하늘로부터 부여받은 상대적 작용, 다시 말해서 상대적인 성질을 말한다. 예컨대 A, B, C 세 사람이 있다고 가정할 때, A와 B는 잘 어울리는데 A와 C는 그렇지 못하고 대립하는 경우가 있다. 이때 A와 B는 상성이 좋은 것이고, A와 C는 상성이 나쁜 것이라 한다.

이렇게 상성이 좋은 관계를 상생(相生)이라하고 상성이 나쁜 것을 상극(相剋)이라 한다. 상생(相生)은 목(木)·화(火)·토(土)·금(金)·수(水)의 오기(五氣)가 상대를 살리는 관계이고 상극(相剋)은 상대를 해치는 관계를 말한다. 다시 말해서 상생은 플러스의 순환을 낳는 관계이고 상극은 마이너스의 악순환을 낳는 관계이다. '오행론'에 있어서 목(木)·화(火)·토(土)·금(金)·수(水)의 오기(五氣)는 어떤 것과는 상생관계에 있으면서 동시에 어떤 것과는 상극관계에 있다.

그런데 만물이 조화로운 가운데 발전해 나가려면 상생과 상극 사이에 균형과 통일이 있어야 한다. 오행(五行) 간의 조화로운 관계를 위해서는 무엇보다도 먼저 상생이 있어야 한다. 그런데 상생만 있고 상극이 없으면 발전이 없다. 발전을 위해서는 반드시 상극이 필요하다. 상생 속에 상극이 있고 상극 속에 상생이 있다. 즉, 상생과 상극의 균

형과 통일이 있어야 조화와 발전을 동시에 이룰 수 있다.

이와 같이 상생과 상극을 통일해 조화와 통일을 이끌어 내는 것이 복승(復勝)의 원리이다. 예컨대 목(木)은 항상 토(土)를 극(剋)하는데 토(土)는 매번 목(木)에 극을 당하기만 하는 것이 아니다. 토(土)는 그가 낳은 금(金)을 통해 극한다. 이렇게 해서 목(木)과 토(土)와 금(金)이 서로 균형을 이루면서 발전해 나가게 된 것이다. 이것이 복승(復勝)의 원리이다."

우리는 다음과 같은 세 가지를 확인할 수 있다!

이렇듯 김 시인의 〈우주생명사상〉은 동학 등 우리 전통 민족민중사상의 토양에 깊숙이 뿌리를 내리고 있다. 동서양의 여러 사상의 소중한 자양분을 흡수하면서도, 그 중심은 늘 우리의 사유체계와 삶의 방식에 단단히 뿌리를 내리고 있었다. 우리나라를 비롯한 동양사상의 본질적인 내용에 김 시인 특유의 번뜩이는 영감(靈感)과 예감(豫感)을 과감하게 곁들였고, 아울러 서양 사상들도 깊이 간직한 채 자신의 〈우주생명사상〉을 심화시켜 나아갔다. 위에서 보았듯이 김 시인의 진솔한 자술(自述)을 통해 우리는 다음과 같은 세 가지를 확인할 수 있다.

첫째 그동안 자신이 궁극적으로 바라는 '궁궁 유리 화엄 대개벽'은 아직 도래하진 않았으나 태동하고 있다. 다시 말해서 우리 한민족이 새 문명의 원형을 제시하는 성배(聖杯)의 민족[5]이 되어, 남녀·음양·빈부의 차별이 없는 통일과 동서사상 화합을 선도(先導)하려는 꿈은 아직 이루지 못했으나 시작되고 있다.

둘째, 그동안 자신에게 삶의 지혜를 깨닫도록 한 것은 동학(東學)을 중심으로 화엄경(華嚴經), 주역(周易)과 정역(正易), 가톨릭과 기독교, 천부경(天符經), 산해경(山海經), 오운육기학(五運六氣學) 등이다.

셋째, 그동안 자신은 천부경(天符經)의 묘연(妙衍)과 정역(正易)의 기위친정(己位親政)이라는 비의(秘義)에 따라 여성과 아이들, 그리고 쓸쓸하고 못난 사람들이 주역이 되는 후천개벽이 이미 도래했다고 착각[6]하였다. 그렇지만 새로 화엄 대개벽의 '생명생성의 날'이 오래지 않아 다가 올 것을 확신하며, 현실에서 보여주는 역(逆) 현상들은 그 과정에서 나타나는 '시김새'이다.

---

[5] 유럽 최고의 인지학자인 루돌프 슈타이너(1861-1925)는 "인류문명의 대전환기에는 변화된 새 삶, 새 문명의 원형을 제시하는 성배(聖杯)의 민족이 역사에 나타난다. 그 민족은 극동에 있다. 일본 인지학회장 다카하시 이와오는 그 민족은 한민족이라고 했다.-디지털 생태학, 김지하 40쪽

[6] 그 대표적인 착각 사례가 미국의 트럼프 당선이요, 북한의 핵 장난, 남한 여성권력의 친권부패, 러시아의 푸틴, 중국의 시진핑, 일본의 아베, 필리핀의 두테르테 등 전형적 〈macho〉들의 지배가 도드려지고 그 현상이 온 세계에 퍼지려 하고 있는 점이다.-우주생명학, 김지하 17~18쪽.

제3장.

'우주생명사상'에서 금과옥조로 인용한 구절들!

이런 맥락에서 김 시인이 자신의 '우주생명사상'을 펼치며 여기저기서 금과옥조(金科玉條)처럼 인용한, 우리 전통 민족민중사상의 핵심 구절(句節)들을 하나씩 살피려고 한다. 이를 통해 김 시인이 우리보다 무엇을 먼저 깨달았으며 무엇을 우리에게 알리려고 간절히 소망했는지를 감지(感知)할 수 있을 것이다. 지금부터 김 시인이 빈번하게 인용한 천부경·정역·동학·화엄경·풍류역의 구절을 차례로 소개한다. 원전(原典)에 의거하면서 김 시인이 인용하며 주석(註釋)한 뜻에 충실하도록 풀이하였다.

천부경(天符經)

■ 묘연만왕만래(妙衍萬往萬來)

천부경(天符經)의 전술자(傳述者)가 누구인가라는 문제는 '천부경'의 해석만큼이나 난제(難題)이다. 지금껏 통설은 고운(孤雲) 최치원(崔

致遠, 857~?)이 단군전비(檀君篆碑)를 보고 이를 81자로 한역(漢譯)하여 각석(刻石)했던 것을, 1916년 9월 9일 묘향산에서 운초(雲樵) 계연수(桂延壽, 1864-1920)가 발견하였다는 것인데 김 시인도 이러한 대종교의 통설에 따르고 있다.-[천부경과 동학, 모시는 사람들. 이찬구. 2007] (23쪽 주석7)

천부경

천부경(天符經)에서 김 시인이 자주 인용하는 구절은 '묘연만왕만래(妙衍萬往萬來) 용변부동본((用變不動本)'[7]-'오묘하게 피어나 수없이 오고가며 우주 만물을 이루지만, 그 쓰임은 무수히 변하나 근본은 변함이 없다'-이다. 그런데 김 시인은 이 구절을 앞으로 다가올 새 문명은 '양(陽)에서 음(陰)'으로, '해에서 달'로, '불에서 물'로, '남성 중심에서 여성과 아이들 중심'으로 개벽(開闢)될 것이라고 재해석하며 각종 저서와 특강에서 인용하였다.

특히 '묘연(妙衍)' 두 글자의 함의(含意)를 강조하였다. 여기서는 김 시인이 '물이라는 새 문명이 온다'라는 제목으로 건국대학교 대학원에

---

7) 천부경은 문맥을 어떻게 끊어 읽느냐에 따라 해석이 달라진다. 천부경 연구가인 최혜성(崔惠成)에 의하면 묘연(妙衍)은 만왕만래(萬往萬來)에 이어지는 것이 아니라 그 앞에 있는 '오칠일(五七一)'과 연결 지어 해석해야 그 뜻을 보다 정확하게 이해할 수 있다고 한다. 즉, '오칠일묘연(五七一妙衍) 만왕만래(萬往萬來) 용변부동본(用變不動本)'을 '오(五)·칠(七)은 우주근원인 일(一)이 묘하게 뻗어 나온 것으로 만물이 생성 소멸하는 가운데 쓰임, 즉 그 작용은 변해도 일(一)로부터 이어져 온 본성은 변하지 않는다'고 해석하고 있다. 천부경에서 오(五)는 땅, 즉 물질세계를 총괄하는 생명을, 칠(七)은 생각·감정·오감, 즉 의식일반을 총괄하는 자아(自我)를 상징하는 것으로서 우주의 근원인 일(一)이 된 것으로 본다.

서 특강(2015.12.9.)하고 나서 그 열흘 후에 나에게도 직접 보내 준 원고에서 '묘연'에 대하여 언급하고 있는데 내용을 간추려서 소개하면 다음과 같다.

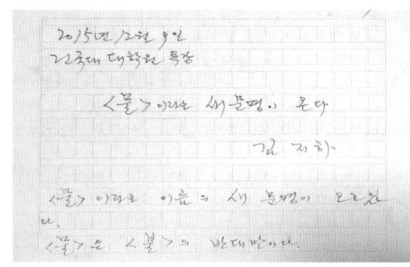

"물이라는 이름의 새 문명이 오고 있다. 물은 불의 반대말이다. 이제까지의 문명은 불의 문명이었다. 추진력, 정열, 남성적 용기. 이것이 문명의 핵심이었다. 그렇다. 문제는 이제부터다. 그런데 이제 누가 튀어나왔는가. 여자다. 그리고 아이다. 이어 생명과 생활이 따라 나온다. 참으로 진짜 삶, 생명성이 나온 것이다. 그래서 묘(妙)한 것, 그래서 '묘연(妙衍)'이 된다. '미묘한(시김새) 확산력(나툼새)'이다."

"누가 나더러 그것이 무슨 뜻이냐고 묻는다면 나는 대답할 것이다. '그것이 조선정신이다' '시김새' 즉 '미묘함(妙)'은 '나툼새' 즉 '확산력(衍)'이기 때문이다. 그리고 그 '미묘함'은 곧 '여성과 아이'이고 그 확산력은 곧 '생명과 생활의 중심가치'를 말하는 것이다. 그리고 이것이 곧 '세상을 바꾸는 근본', '만왕만래(萬往萬來)'인 것이다. '묘연만왕만래(妙衍萬往萬來)'다. 그것은 조선 민족 최고경전인 천부경(天符經)의 최고 결론이다."

"이것이 물과 무슨 연관이 있는가. 물론 그 주체는 '묘(妙)' 곧 '여(女)'와 '소(少)'이다. 그러나 행위중심은 '연(衍)'에 있다. '彳'과 '亍', 즉 '사람들' 사이에 있는 '氵' 즉 물에 있다. 이래서 그 물이 '생명과 생활의 중심가치'가 되는 것이다. 이제 나는 다음과 같은 테마에 이르게 된다. '물이 불을 대신하듯 여성이 남성을 대신하게 된다. 그리고 어른 대신 아이가, 잘난 사람대신 못난 사람이 더 큰 역할을 하는 시대가 다가온다."

"'철학, 과학보다 문화와 생활이 훨씬 더 중요한 역할을 하는 때가 온다.' '머리의 상층 판단력보다 회음(會陰)의 기층 결단력이 더 결정적 지배력을 발휘하는 때가 오고 있다.' '빛보다 그늘이, 추진력보다 여유 있는 확산력이, 크기보다 감동이 더 중요시되는 때가 온다.' 나는 이 모든 변화를 '대개벽'이라 부른다. 이 개벽은 이 한반도, 그리고 한반도의 동북방 강원산간의 백두대간으로부터 온다. 그리고 그 곳의 대강은 물, '동해(東海)'다."

정역(正易)

■기위친정(己位親政) ■십일일언(十一一言)

정역(正易)은 일부(一夫) 김항(金恒. 1826~1898) 선생이 1885년 확립하였다. 그 정역(正易)의 내용 가운데 기위친정(己位親政)과 십오일언(十五一言)과 십일일언(十一一言)이라는 구절이 있다. 김 시인은 이 구절을 새 문명 시대엔 남성보다 여성, 어른보다 아이들, 잘난 사람보다 못난 사람들이 주된 역할을 하게 된다고 강조하며 활용하였다. 다음은 김 시인이 2008년 11월 6일 〈한국기독교회관〉에서 열린 '제11회 장공(長空) 김재준(金在俊. 1901~1987) 목사 기

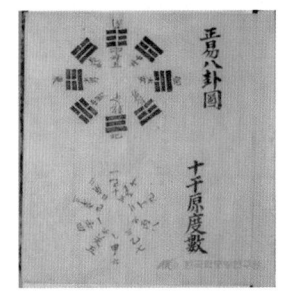

정역

념강연회'의 특강 내용을 중심으로 김 시인의 저서 등 다른 자료를 발췌하여 엮은 내용이다.

"오호(嗚呼)라. 기위친정(己位親政)하니 무위존공(戊位尊空)이로다.- 아아, 기위(己位)가 천하정사(天下政事)하니 무위(戊位)는 존공(尊空)되는구나. 기위(己位)에게 올바름을 돌리고(己位反正), 무위(戊位)는 그 자리를 높여서 비워둔다."

"나는 현금의 생명위기, 우주 및 지구 변동, 온갖 형태의 생명 괴변화 바이러스, 그리고 촛불 등을 한마디로 '후천개벽(後天開闢)'(의 징조로 : 저자가 삽입)으로 파악하고 인식한다. '후천개벽'은 19세기 조선시대에 남한 일대에서 일어난 남조선 사상사(思想史) 전반에 일관된 문명관, 시국관으로서 1860년 4월 5일 동학(東學)의 수운(水雲) 최제우(崔濟愚)에게 내린 한울님의 계시가 그 시작이다."

"이후 20년 뒤의 충청도 연산(連山)의 김일부(金一夫)의 정역(正易), 또한 그 20년 뒤의 전북 모악산(母岳山) 구릿골의 강증산(姜甑山), 또 그 과정에서의 전북 진안(鎭安)의 이연담(李蓮潭)과 김광화(金光華)의 오방불교(五方佛敎) 및 남학(南學), 그리고 일제강점기에 전남 영광(靈光) 등지의 소태산(少太山) 박중빈(朴重彬)의 원불교(圓佛敎) 등이 그것이다."

"그 가운데 김일부의 정역은 현재의 지구 및 사회 대변동을 '기위친정(己位親政)'이라는 원리 안에서 예언하고 있다. 그런데 '기위친정'이란 주역(周易)의 성립을 전후한 3000년 전 지구(地球)의 자전축(自轉軸)의 중심이, 서남·서북쪽으로 크게 경사(傾斜)되어 지구간지(地球干支)의 여섯 번째인 '기위(己位)', '꼬레비' 즉 '대황락위(大荒落位)'로 까지 함락되었다. 그러나 후천(後天)을 맞아 본디의 자기위치인 우주정치의 중심, 즉 북극(北極)으로 복귀한다는 뜻이다."

"그런데 '친정(親政)'은 임금 노릇을 다시 회복한다는 뜻이니 스티븐 호킹이 전 우주에서 유일하게 물과 생명의 탄생지인 북극을 우주의 중심으로 파악하는 것에서 그 뜻을 알 수 있다. 또한 정역은 자전축 북극 복귀 때에 앞서 나열한 바 있는 현재 지구에서 일어나고 있는 기괴한 변동들이 모두 뒤이어 일어남을 역학(易學) 용어와 상수(象數)체계로 미묘하게 표시하고 있다. 아울러 '기위친정'은 또한 지구 자전축과 함께 북방의 운하, 성운, 별자리들도 한 방향으로 경사되어 있다가 제자리에 되돌아옴을 뜻하기도 한다."

"그런데 '기위친정'의 때엔 인간사회, 더욱이 맨 먼저 우리 민족 속에서 '십일일언(十一一言)'이라 명제화한 현상이 나타난다고 했다. 이것이 무엇일까. 바로 '십일일언'의 십(十)과 일(一)은 합하면 '흙(土)'이니 우주의 중앙이고 밑바닥 민중의 메타포가 된다. 그래서 정역은 '십일일언'을 이십 세 미만의 어린이, 청소년과 여성이 정치전면에 나선다'고 해석한다."

"바로 이때 '십오일언(十五一言)' 그러니까 기왕의 선각자, 지식인, 종교인, 문화인, 정치인은 한발 뒤로 물러나 교육, 문화, 제사, 사상, 그리고 '십일일언'의 그 직접민주주의 정치를 간접적으로 도와주는 배합적인 대의민주주의로 자신의 '함이 없음(無爲)'을 세워야하고 결국 그렇게 된다는 것이다. 그리하여 '십일일언'을 '기위친정'이라 하고 '십오일언'을 '무위존공'이라 부른다."

김 시인은 후천개벽으로 해 중심의 365일이 달 중심의 360일로 되고 아울러 동지(冬至), 하지(夏至)가 중심이 된 극도의 추위와 더위가 아닌 춘분(春分), 추분(秋分) 중심의 서늘하고 온화한 4천 년 유리세계(琉璃世界)를 연다는 의미로 정역을 인용하곤 했었다. 저자인 나의 천문학적 관점으로서는 지구의 자전축이 5,000년 전에 경사되었거나 미구(未久)에 북극으로 복귀한다거나 지구의 공전 속도가 360일로 단축된다거나 하는 주장은 허무맹랑하다. 그러나 주역이나 정역의 주장을 수리적으로 해석하기 보다는 지구의 자연적 환경이 크게 변화한다는 상징적 의미로 해석했으면 한다. 아무튼 김 시인은 정역의 '기위친정'에 대해 이렇게 강조하고 있다.

"기위친정은 인간까지 포함한 우주 만물의 컴컴한 저주 받은 몸속으로부터 솟아오르는 타는 목마름이요 애절한 기도가 아니겠는가! 연담(蓮潭) 이운규(李雲圭) 선생이 김일부 선생에게 주었다는 화두 '그늘이 우주를 바꾼다(影動天心月)'에서 그늘은 바로 이 슬픈 기도가 아닐까?"

"그리고 그 우주라 번역한 '천심월(天心月)'은 다름 아닌 '한울님의 마음'이니 곧 정역(正易)은 한울님께 올리는 슬픈 기도요 흰 그늘이며 바로 '촛불'이 아닐까! 그렇다! '기위친정'은 이미 상식이 돼버린 '생명과 평화의 길'이요 이미 낡은 구호가 돼버린 참다운 '해방'일 것이다."

— (김지하 정역을 말한다—기위친정에 관하여, 프레시안, 2008.10.31.)

동학(東學)

■ 불연기연(不然其然)

이른바 [동경대전(東經大全)]은 동학(東學)의 창시자인 수운(水雲) 최제우(崔濟愚. 1824-1864) 선생이 한문으로 쓴 동학의 기본경전이다. 그 내용은 포덕문(布德文)·논학문(論學文)·수덕문(修德文)·불연기연(不然其然)의 네 편으로 되어 있다. 바로 '불연기연' 편은 '수운'이 처형되기 전 해인 1863년에 우주생성의 원리와 그 변화를 서술한 그의 통찰이 적극 표명된 글이다. 김 시인은 옥중에서 동경대전을 열독했다고 한다.

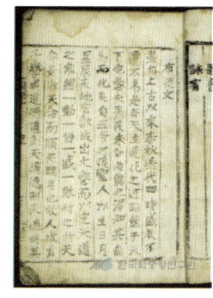

동경대전(포덕문)

수운은 독특한 개념인 '불연기연(不然其然)' 즉, '아니다 그렇다'를 가지고 천지개벽과 인간 진화의 사상을 전개시켰다. 그런데 김 시인은 자신의 문예미학을 비롯해서 우주생성 논리와 생명문화를 아우르는 포괄적 개념인, '흰 그늘'이나 정선아리랑의 함의(含意)를 설명하는 등 존재의 이중교호(二重交互)를 언급할 때면 어김없이 이 구절을 인용했다.

이를 좀 더 살피면 '불연(不然)' 즉, '아니다'는 보이지 않는 숨겨진 질서에 대한 인식 및 논리이며, '기연(其然)' 즉, '그렇다'는 눈에 보이는 질서에 대한 인식이자 논리이다. 따라서 '불연기연'의 개념은 부정을 통한 긍정의 의미로 해석된다. 다시 말해 '불연'은 우리가 이해할 수 없는 신비의 세계이며, '기연'은 우리가 아는 지식의 세계, 즉 이성으로 이해 가능한 '인과필연(因果必然)'의 세계이다.

결국 '아니다(不然)'라고 보는 것은 기필(旣必)하기 어려운 것, 즉 생각이 '아직' 미치지 못한 것을 의미하고, '그렇다(其然)'는 '이미' 알고 있는 것, 즉 생각이 미친 것을 말하는 것이라 하겠다. 그리하여 수운은 무위이화(無爲而化)하는 가운데 진화하는 한울에는 '옛적부터 지금까지 미필(未必)한 적이 있다'라고 말하고 있는 것이다. 따라서 '불연'한 것은 '미필'한 것이고 '기연'한 것은 '기필'한 것이라 할 수 있다.

하지만 '불연'은 오히려 '기연'의 세계를 가능케 하는 진정한 근원이다. 이들은 서로 분리된 별개의 것이 아니다. 결국 '불연기연'은 보이는 차원 밑에 숨어있던 보이지 않는 차원이, 드디어 보이는 차원으로 변화 하는 양식이다. 다시 말해 숨은 차원은 드러난 차원을 추진하다가, 드러난 차원의 해제기(解除期)에 숨은 차원 스스로 드러난 차원으로 가시화(可視化) 되는 것이다. 이때 드러난 차원은 '아니다'가 되고 숨은 차원은 '그렇다'가 되는 것이다.

이러한 이중적 교호작용의 역설적 원리는 '생명생성의 다양한 국면'에 적용된다. 즉, 드러난 질서와 숨겨진 질서 사이의 '아니다 그렇다'의 관계, 드러난 질서 내부의 대립적인 것 사이의 기우뚱한 균형을 이룬 '아니다 그렇다'의 관계, 근원적 질서가 새로운 현상의 드러난 질서로 형성하기 시작했을 때 그 새 질서를 지배하는 대립과 상호보완의 역설 등이 모두 해당된다.

■남진원만북하회(南辰圓滿北河回) ■향아설위(向我設位)

다음은 역시 수운(水雲)의 말씀(詩) 가운데 한 구절인 '남진원만북하회(南辰圓滿北河回)'이다. 이는 '남쪽에서 떠오르는 샛별이 중조선(中朝鮮)의 원만(圓滿)을 얻으면 북쪽의 강물 방향을 바꾼다'는 뜻이다. 이 구절에 대해 김 시인은 [아우라지 美學의 길](241~243쪽)에서 이렇게 그 함의(含意)를 기술하고 있다. 그리고 '중조선'이 갖춰야할 '원만'은 문화라고 단정하고 있다.

"남쪽과 북쪽 사이는 중간이다. 그래서 원만(圓滿)은 한반도의 중부지역인 중조선(中朝鮮)을 일컫는다. 수운이 감옥에 간 뒤 해월 최시형이 중조선에서 활동을 주로 한 것은 이 말씀의 지침 때문이었다. 전라도에서 갑오개혁혁명이 일어나고 해월이 옥천 도소(都所)를 떠나 경기도 이천으로 거처를 옮겼다."

"그리고 바로 그곳 앵산(鶯山)에서 봄 꾀꼬리 같은 기운을 얻어, 금강산 당취(黨聚) 두목 빈삼(彬杉), 정역·남학·백두산 천부(天符) 수련자들을 모아, 여자인 슬(蝨) 밑에 화엄개벽을 위한 수왕회(水王會)를 세웠다. 그리하여 대개벽인 등명수상(燈明水上)을 이루는 북하회(北河回)를 시도하기 위해, 1895년 음력 4월 5일 수운 득도일 11시에, '향아설위(向我設位)'라는 동서양 인류역사 전체의 제사풍속을 완전히 뒤집는다."

"향아설위란 이제까지 벽을 향해 제사지내는 유교식 향사법(享祀法)인 '향벽설위(向壁設位)'를 한울님, 부처님, 조상님이 감응(感應)하는 나 자신을 위해 제사지내는 것을 일컫는다. 그런데 북하회(北河回)의 '북'은 북한만 뜻하는 것이 아니라, 역사적으로 대문명국, 선진국들을 통괄하는 '북(北)'이다. 거기에 비해 남(南)은 제3세계를 말한다. 따라서 '북하회'란 대문명국들의 역사적 관행의 방향이 근본적으로 바뀌는 '대개벽'을 말한다. 그렇다. 아직도 이것은 완전히 뒤집어지지 않았다."

"이것을 뒤집는 것이 곧 지금의 〈선후천 융합 대화엄 개벽〉인 것이다. 그래서 해월은 스스로 중조선 이천강 옆 원적산(元積山) 천덕봉(天德峰)에 묻힌다. 이것은 이천(利川)이 중조선일뿐 아니라 주역의 이른바 '이섭대천(利涉大川)'의 자리 즉 여성의 역사상 돌출의 장소였기 때문이다. 지금 역(易) 전문가 송재국은 분명히 현재를 '선후천 융합 대개벽'이라고 못박고 있다. 그렇다면 중조선에서 맨 먼저 일어날 개벽은 무엇 이어야할까. 여러 가지가 있겠으나 우선 '통일대박'이 아닐까. 그것이 융합이다."

"그리고 그것은 남북만 아니고 동서양, 육지와 해양, 남성과 여성, 세계와 우주 등이겠다. 이곳에 미륵산과 백운산 사이의 양안치(兩岸峙), 남한강과 북함강 사이의 두물머리(兩水里), 구미정(九美亭)의 동천(東川)과 구절리(九折里)의 북천(北川) 사이의 아우라지(餘糧)가 있다. 실질적인 통일대박의 예감이 아닌가. 이제 차차차차 양안치(兩岸峙)와 두물머리와 아우라지의 선후천융합의 화엄성격이 밝혀질 것이다. 그리고 여성이 일어서는 때이어야 한다."

화엄경(華嚴經)

■월인천강(月印千江) ■일미진중함시방(一微塵中含十方)

화엄경(華嚴經)의 원이름은 대방광불화엄경(大方廣佛華嚴經)이다. 법정(法頂, 1932~2010) 스님의 [신역(新譯) 화엄경(華嚴經) 동국역경원, 1988]에 의하면 "화엄경이란 아름다운 꽃으로 장식한다는 뜻, 장미나 모란처럼 한동안 피었다가 져버리는 그런 꽃이 아니라 영원히 시들지 않는 꽃이다. 청정하고 올바르고 덕스러운 보살의 행에 비유한 것으로, 세상에 덕이 될 수 있는 공덕의 꽃은 결코 시들지 않기 때문이다." 라고 한다. 김 시인은 자신의 마지막 저서인 [우주생명학](245~248쪽)의 '화엄경과 통일의 길'에서 다음과 같이 기술하고 있다.

"나는 어려서부터 집안의 소란으로 인해 통일이란 것을 생각해 왔고 젊어서는 사상사적 모색과정에서 통일을 단순한 민족의 고통 문제를 넘어 세계와 인류와 온 생명의 가장 우주적인 한 이상이라고 생각하고 있었다. 나에게 있어서 통일은 그저 갈라진 남북 민족의 재통합이 아니라 모든 형태의 갈등과 투쟁, 전쟁과 모순 사이의 원활한 재통합을 향한 방향잡이었다. 그것은 그러므로 하나의 철학인 셈이었다. 그리고 내겐 특히 하나의 미학이요 감성학이요 예술학이었다. 화엄경은 쉽게 좁혀 말해서 통일이다. 문득 여기서 한 시(詩)를 인용하기로 한다. 구글이 인용한 박경리 선생의 '만물에게 물으니'가 그것이다."

-만물에게 물으니-

하늘에게 물으니 / 높게 보라 합니다 // 바다에게 물으니 / 넓게 보라 합니다 // 비에게 물으니 / 씻어내라 합니다 // 저 산에게 물으니 올라서라 합니다 / 꾸준히 오르라 합니다 // 파도에게 물으니 / 맞부딪쳐 보라 합니다 // 안개에게 물으니 마음으로 보라 합니다 // 태양에게 물으니 도전하라 합니다 // 달님에게 물으니 빛이 되라 합니다 / 어둠 속에 빛나라 합니다 // 별에게 물으니 / 길을 찾으라 합니다 // 꽃에게 물으니 / 웃으며 참으라 합니다 // 강물에 물으니 낮은 곳으로 가라 합니다 // 바람에게 물으니 / 맞서라 합니다 // 어둠에게 물으니 / 쉬어 가라 합니다 // 귀 한 님이시여 / 행복한 오월 되소서

- 문학을 사랑하는 박경리-

"한마디로 화엄경이다. 월인천강(月印千江)이요, 일미진중함시방(一微塵中含十方)이다. 이 두 마디는 화엄경 전체를 압축하는 두 마디 압축어일 것이다. 때는 바야흐로 '통일의 때'가 이 반도에 올 것이다. 그리고 이 동양에 대문명(大文明)의 큰 때가 올 것이다." 〈下略〉

달이 천 개의 강물에 모두 다 다른 모습으로 비치는 '월인천강(月印千江)'이란 천공의 달은 하나이지만 천개의 강물엔 천개의 달이 각각 다른 모습으로 동시에 비춘다는 뜻이다. 그래서 달빛은 불

화엄일승법계도(華嚴一乘法界圖)

법으로 모든 중생을 맞춤하여 골고루 비춘다는 뜻이며, 마치 천개의 강에 비친 달은 천개의 달 인양 보이지만 실제로 만물의 이치는 궁극적으로 하나라는 의미이다. 작은 먼지 한 톨 안에도 우주가 살아 있는 '일미진중함시방(一微塵中含十方)'이란 의상(義湘) 스님이 화엄경의 대의를 7언 30구로 요약한 법성게(法性偈)-화엄일승법계도(華嚴一乘法界圖)-의 한 구절로서 '하나의 티끌 속에 시방(十方)' 즉, 온 우주가 들어 있다는 뜻이다.

풍류역(風流易)

김지하 시인은 〈우주생명사상〉의 요소로서 '풍류(風流)'를 중시하였다. '풍류(風流)'란 용어는 신라 때 고운(孤雲) 최치원(崔致遠)이 쓴 '난랑비서(鸞郎碑序)'에 처음 등장한다. 즉, "국유현묘지도(國有玄妙之道) 왈(曰) 풍류(風流) 설교지원(設敎之源) 비상선사(備詳仙史) 실내포함삼교(實乃包含三敎) 접화군생(接化群生)" - "나라에 깊고 오묘한 도가 있으니 이를 '풍류'라 한다. 이 가르침(敎)을 베푼 근원에 대하여는 선사(仙史)에 상세히 실려 있거니와 실로 삼교(三敎)를 내포한 것으로 모든 생명과 접촉하면 이들을 감화시킨다."

우리 민족의 혼이 깃든 우리 문화의 특징이다!

이렇듯 신라 때의 '현묘지도'가 '풍류(風流)'인데 유불선(儒彿仙) 삼교(三敎)의 본질(本質)[8]을 다 포함하였다, 그래서 '풍류'는 중국에서도 일본에서도 아니고 오로지 조선에서 시작된 것이다. 바로 '풍류'는 우리 민족이 우리 산수(山水)와 우리 역사 속에서 이루어져온 도(道 즉 易)이다. 그래서 '풍류'란 우리 민족의 혼이 깃든 우리 문화의 특징의 한 가지라고 할 수 있다.

그런데 김지하에겐 일찍부터 '풍류' 의식이 있었다. 6·3 단식농성 때 투쟁현장에 사물놀이와 풍자시와 창(唱)을 도입한 것도 김 시인이었다. 당시 단식투쟁에 지친 학생들에게 시원한 감주(甘酒)를 주듯이 지친 학생들의 힘을 북돋우면서, 거친 투쟁을 순화시키고 분기(憤氣)를 정략(精力)으로 가라앉혀서 절제를 잃지 않게 하였다. 나는 이것이 곧 '풍류'이리라고 여긴다.

그렇다면 김지하의 '풍류의식'은 어디에서부터 생겼을까? 혹시 그가 태어나고 자란 목포에서 그 지방의 농부들이 힘든 모내기 때나 또는 추수 때에, 논밭 곁 빈 땅에서 펼치는 농악(農樂)이나 정월 대보름날 야밤중에 산중(山中)에서 지내는 산신제(山神祭)를 구경하며, 부지불식간에 풍류의 기미(氣味)를 저절로 체득한 것은 아닌지? 하여튼 그의 번득이는 시(詩)들에도 '풍류'가 깃들어 있다.

예컨대 오적(五賊)들의 부정비리를 규탄하는 '오적(五賊)' 시(詩)에도 '풍류'가 있다. 오적들이 서로 도둑시합을 벌이고 꾀수가 등장하여 희생을 당하는 시 구성의 설정 자체가 풍류적(風流的)이라면 '풍류적'이다. 김 시인은 그가 원숙하여 천착한 '우주생명학'에서도 '풍류'의 중요성을 강조하고, '풍류'의 의미와 역사를 [우주생명학](151~240쪽)의 〈풍류역(風流易)〉에서 자세하게 기술하고 있다. 그 주요 핵심 내용을 간추려서 옮기면 다음과 같다.

'우주생명사상'을 '풍류역'으로 일으키고 있다!

 '풍류'가 중국이 아닌 우리나라에서 그것도 강원도 산속에서 고조선 때에 시작되었다는 것은 굉장한 역사적, 문화적 의미를 갖는 이제부터의 세계사적인 사건이다. '한류'의 근원, '시김새'의 근본이다. 판소리 등의 중심을 이루는 '시김새'의 맛과 멋, 그 '흰 그늘'의 미학을 확정하는 근원이 바로 '풍류'이고 '풍류'는 '풍류도'의 기본, '화랑도'의 기본이다(228~229쪽).

 그렇다면 조선(朝鮮)의 핵, '풍류도'를 몰라서 뭐가 되겠는가? '화랑도'를 몰라서 되겠는가? 그것이 도대체 무엇인가? 왜 '풍류도' 즉 '화랑도'는 우리 민족의 인생관이 되었는가? 그 이유는 무엇인가?(230쪽)

 이미 고조선 중기 강원도 쪽 사람 정유림(鄭遊林)이 '풍류'를 일으키고, 이를 신라의 고운(孤雲) 최치원(崔致遠, 857~?)이 받아 크게 들어 올리고 '화랑도'로 왕성, 발전하며, 이어서 수운(水雲) 최제우(崔濟愚, 1824~1864)가 동학으로 변혁시킨 것을, 범부(凡父) 김정설(金鼎卨, 1897~1966) 선생

---

8) '풍류'는 유교(儒敎)의 극기복례(克己復禮)와 불교(佛敎)의 귀일심원(歸一心源)과 도교(道敎)의 무위자연(無爲自然)이라는 본질을 모두 포함하고 있다.

이 '풍류정신'으로 일반화, 내가 바로 이것을 '화엄역'의 기본, '우주생명학' 정신을 '풍류역(風流易)'으로 일으키고 있다. '풍류역'이란 무엇이냐? 한마디로 잘라 말하면 문화역(文化易) 또는 예술역(藝術易)이다(221쪽).

풍류는 풍수와 마찬가지로 '風=산악(山岳)', 그리고 '水=물, 강, 바다'다. 그러나 다르다. 무엇이 다른가? 풍(風)은 그대로 '산악'이지만 류(流)는 수(水)와 달라 〈흐르는 물, 물의 흐름〉이다. 즉 〈움직이는 물의 소리와 모양과 품새, 즉 '아름다움'인 것이다. 이제 그것을 좀 더 자세히 풀어보자! 풍(風)은 본디 우주의 바람, 움직임이다. 류(流)는 본래부터가 '소리'다. 따라서 "풍류"는 '우주의 소리'인 것이다. 평소 우리가 쓰는 개념인 '음악'과는 매우 다르다.(222쪽).

먼저 범부(凡父) 김정설(金鼎卨) 선생의 책 [풍류정신(風流精神)]을 검토하자. 우선 책에서 '물계자(物稽子)'[9] 부분을 찾아보자. '물계자'는 신라가 적에게 이겼는데도 스스로 그 전쟁에서 공을 세웠음에도 만세를 부르지 않는다. 그것은 무엇인가? 바로 '겸손'이다. 이것은 곧 '풍류'의 중요한 미덕(美德)인 것이다. 일반적으로 미학에서는 이 '겸손'이 곧 미의 가장 첩경인 '절제'로 나타난다(233쪽).

풍류정신

또 있다. 미학의 더 중요한 요소인 행락(行路) 줄기를 잊지 않고 늘 새롭게 인식시키는 행위이다. 줄거리를 놓치지 않게 기억시키고 있는 것, 그것이다. 조선의 고대 예술에서 협창(協創)하는 일(음악이나 연극 등)에 절대적으로 요구되는 것은 바로 이것이다. 이것이 바로 '행락(行路)'이요 곧 '절제'이니 이것의 시작이 다름 아닌 '풍류'이다. 모든 '협치'에서 이것, 이 '협창'이 없이는 불가능하다. 이것은 '풍류정신'의 핵심 사안이다."(234쪽).

이번 광화문 시위(박근혜 대통령 퇴진 요구시위)에서 웅얼거리는 소리와 춤, 즉 '풍류'는 다음과 같은 것이다. 예로 든다. ①어린애들이 많이 나와 저희들끼리 '짝짜쿵' 소리를 내며 유희를 즐기는 것이다. 이것은 세계역사상 처음 있는 일이다. '풍류'라고 부를 수 밖에 없다. ②천주교 신부들이 소리를 높혀 "노동자 정권을 세우기 위해 현 정권을 때려 부십시다." 하니까 한 늙수구레한 참가자가 "우리는 그런 것 하러 여기오지 않았소. 최순실이 때문에 분노해서 왔지!"라고 받아쳤다. 이것도 '풍류'에 해당한다고 밖에 말 할 수 없다(235쪽).

풍류역이 〈궁궁 유리 화엄 대개벽〉에 도움이 되는 기필이 되려면, '산' 속의 숨은 '물'과 '풍류'를 연결시키는 작업이 선행되어야 한다. 물! 이것이 무엇이냐? 노래와 춤이 물과 무슨 상관이냐? 우선 한 가지만 지적하자. 물이 산에 '숨어서 흐른다'는 점이다. 또 한 가지는 다음이다. 즉 '산의 전체 흐름(유산세/流山勢)'이 근본적으로 '물흐름'이라는 것이다. 이것은 거의 초과학적·신비주의적 파악에 의해 이루어질 영역이다(236쪽). 그렇다! 풍류는 산 속에 '숨어서 흐르는 물'과 같은 것이다. '숨어서 흐르는 물'은 약이다.

---

9) '물계자'(物稽子)는 신라 제10대 내해왕(奈解王) 때 사람이다. 신라시대 많은 위인 중에서도 가장 뛰어난 사람이었으나, 사가(史家)의 기록은 너무나 초초(草草)하다. 그것은 '사가'의 잘못이기보다 오히려 '물계자'의 인물이 엄청나게 비범했기 때문이다.-[김정설-풍류정신, 정음사, 1986](56쪽)

'풍류'가 없다면 인간다운 삶이 될 수가 없다!

　김 시인 자신도 '풍류'가 무엇인지 명확하게 한마디로 정의를 하지는 않았다. 그러나 그의 글을 통해 그가 '풍류'를 무엇으로 생각하고 있는지 어렴풋이나마 이해를 할 수 있다. '풍류'는 사물과 행동의 본체는 아니다. 사물과 행동은 인간의 삶이 의존하는 필수품이다. 그러므로 '풍류'가 없어도 인간은 살아갈 수 있다. 그러나 사물과 행동과 이를 교환하는 인간관계에서 '풍류'가 없다면 인간의 삶은, 딱딱하고 거칠고 서로 깨어지게 부딪쳐 인간다운 삶이 될 수가 없다.

　'풍류'에 속한다고 할 수 있는 예들로는 노래, 춤, 놀이, 해학, 풍자. 나아가서 예절, 의식(儀式), 규범 등이라 할 것이다. 이같이 수많은 요소들이 '풍류'의 속(屬)으로 간주될 수 있음으로, 정의(定義)하기도 어렵고 설명하기도 어렵지만 비유적으로는 말할 수가 있다. 즉 더울 때 뿌려지는 찬물, 추울 때 불어오는 훈풍, 비린 생선에 뿌려지는 소금, 젊은이의 격투를 말리는 늙은이의 훈계, 김치를 버무리는 마치 양념 같은 '시김새'가 '풍류'라고 추상화해서 생각하면 감이 잡힐 것이다.

　한편 '시김새'라는 용어도 생소하긴 한데 '시김새'는 조선민족이면 누구나 잘 아는 '풍류(風流)', 바로 그것이다. 예컨대 판소리, 메나리, 탈춤뿐만 아니라 수심가, 향가, 육자배기까지도 '시김새'가 흐른다. '시김새'란 '풍류'처럼 비본질적인 것이긴 하지만, 본질을 돕는 양념 같은 요소를 뜻한다고 다시 한번 뒤집어서 설명할 수밖에 없을 것 같다. 아무튼 김 시인은 '풍류'를 산속에 '숨어있는 물'이라고 하였고 이 물은

'약(藥)'이라 하였다. '풍류'는 산(땅, 본체)을 적당히 적시는 흐름과 같은 것으로 보았다.

'풍류도'는 '화랑도'의 '세속5계'를 상기하면 된다!

좀 차원 높은 '풍류도'가 어떤 것인지를 이해하려면 신라 화랑(花郎)이 봉숭(奉崇)한 '화랑도'의 세속오계(世俗五戒)를 상기하면 된다. 즉 ▶사군이충(事君以忠 ; 임금을 섬길 때는 충성으로 하고), ▶사친이효(事親以孝 ; 부모를 섬길 때는 효도로써 하고), ▶교우이신(交友以信 ; 친구를 사귈 때는 신의로써 사귀며), ▶임전무퇴(臨戰無退 ; 싸울 때는 물러서지 말며), ▶살생유택(殺生有擇 ; 생명을 죽일 때는 선택함이 있어야 한다)은 '화랑도'가 지켜야 할 규범이었다. 이러한 '화랑도'의 규범을 우리는 또한 '화랑도의 풍류'라고 부른다.

'풍류'는 곧 인간의 삶에서 맛과 멋, 삶의 앞과 뒤를 연결시켜주는 훈훈한 끈, 여유와 따뜻함, 참됨과 평화를 가져다주는 인간의 행위라고 말할 수 있다. 그러므로 '풍류'가 없거나 미약하다면 인간의 삶은 그와 역비례로 거칠고 부당하고 고달프고 불안한 내용이 될 것이다. 평화와 안녕을 구현할 〈궁궁(弓弓) 유리 화엄〉의 세계를 바라보는 김지하의 〈우주생명사상〉에서 '풍류'가 중요할 수밖에 없다. 그는 '겸손'과 '절제'도 풍류의 요소로 보았고 '모심'도 고귀한 인간이 실천할 '풍류'로 보았다. 김지하가 말하는 '선후천개벽(先後天開闢)'은 풍류가 깃든 '이상사회(理想社會)'가 이 세상에 실현되는 것을 지칭하였다.

제4부

오! '흰 그늘'이여!

'흰' 구름, 붉은 해, 봉황 날아와! 오동나무 '그늘'에 깃드니 상서롭도다!

제1장.

김지하에게 정파 따위는
처음부터 없었다!

　김 시인은 이 세상에서 그 비범한 삶을 살고 저 세상으로 떠나갔다. 그리고 나는 김 시인과의 오랜 인연에 따라 지금껏 잊을 수 없는 사연들과 그의 발자취를 저서들과 특강 내용 등에 의거하여 객관적으로 쭉 살펴보았다. 김 시인은 80여 년 동안 진정한 민주주의의 실현을 위해 독재에 맞섰던, '저항시인'이며 뛰어난 '화가'이고 걸출한 '생명운동가'이자 '문화운동가'로서 영향을 미쳤고, 만년에는 그 자신이 창안한 '우주생명사상'으로 행복한 '이상향'이 도래할 것을 예언하는 비범한 삶을 살았다.

　그의 생애 동안 그는 결코 남들이 만들어 놓은 어떤 정략적(政略的)인 특정 이념을 추종하거나 어떤 정파에도 속하지 않았다는 것, 아니 속할 수 없었다는 것은 너무나 명백하다. 그럼에도 불구하고 직·간접으로 무수한 사람들이 그의 곁을 스쳐갔고, 그래서 저마다 이런저런 말과 글로서 그를 평가하고 있다. 정파와 이념으로 갈려 거짓과 음모를 양산하는 시국이기도 하였다. 그 것들 중에는 김지하를 '배신자' '변절자'라는 평가도 있다.

그런 평가를 내리는 것은 어디까지나 분명히 그들의 몫이고 그들의 자유일지도 모른다. 그렇다면 나도 한마디는 꼭 해야 할 것 같다. 다른 것은 제쳐두고 "과연 김 시인은 배신자요 변절자인가?"에 대해서만 말을 하겠다. 김 시인에 대해 오해를 불러일으킬 수 있는 그런 규정(naming)은 지극히 부당하기 때문이다. 이제 그 까닭을 다음과 같은 확실한 논거를 갖고 밝히려고 한다.

'생명'을 아끼는 '민주투쟁 선배'로서 충고를 결심하다!

김 시인이 변절자나 배신자라고 비난 받은 직접적인 동기가 된 언론사 기고문이 있었다. 김 시인은 1991년 5월 5일자 조선일보에 '젊은 벗들! 역사에서 무엇을 배우는가'라는 제목의 시국관련 기고문을 썼다. 그러나 신문사 측이 그 칼럼의 부제(副題)로 붙인 '죽음의 굿판을 당장 걷어치워라'가 정작 더 큰 자극을 불러 왔고 김 시인은 운동권 세력으로부터 변절자 또는 배신자라고 비난 받았다. 김 시인이 과연 변절자나 배신자인지를 객관적으로 판단하기 위해서는 당시에 김 시인이 기고문을 쓴 동기와 기고문의 내용을 다시 자세하게 살펴야한다. 먼저 신문에 기고문을 쓰게 된 동기이다.

이른바 1987년 6월 민주항쟁에 이르기까지 학생운동권 세력은 줄기차게 대통령 직선제를 주된 쟁취목표로 삼았다. 그러나 앞선 6월 항쟁에 따른 직선 개헌을 통해 동년 12월 16일 〈민주정의당〉의 노태우 후보가 제13대 대통령으로 당선됨으로써 그 투쟁목표는 소멸되었다. 이에 따라 학생운동권 세력은 새 이슈를 모색하게 되었는데 그 결과 등록금 인상 반대, 교내 강의실 확보 등 학내 투쟁을 통한 사회변혁을 꾀하는 쪽으로 방향을 틀었다.

그래서 총장실 점거, 교수 감금 등을 감행하였으나 언론과 사회적인 관심을 끌지 못하자, 학내 투쟁을 빌미로 공공의 도로를 점거하고 화염병을 던지며 투석하는 폭력투쟁을 재개하였다. 이에 대해 노태우 정부는 강경대응으로 맞서는 한편 1990년 1월 〈통일민주당〉과 〈신민주공화당〉과의 3당 합당을 통해 더욱 강경한 입장을 견지하였다. 그렇지만 오히려 운동권과 지원세력은 정부의 강경대응을 그들이 원하는 언론의 관심을 더 끌 수 있고 내부결속을 더 다질 수 있는 호기로 삼았다.

이런 맥락에서 그들은 더 과격한 투쟁만이 변혁의 관건이라고 판단함으로써 더욱 과격화되었다. 그런 가운데 명지대는 1991년 4월 26일 노태우 정권타도, 총학생회장 석방, 학원 자율화 완전 승리 등을 주장하며 시위를 벌였다. 이런 가운데 경제학과 1학년 강경대 군이 시위대가 후퇴하는 과정에서 학교 담장을 넘다가 〈백골단〉 소속 경찰에게 쇠파이프 등으로 집단 구타를 당해 세브란스 병원으로 이송되었으나 끝내 사망하였다.

강경대 군의 사망은 다음날인 4월 27일부터 노 대통령의 사과와 책임자 처벌을 요구하는 시위로 전국에 걸쳐 이어졌다. 그리하여 4월 29일 전남대 학생 박승희 군이 강경대 사건 규탄 집회 중 분신(焚身)하였고, 이어서 5월 1일 안동대 학생 김영균 군, 5월 3일 가천대 학생 천세용 군이 잇따라 '분신'하여 이른바 '분신 정국'이 조성되기 시작하였다.

이런 참담한 상황을 지켜보면서 김 시인은 생명을 존중하는 민주 투쟁 선배로서 '분신(焚身)'이라는 극단적인 방법으로 저항하는 대학생들은 물론, 이를 부추기는 종교단체와 급진적인 배후 인사들에게 비판적인 충고를 하기로 마음을 정했었다. 그리고 기고문을 작성하여 조선일보사에 보냈다. 다음은 1991년 5월 5일자 조선일보에 실린 내용 가운데 핵심 내용을 발췌해서 소개한다.

젊은 벗들! 역사에서 무엇을 배우는가

"젊은 벗들! 역사에서 과연 무엇을 배우는가?"

"나는 너스레를 좋아하지 않는다. 잘라 말하겠다. 지금 곧 죽음의 찬미를 중지하라. 그리고 그 굿판을 당장 걷어치워라. 당신들은 잘못 들어서고 있다. 그것도 크게! 이제나 저제나 하고 기다렸다. 젊은 당신들의 슬기로운 결단이 있기를 학수고대하고 있었다. 숱한 사람들의 간곡한 호소가 있었고, 여기저기서 자제요청이 빗발쳐 당연히 그쯤에서 조촐한 자세로 돌아올 줄로 믿었다. 그런데 지금 당신들 무슨 짓을 하고 있는가?

생명이 신성하다는 금과옥조를 새삼 되풀이 하고 싶지는 않다. 하나 분명한 것은 그 어떤 경우에도 생명은 출발점이요 도착점이라는 것이다. 정치도 경제도 문화도, 심지어 종교까지도 생명의 보위와 양생을 위해서 있는 것이고 그로부터 출발하는 것이지 그 반대는 아니다. 근본을 말살하자는 것인가? 신외무물[1]이 무슨 뜻인가? 당신들 자신의 생명은 그렇게도 가벼운가? 한 개인의 생명은 정권보다도 더 크다. 이것이 모든 참된 운동의 출발점이어야 한다.

당신들은 민중을 위해서! 라고 말한다. 그것이 당신들의 방향이다. 당신들은 민중에게 배우자! 라고 외친다. 그것이 당신들의 공부이다. 민중의 무엇을 위해서인가? 민중이 생명의 보위, 그 해방을 위해서일 것이다. 당신들이 믿고 있는 그 해방의 전망은 확고한가? 목적에 대한 신념은 과학적으로 확실한가? 만약 그것이 기존의 사회주의라면 그 전망은 이미 끝이 났다.

만약 그것도 아니라면 민족이 패망하는 극한 상황도 아닌 터에 생명포기를 요구할 정도의 목적의 인프레션 따위는 있을 수도 없으며 다만 뼈를 깎는 기다림과 겸허한 모색이 있을 뿐이다. 모색하는 자가 매일 매일 북치고 장구칠 수 있는가? 도대체 그 긴 역사에서 무엇을 배우는가? 왜 덤비는가? 〈中略〉

자살은 전염한다. 당신들은 지금 전염을 부채질하고 있다. 열사호칭과 대규모 장례식으로 연약한 영혼에 대해 끊임없이 죽음을 유혹하는 암시를 보내고 있다. 생명 말살에 환각적 명성을 들씌워 주고 있다. 컴컴하고 기괴한 심리적 원형이 난무한다. 삶의 행진이 아니라 죽음의 행진이

시작되고 있다. 그것이 해방의 몸짓인가. 무엇을 해방할 작정인가. 귀신인가. 〈中略〉

도대체 그놈의 굿판에 사제노릇을 하고 있는 중과 신부의 정신을 사로잡고 있는 것은 악령인가, 성령인가. 저는 살길을 찾으면서 죽음을 부추기고 있는 이른바 진보적 지식인들은 선비인가? 악당인가? 당신들은 지금 굿에서의 이른바 불림을 행하는 모양인데 불림에는 조건이 있는 법이다. 〈中略〉

지금 곧 죽음의 찬미를 중지하라. 그리고 그 소름끼치는 의사 굿을 당장 걷어 치워라. 영육이 합일된 당신들 자신의 신명, 곧 생명을 공경하며 그 생명의 자연스러운 요구에 따라 끈질기고 슬기로운 창조적인 저항행동을 선택하라, 나는 군말을 좇아하지 않는다. 잘라 말하겠다. 내말을 듣지 않겠다면 좋다. 할대로 해보라. 당신들 운동은 이제 끝이다.

그래도 지성인이라면 최소한 내말을 접수라도 한다면 지금 이글을 읽는 순간 자신의 신조가 무엇인지 스스로 묻고 대답해야할 것이다. 종교인가? 유물주의인가? 다행히 창조적 통일로 끝났을 때 그때 우리는 현 정권에 대한 효력 있는 저항을 참색할 수 있을 것이다. 부디 자중 자애하라. 부디 절망하지 말라. 절망은 폭력과 죽음, 그리고 종말의 서곡이다.(김지하)"

---

1) 신외무물(身外無物)-몸 이외 아무것도 없다. 즉, 몸이 제일 중요하다는 뜻이다.

기고문을 써서 어떤 영달이나 이득을 취한 것도 없다!

나는 이 같은 "죽음의 굿판을 당장 걷어치워라"는 기고문을 읽고 당시는 물론 지금도 어떤 부분과 내용이 변절이나 배신에 해당되는지를 전혀 알지를 못한다. 정녕 내가 우둔하거나 비겁해서일까. 결코 그렇지가 않다. 사전적 의미에서 배신자란 믿음과 의리를 저버린 사람이요, 변절자란 절개나 주의, 주장 따위를 바꾸거나 저버린 사람을 일컫는다. 그렇다면 김 시인이 과연 어떤 믿음과 의리를 저버렸으며, 어떤 절개나 주의와 주장을 저버렸다는 것인가.

흔히 변절자나 배신자는 원래 자기가 가지고 있던 신념이나 생각을 바꾸어서 그 반대급부로 자신의 영달이나 어떤 이득을 취하는 사람이다. 그런데 김 시인은 그의 평소 신념이나 생각을 바꾼 것이 없을 뿐더러 이 기고문을 써서 자신의 어떤 영달이나 이득을 취한 것도 전혀 없다. 오히려 후배나 후배의 선배들에게 뜨거운 애정과 안타까움에서 나온 충정의 발로로 충고를 했을 뿐이다. 따라서 그 기고문은 변절이나 배신이 아니라 생명을 살리며 용서와 통합의 큰 길로 나아가기를 원하는 사랑의 메시지로 이해되어야 한다.

더군다나 그의 기고문 가운데는 불의와 타협하고 정의를 짓밟고 정당한 시위를 그만두라는 말은 한마디도 없다. 단지 하나뿐인 '생명'을 소중하게 여기라는 간곡한 부탁이 있을 뿐이다. 아울러 환각적 명성을 들쑤셔 죽음을 부채질 하지 말라는 솔직한 충고이었다. 당시 김 시인의 기고문은 다음과 같이 4가지로 간추려 진다고 본다. 첫째, 기고문을 쓰기 전에 인내하고 기다렸다는 것이다. 둘째, 생명의 존엄은 무엇보다 높고 귀함을 강조하였다. 셋째, 한 개인의 생명은 정권보다 크다는 것을 알렸다. 넷째, 배후에서 자살을 부추기지 말라고 충고하였다.

자신의 안위(安危)를 도외시한 김 시인의 5월 5일자 기고문에도 아랑곳없이 고귀한 생명을 불태우는 '분신'은 안타깝게도 한 동안 계속되었다. 즉, 5월 8일 김기설, 5월 10일 윤용하, 5월 18일 이정순, 전라남도 보성고 김철수, 광주시 운전기사 차태권, 5월 22일 광주시 정상순, 6월 8일 인천시 노동자 이진희, 6월 15일 인천시 택시 노동자 석광수 등 학생, 빈민, 노동자 등이 분신을 하였다.

어떻든 1991년 5월 5일 김 시인의 '젊은 벗들! 역사에서 무엇을 배우는가'라는 제목의 시국관련 기고문은 결코 학생운동을 하지 말라는 것이 아니었다. 오히려 분신(焚身) 같은 상궤(常軌)를 벗어난 극단적인 방식을 지양(止揚)하라는 생명사상을 추구하는 한 지성인의 충언(忠言)이었다. 김 시인의 생전 어느 날 원주 〈토지문화관〉에서 "야! 옥삼아, 운동권 사람들이 나 김지하를 못 잡아먹어서 안달인 거 너 알아?"라고 불쑥 내게 내뱉은 적이 있었다.

나 '옥삼'이도 한 때 꽤나 학생운동에 열정을 불태웠던 대학생이었지만 도대체 그 '운동권 사람들'이 누군지 알고 싶지도 않고 또 알 필요도 없어서 그 자리에서 누구냐고 물어보지도 않았다. 소위 운동권이란 김 시인을 정략적으로 변절자나 배신자라고 매도하고 있는 그런 부류의 사람들 아니겠는가? 그들이 언제 김지하의 동지였었단 말인가? 김지하가 굴욕회담 반대투쟁을 할 때나 민주화투쟁으로 엄청난 옥고를 치를 때 그들이 한번 들여다보기라도 했단 말인가?

참으로 알 수가 없는 것은 누가 누구를 배신했단 말인가? 내가 알기로는 김지하는 언제나 오로지 '김지하'였을 뿐이다. 김지하는 자신이 동지로서 삼았으면 그의 동지인 것이고 그렇지 않으면 동지고 뭐고 무관한 사이이다. 김 지하가 자신을 비난하는 자들을 동지로서 삼은 적이 없는데 무슨 '배신' 운운하는 것인지 내가 듣기로는 가소롭고도 건방진 말일 뿐이다.

당신은 빨갱이가 아닌데 왜 빨갱이 대접만 받는가?

먼저 무엇보다 김 시인 자신의 소회(所懷)가 중요하다고 생각한다. 그래서 2010년 9월에 발간되고 2011년 7월 〈토지문화관〉에서 직접 서명해서 나에게 준, [춤추는 도깨비, 자음과모음, 2010]이라는 저서의 6쪽~8쪽,-'서문. 줄탁'에서 다음과 같이 술회하고 있다.

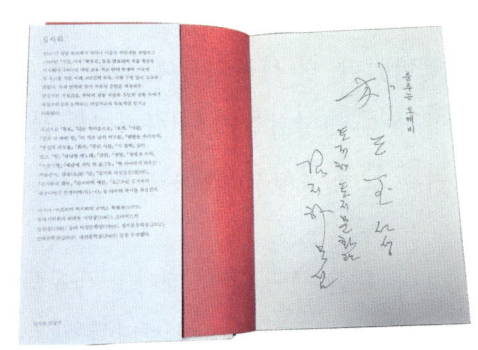

김지하 서명-'춤추는 도깨비'

"나는 시 쓰는 사람 김지하올시다. 기억하시겠습니까? 어릴 때 본명은 영일(英一)이고 김지하는 필명입니다. 중년에 얻은 아호에 '노겸(勞謙)'이 있고 또 '남조선 화엄개벽모심의 길'을 공부하다 스스로 좋아서 붙인 '현람애월민(玄覽涯月民)'이 또 있습니다. 이름 여럿 가지면 고생 많이 한다죠? 고생 많은 제 인생이 어느덧 칠순을 맞았습니다. 후천정역(後天正易)으로는 올해부터 윤달이 없다하니 후천개벽 믿고 사는 나 홀로 동학당 김지하에겐 올해가 바로 칠순이 됩니다. 음력 2월 4일이니 양력 3월 19일입니다."

"두보(杜甫)의 「곡강(曲江)」이라는 시에 '인생칠십고래희(人生七十古來稀)'라 했으니 못난 사람의 못난 한마디가 없을 수 없겠습니다. 분명히 못난 한마디라 했습니다. 감안하소서. 제 소위 나라를 위한답시고 열아홉 살 사월혁명 이후 오늘까지 수십 년을 헐떡이며 살아왔습니다. 이런 내게 무엇이 문제였을까요? '고희'에는 누구나 제 잘못을 되돌아본다 했습니다. 무엇이었을까요?"

"누가 내게 이런 말을 했습니다. "당신은 아무리 봐야 빨갱이가 아닌데 어째서 맨날 빨갱이 대접만 받는가? 더군다나 해괴한 일은, 그럼에도 불구하고 북쪽과 남쪽의 빨갱이들이 당신을 그렇게도 못 잡아먹어서 미워하고 틈만 나면 갈아 마시려고 이를 벅벅 가는 것인가? 간단히 해명할 수 없는가?" 나는 늘 그때 마다 세 가지 대답을 해왔던 것으로 기억합니다."

"덕이 없는 탓이다. 과격해서 그렇다. 중도 진보여서 이쪽저쪽이 다 미워한다. 이 세 가지는 사실 지금까지도 다 합당한 까닭일 것입니다. 그리고 이와 연관된 내 개인사의 울분, 분노, 또한 참으로 적지 않습니다. 참으로 못난 이야기를 '고희'에 다 털어놓고 울적한 마음이나 달래보고 싶은 때 한두 번 아닙니다만 참으로 못난 것은 겸겸(謙謙)이라 하니 진정 못나지려고 칠십 나이답지 않은 울끈불끈 다 그만두렵니다."

"네. 스스로 못나야 스스로를 기른다 하니 그리하죠. 그러나 '수십 년 헐떡임'과 '빨갱이가 아닌데도 빨갱이로 취급받고 그럼에도 빨갱이에게 미움 받는 그 못남'의 정체를 개인적 문제 영역을 떠나 사월혁명 이후 오늘날까지 수십 년 동안 우리를 사로잡아온 경제제도 문제에 대한 새로운 공부의 차원에서 무언가 해명해 간다면 그도 역시 그냥 애오라지 못나기만 한 것이 될까요? 아니면 그 또한 지금 당장의 통용화폐 수준은 아니므로 역시 못난 소리가 돼버리고 마는 것일까요?" 〈下略〉

배신자나 변절자라고 욕한 사람들의 정체는 무엇인가?

그렇다! 위의 글을 통해서 김 시인 자신은 빨갱이가 아닌데도 빨갱이로 취급 받고 북쪽과 남쪽의 빨갱이로부터 미움 받고 있음을 자조(自嘲)적으로 개탄하고 있다. 김 시인은 자신을 잘 알고 있다. 빨갱이가 아닐 뿐 아니라, 타인이 주장하는 한 가지 이론이나 타인이 주관하는 한 가지 정파에 예속될 사람이 아니라는 것을 바로 [옥삼이가 쓰는] 하찮은 이 책을 통해서도 독자들은 이미 알아 차렸을 것이다.

김지하를 향해 변절자니 배신자니 하며 비난하는 사람들은 그들 자신의 정파적 '사업'에 김지하의 한마디가 방해가 되었다는 것을 실토하는 것으로 밖에 들리지 않는다. 청년들이 많이 죽어야 그들이 기도한 장사에서 이득을 볼 것인데 김지하 때문에 손해를 보았다는 것 아닌가? 내 말이 틀렸다면 틀렸다고 해보라! 김지하를 두고 배신자나 변절자라고 욕한 사람들의 정체는 무엇인가? 참으로 묻고 싶다.

이와 관련하여 김 시인으로부터 직접 들은 말이 생각난다. 내가 2011년부터 '자전거 살림길 운동'을 펼치며 원주 〈토지문화관〉에서 김 시인의 서울대 문리대의 절친 학우이며 6·3투쟁과 한살림운동을 할 때 동지였던 〈자전거포럼〉의 최혜성 고문(전 광복회 용인시 지회장)과 안삼환 이사(서울대 명예교수)와 함께 이런저런 대화를 나눈 적이 있었다.

그때 김 시인은 자신의 부친이 빨갱이였기에 왜 그렇게 되었는지 궁금해서 약간 관심을 가진 적은 있었지만, 자신은 강제가 필수인 공산주의에는 애시 당초 취미가 없었다고 했다. 그리고 70년대 후반 감옥살이를 할 때 좌파세력에서 자신을 제물로 삼아서 혁명의 동력으로 삼으려고, 아무개 아무개가 직간접으로 접근하여 끊임없이 죽임을 꾀한 사실을 토로하며 분개하기도 했다.

실제에 있어 김지하는 빨갱이를 엄청 싫어했다. 그것을 모르고 김지하를 빨갱이 동지로 오해했다면 그들의 실책이다. 김지하가 빨갱이를 싫어한 사실은 다음의 시에 잘 나타나 있다. 2016년 겨울에 쓴 '나무아미타불'이라는 시이다.

- 나무아미타불 -

나무아미타불 / 관세음보살 // 이 염불 밖에 없으니 // 무엇인가? / 조용히 살자는 것이다 // 더욱이 산간에서 / 조용히! / 하하 // 나 / 오대산 월정사에서 백일동안 / 화엄경 공부하던 중 // 젊은 / 동국대 출신 스님들이 들어와 /공산당 타령 / 아침부터 밤까지 하고 앉아 있다 // 잘하는 짓인가 / 잘하는 짓인가 // 불가설불가설전 일수보살산법제(不可說不可說轉 一數菩薩算法際) // 허허 // 잘하는 짓인가 // 나와 / 생명운동 같이하던 늙다리 중까지도 / 그 판에 / 끼어들어 / 나를 내 쫓았다 // 하하하 / 자재주(自在主)가 껄걸걸 웃고 있다 // 좋은가? // (丙申 11월 20일)

- ['흰 그늘' 시집](122~123쪽)

한국 문학계에 통렬한 경고장을 던지다!

　　김 시인과의 관련된 이야기를 쓰면서 빠뜨릴 수 없는 사건이 하나 더 있다. 바로 김 시인은 2012년 12월 4일자 조선일보에 '한류-르네상스 가로막는 쑥부쟁이'라는 제목의 특별 기고를 통해 한국 문학계에 통렬한 경고장을 던졌다. 김 시인은 이 기고문을 통해 "못된 쑥부쟁이가 한류-르네상스의 분출을 가로막고 있다"고 잘라 말하면서, 그 '쑥부쟁이'는 바로 자칭 한국 문화계의 원로라는 '백낙청(白樂晴)'이라고 거명 지적했다. 그리고 그렇게 주장하는 근거로 열 가지를 구체적으로 나열하였다.

그렇다면 백낙청은 어떤 인물인가. 한마디로 대표적인 진보 지식인으로 문학 및 정치평론가이다. 김 시인이 기고문을 발표한 2012년을 기준으로 그의 객관적인 경력을 살펴보면 다음과 같다. 즉, 1962년부터 2003년까지 서울대 인문대 영문학과 교수를 역임했고, 1966년엔 출판사 〈창작과 비평〉을 설립하여 발행인을 겸하였다. 본격적으로 순수문학을 비판하고 민족문학과 참여문학을 주창하며 그 이념적 기반을 제공했고, 나아가 이를 세력화하여 한국 문학계의 주류로 만들고 교조화시킨 장본인으로 알려졌다.

어떻든 그가 제시한 민족문학론 및 분단문학론은 한국 문학계에 큰 영향을 끼쳤다. 또한 반독재, 반미운동 등 정치운동에도 참여했다. 그런데 본인이 직접 나서기보다 주로 배후에서 조정하는 역할을 수행하고 있다고 한다. 또한 정치 평론과 논쟁 등에 참여하고 각종 주요 선거 때는 후보 단일화를 주도하는 등 정치권에도 큰 영향력을 행사하고 있다. 한편 통일문제와 관련하여 '연방제 통일론'을 적극 설파하고 2005년 〈6·15공동선언실천위원회〉 남측 위원장을 맡았다. 2010년 천암함이 폭침되었을 때는 정부발표를 엉터리라고 부정하고 음모론을 제기했다. 2020년 7월 박원순 전 서울시장이 자살하자 공동장례위원장을 맡았다.

그런데 김 시인이 쓴 기고문의 본질은 개인적으로 누가 옳고 그르냐의 문제가 아니라 대한민국의 탄생과 남북분단, 그리고 해결방안을 둘러싼 역사관과 연관된 문제이다. 따라서 어떤 이념과 정파에도 얽매이지 않고 세계적인 보편성에서 우리 문학과 역사의 진로를 모색한 김 시인으로선, 그간 시대착오적인 이념을 주도했다고 생각한 백 교수를 공개적으로 비판한 것이다.

즉, 문학자는 참된 마음으로 문예를 부흥시켜 이 나라를 '문화대국'으로 키워가야 한다는 충언이었다. 정작 당사자인 백 교수 본인은 침묵하는 가운데 진보진영에선 즉각 김 시인을 비난하고 나섰다. 그러나 그 기고문에 대한 최종 심판관은 진영 논자가 아니라 우리 국민이라고 여겨진다. 따라서 김 시인의 육성을 직접 듣기 위해 당시의 언론사 기고문을 그대로 여기 인용한다.

한류-르네상스 가로막는 '쑥부쟁이'

- 한류-르네상스 가로막는 못된 '쑥부쟁이' -

"원주의 부론·문막 옆 손곡에 있는, 고려 이전부터 유명한 법천사(法泉寺)와 새로이 등장한 거돈사(居頓寺). 두 절 사이가 매우 가까운데도 길이 없다. 시퍼런 독초와 독거미풀만 무성하다. 법천사의 섬세·심오한 유식학인 법상종과 참선으로 일관한 거돈사의 선종(禪宗) 사이에 무엇이 가로막고 있길래? 그곳은 컴컴 칠흑 속 텅 빈 지름길 위에 못난 쑥부쟁이가 한 송이 피어 있을 뿐이다.

이 부근엔 절절한 사연을 가진 장소가 많다. 견훤이 15만 정예 병력으로 문막을 노리며 기다리던 후용. 궁예와 왕건이 수십만 대군을 부딪쳐 싸운 문막 벌판. 오대산 월정사까지 이어지는 구룡사를 비롯한 화엄 사찰들. 여성적 경제 원리의 상징인 팔려사율(八呂四律)이라는 이름의 월봉. 그 봉우리 옆에 충청도의 단강, 강원도의 섬강, 경기도의 남한강이 합수(合水)하는 '흥원창'. 절절한 사연을 가진 장소가 주변에 즐비하건만 법천사·거돈사 사이에는 독초·독거미풀·쑥부쟁이가 버티고 있다. 우리 문화계도 똑같다. 곳곳에 막강한 에너지가 잠재되어 있건만 독초·독거미풀에 이어 머얼건 쑥부쟁이 같이 누군가 길목을 막고 버티고 있다.

싸이의 말춤이 그리 대단한 것은 아니다. 그럼에도 오바마가 참석하는 공연의 대미를 장식한다. 욘사마에 이어 한류의 붐이 와 있다. 한류-르네상스의 핵은 '시와 문학의 참다운 모심'이다. 그런데 이 못된 쑥부쟁이가 한류-르네상스의 분출을 가로막고 있다. 잘라 말한다. 자칭 한국 문화계의 원로라는 '백낙청'이 바로 그 쑥부쟁이다. 왜?

▶첫째, 백낙청은 한국 문학의 전통에 전혀 무식하다. 그저 그런 시기에 '창비'라는 잡지를 장악해 전통적인 민족문학 발표를 독점했을 뿐이다. ▶둘째, 백낙청은 한류-르네상스의 핵심인 '시'의 '모심'에서 가장 중요한 리듬, 즉 시 낭송의 기본조차 전혀 모른 채 북한 깡통들의 '신파조'를 제일로 떠받들고 있다. 우리 시 문학의 낭송에는 적어도 아홉 가지의 당당한 방법이 있는데도 여기에 대해선 전혀 무식하다.

▶셋째, 수십년 동안 창비출판사에서 단 한 번도 지나간 한국 시문학

사의 미학적 탐색을 시도한 적이 없다. 무식 때문이다. ▶넷째, 그는 그 긴 세월을 내내 마치 한국문화사의 심판관인 듯 행세해왔고 그 밑천을 겨우 '하버드대에서 영문학', 소설가 몇 사람 공부한 것으로 내세워 왔다. ▶다섯째, 그의 사상적 스승이라는 '리영희'는 과연 사상가인가? 깡통 저널리스트에 불과하다. 그런데도 리영희를 앞세워 좌파 신문에서 얄팍한 담론으로 사기행각을 일삼는다.

▶여섯째, 그의 평론 행위는 평론이라고 말하기 힘들다. 그것은 공연한 '시비'에 불과하다. 대표적인 것이 바로 박경리 씨의 소설 '시장과 전장'에 관한 평이다. 그것도 문학 평에 속하는가? 너절하고 더러운 방담에 지나지 않는다. 그런 것을 발표하고도 '심미 의식'인가? ▶일곱째, 그 깡통 같은 시국담이다. 무슨 까닭인지 그의 입은 계속 벌려져 있는 상태다. 그렇게 벌린 입으로 과연 지하실 고문은 견뎌냈을까? 그런데 하나 묻자. 백낙청은 지하실에 가 본 적이 한 번이라도 있었던가?

▶여덟째, 계속되는 졸작 시국담에 이어 '2013 체제'라는 설을 내놓았다. 그것도 시국 얘기인가? 아니면 막걸리에 소주를 섞어 먹은 상태인가? 그런 짓 하면 안 된다. 그러고도 '원로'라니? ▶아홉째, 백낙청은 우선 정치관부터 바로 세워라. 그런 것도 없는 자가 무슨 정치 평을 하는가? 내가 '깡통 빨갱이'라고 매도하지 않는 것만도 다행으로 알라! 마르크스는 읽었는가? '자본론'은 읽었는가? '경제학·철학본고'는? '도이치 이데올로기'는? ▶열째, 마지막으로 묻자. 문학을 해서 날조하려는 것이냐? 본디 '시 쓰기'는 고통의 산물이다. 사람은 사회에서 '원로' 대접을 받기 전에 먼저 삶의 '원로'가 되어야 하는 법이다.

이제 이 민족은 지난 시절을 훌쩍 벗어던지고 있다. 이번 선거의 개 똥구멍 같은 온갖 개수작들이 역설적으로, 과거가 끝났다는 증거이다. 문학자는 참된 마음으로 문예를 부흥시켜 이 나라를 '문화대국'으로 키워가야 한다. 이게 바로 15세기 피렌체 르네상스에서 배워야 하는 테마다. 각오가 돼 있는가? 스스로를 욕할 준비가 돼 있느냐는 것이다. 손곡 쑥부쟁이가 스스로 사라지는 날을 기다리는 사람은 뜻밖에도 많다. 알았는가?"

박근혜 후보 지지하여 국민융합을 모색하다!

다음은 김 시인이 좌파진영의 사람들로부터 비난을 받게 된 또 하나의 계기가 있었다. 바로 김 시인은 2012년 12월 19일 시행된 제18대 대통령선거에 즈음하여 새누리당의 박근혜 후보를 지지하였기 때문이다. 너무나 잘 아다시피 박근혜 후보(이하 '박근혜')는 이미 이글 앞부분에서 살핀바와 같이 민주화 투쟁과정에서 유신독재에 정면으로 맞선 김 시인에게 엄청난 박해를 가한 장본인인 박정희 대통령(이하 '박정희')의 딸이다. 그런 까닭에 그 누구도 김 시인이 박근혜를 지지했다는 것을 언뜻 납득할 수가 없었다.

왜 김 시인이 박근혜 후보를 지지하게 되었는지 그 동기와 과정을 면밀히 살펴볼 필요가 있다. 결론부터 미리 말하면 김 시인이 박근혜를 지지한 것은 그가 1980년대 이후 줄곧 추구한 〈우주생명사상〉에 따른 두 가지 요인이 결정적인 작용을 하였다. 그 하나는 박정희와의 악연을 뛰어넘어 국민융합의 길을 스스로 모색해 보자는 결심이었다. 그리고 또 하나는 앞으로 전개될 '후천개벽시대'엔 남성보다 여성이 주도적인 역할을 하게 된다는 자신의 뚜렷한 신념 때문이었다.

박근혜, 김지하

그렇다면 이제부터 김 시인이 당시 박근혜를 지지하게 된 동기와 과정을 자세하게 짚어보기로 한다. 그런데 그 씨앗은 놀랍게도 그의 옥중에서부터 뿌려졌었다. 다음은 김 시인의 견해를 그대로 전하기 위해 생전에 그가 몇몇 '언론매체와 여타 개별 대담'[2]을 통해 피력한 내용을 여기에 옮긴다. 먼저 소개할 것은 박정희 서거 소식에 김 시인이 보인 첫 반응이다.

"안녕히 가십시오! 나도 곧 뒤따라갑니다!"

"1975년 3월 다시 감옥으로 들어간 김 시인의 옥중 생활은 1979년 10월 4년 8개월째로 접어들고 있었다. 그해 여름부터 그는 미친 증세가 와서 100일 참선을 시작했다. 하루에 30분 운동하는 것 이외에는 깨어서는 물론이고 잘 때도 가부좌를 틀고 잤다. 얼굴은 거의 '해골바가지'를 연상시킬 정도로 말라갔다. 그렇게 100일이 흘렀다. 다른 것은 다 잊었어도 날짜 가는 것만은 속으로 꼬박꼬박 세고 있었다"고 허문명 기자가 '김지하와 그의 시대'라는 칼럼에서 썼다.

— (동아일보. 〈109〉 국장(國葬). 2013.9.11.)

▶또한 김지하는 이렇게 말했다.

"감옥 독방에서 100일 참선이 끝나는 바로 그날 박정희가 죽었다. 교도관이 그 소식을 전해주는 순간, 내입에서 이런 말이 튀어나왔다. 첫 번째가 '인생무상' 두 번째가 '안녕히 가십시오' 세 번째가 '나도 곧 뒤따라 갑니다'이었다. 나처럼 박정희를 미워한 사람도 별로 없을 텐데 나도 모르게 그런 순화(醇化)된 말이 나왔다. 그리고 다음날(1979.11.3.) 교도소 TV를 통해 김수환 추기경이 박정희 국장(國葬)의 미사를 집전하는 장면을 보았다. 김 추기경이 한참 침묵한 뒤 '인생무상'이라며 나와 똑 같은 말을 해서 깜짝 놀랐다."
　　　　　- [최보식이 만난 사람, 시인 김지하 단독인터뷰. 조선일보 2018.3.5.]

▶다음은 박근혜 후보 지지에 대한 김 시인의 소견이다.

"나는 우파도 좌파도 아니고 중간파도 아니며 새로운 길을 찾아가는 것을 내 사명으로 하는 사람이다. 그런데 새로운 길이라는 것을 한마디로 정의하고 얘기 한다는 것은 쉽지 않다. 하지만 우리 전통 속에서 세계적인 보편성을 찾으려고 노력하고 있다. 아울러 나는 세상을 바꾸는 주제로 여성성(女性性)에 주목하고 있다. 바로 여성 지도자가 나와야한다는 것인데 이는 우리 전통 민중사상과 전 지구적 현상 속에서 그런 방향으로 인

---

2) ▶[허문명 기자가 쓰는 '김지하'와 그의 시대<109> 동아일보. 2013.9.11.] ▶[최보식이 만난 사람-김지하 단독인터뷰. 조선일보.2018.3.5.] ▶[우주생명학 혹은 수왕사의 길. 홍용희.-시인교실방, 2022.5.19.]

류역사의 변화가 감지되고 있다."

"동학(東學)에 의하면 후천시대(後天時代)가 도래하고, 김일부(金一夫)의 정역(正易)에는 우주가 여성으로 바뀌고 그늘이 빛을 감싸게 되며, 천부경(天符經)에도 그렇게 해석할 수 있는 묘연(妙衍)이라는 구절이 나오고 있다. 그러니까 우선 전 세계적으로 여성이 중요한 시대가 되었다. 따라서 여성인 박근혜 후보에 대해서는 특별한 관심을 갖고 지켜보고 있었다. 그리고 이런 생각을 했다. 즉, 부모가 다 총을 맞아 죽은 사람의 딸인 박근혜는 그렇지 않은 사람과는 분명 다른 단단히 단련된 힘이 있을 것이다."

선행조건 실행하고 찾아온 박근혜를 만나다!

"장장 18년을 고독하게 부모의 원한을 품고 살았을 터이니 '그 고통과 고난이 어떠했을까'라는 생각을 참 많이 했었다. 그런 가운데 선거 유세 중인 박근혜 후보가 나를 찾아온다고 했다. 그래서 나한테 오기 전에 원주 부론성지에 있는 지학순(池學淳) 주교 묘지를 먼저 찾아뵙고 오라고 했다. 그리고 꼭 신부님을 동반하고 가서 거기서 유신체제 같은 길은 절대 가지 않겠다는 결의를 신부 앞에서 선언하라고 했다." (우주생명학 혹은 수왕사의 길, 홍용희 교수, 문학평론가. 김지하 단독 대담.-시인교실방, 2022.5.19.)

"또 아버지 박정희의 길이 아니라 어머니 육영수의 길을 가겠다고 다짐하라고도 했다. 그랬더니 일정이 바빠서 어렵다는 말이 들려와서 그럼 내게도 오지 말라고 했다. 그날 아침까지도 그랬다. 그런데 결국 내 요구 조건을 다 실행했기 때문에 2012년 12월 13일 원주 〈토지문화관〉에서 만났다. 그리고 앞서 말한 옥중에서 선친의 부음을 들었던 순간과 함께 21세기는 문화적 대변혁의 시대이니 그에 상응하는 문화정책이 중요하다는 것을 강조했었다. 그리고 박근혜 후보는 여성으로서는 최초로 18대 대통령으로 당선되었다."

"그 당시에도 난 동아일보 칼럼에서 여성이 집권하면 반드시 남성이 주변에서 도와주어야 한다는, 즉 정역(正易)의 십일일언(十一一言)을 위해 십오일언(十五一言)이 도와주는 것이 필요하다는 기위친정(己位親政)의 방법론을 강조했었다. 여야 협치 같은 그런 것이 아니고 일종의 책임총리제가 필요하다는 것이었다. 그러나 그게 제대로 되질 않았고 국무회의는 온통 상호소통보다는 수직적으로 받아 적기 바쁜 만기친람(萬機親覽)이었다."

"결국 박근혜는 저 놈의 '만기친람' 때문에 망한다고 생각했고 그래서 여러 차례 지적도 했었다. 거기에다가 최태민과 최순실이 저 모양으로 저렇게 붙어 있는 줄은 상상도 못했다."(우주생명학 혹은 수왕사의 길, 홍용희 교수, 문학평론가. 김지하 단독 대담.-시인교실방, 2022.5.19.)

김 시인의 결단은 폄훼될 성격의 것인가?

결국 박근혜 대통령은 2017년 3월 10일 헌법재판소가 '대통령 탄핵

심판 청구에 관한 재판'에서 재판관 8인 전원일치로 인용결정을 내림으로써 파면되었다. 그것은 전적으로 박근혜 자신의 귀책에 따른 결과이다. 그렇지만 20대에 치열한 민주화 투쟁 속에서 형성된 박정희와의 악연을 뛰어넘어 국민융합을 도모하고 '유리후천개벽' 여성주도 시대에 부응하고자 했던 김 시인의지지 결단은 빛이 바래고 말았다.

그렇다고 해서 김 시인의 담대한 결단이 폄훼되어야할 성격의 것인가? 김 시인의 18대 대선 박근혜 후보 지지는 진영논리에 발맞추어 한쪽 편을 든 것이라고 본다면 김지하를 몰라도 너무 모르는 소견이 아니겠는가? 원수의 딸을 포용하는 복승(復勝)의 마음과 여성주도 시대가 온다는 그의 믿음이 박근혜를 지지한 동기였다고 우리가 순수하게 이해할 수는 없을까? 하지만 김 시인은 다음과 같이 박근혜 지지를 후회하는 글을 남겼다. 〈바보1〉라는 시에서 이다.

-바보1-

이미 / 왔다 // '나는 바보다'라고 / 소식이 왔다 // '정치 바보!' // 박근혜를 지지하면서 / 최순실이를 몰랐고 / 그 애비 / 최태민이를 몰랐다 / 그렇다 // 바보만이 그럴 수 있다 // 나는 / 그것을 다 졸업했다 // 하하하하하 // (병신, 2016, 11월 26일)

- ['흰 그늘' 시집](128~129쪽)

위의 '바보1' 시는 헌법재판소에서 탄핵결정(2017.3.10.)을 내리기 전에 쓴 시다. 김 시인은 또한 이런 말을 했다.

"이제 나는 다시는 정치 얘기는 일체 안할 거요. 그리고 난(蘭)이나 치고 그림에만 몰두할 생각이야! 내 어릴 때부터 꿈이었던 우리 어머니가 환쟁이는 가난하다고 모질게도 말려서 못했거든! 이제 내 맘껏 그렇게 할 것이요!" (우주생명학 혹은 수왕사의 길, 홍용희 교수, 문학평론가. 김지하 단독 대담.-시인교실방, 2022.5.19.)

그러나 김 시인은 박근혜의 퇴출을 보고 그의 '우주생명사상'에서 여성이 지도자가 되는 유리세상의 도래를 결코 부인하지는 않았다. 오히려 박근혜의 실패를 '유리세상'이 실현되는 과정에서 생긴 어두움(冥)의 현상으로 보았다. 즉 과도적 사고로 여겼다. 하지만 김 시인은 박근혜를 지지한 자신의 착각에 대해 자책이 컸었음을 알 수 있다.

제2장.

이 세상에
'흰 그늘의 미학'을 남기다!

　시인 김지하는 스스로 '흰 그늘'은 우리 민족의 전통 민예미학의 핵심인 '시김새(발효/醱酵)'의 예술적 표현이라고 풀이 했다. 아마도 '흰 그늘'과 '미학'이라는 두 낱말은 그가 이 세상에서 뜻깊게 자주 사용한 낱말이었다. 두 낱말을 연결하면 '흰 그늘의 미학'이 되지 않겠는가? 따라서 바로 '흰 그늘의 미학'이라는 여섯 글자 속엔 김 시인의 삶이 응축되어 있다고 여겨진다. 어쩌면 그는 '흰 그늘의 미학'을 이 세상에 남기고, 또 다른 '흰 그늘의 미학'을 찾아서 저 세상으로 떠난 것은 아닐까라는 생각도 든다.

　그렇다! 김 시인은 분명 이 세상에 '흰 그늘의 미학'이라는 자신만의 독특한 성과를 남겼다. 그래서 난 지금껏 이 책의 앞부분에서 그런 갖가지 스토리를 쭉 써 보았다. 결국 그는 '흰 그늘'의 미학을 남기고 떠났다. 그러고 보니 이 책을 쓰는 동안에 어느 듯 김 시인이 저 세상으로 떠난 지도 벌써 일 년이 훌쩍 지나 갔나보다. 참으로 세월의 무상함을 절절히 느낀다. 그래서 김 시인이 마지막으로 나에게 보내준 [흰 그늘]이라는 시집을 열고 103쪽의 '박달재에서'를 읊조린다.

박달재에서 / 내가 / 나더러 말한다 / '잘 왔다!' // 두 번 세 번 네 번씩 / 똑같은 말을 한다 // 황혼에 / 단풍 산숲을 쳐다보며 / 또 말한다. // '아! 아름답다!' // 이것이 / 나의 새 고향 인근 마을이다. // 이젠 / 죽어도 좋다 / 참으로 잘 왔다. // (丙申, 2016년, 11월 7일)

- ['흰 그늘' 시집](103쪽)

'박달재' 시의 끝 소절인 "이젠 죽어도 좋다 참으로 잘 왔다"가 유독 내 가슴에 와 닿는다. 낮은 음성으로 조용히 다 읊조리고 나서 2011년 7월 24일 박달재 옛 신시 터에서 김 시인이 제안하고 또 지켜보는 가운데 〈한국자전거문화포럼〉 발전 고천제(告天祭)를 올렸던 추억을 더듬는다. 그리고 김 시인이 자신의 마지막 시집 명칭을 [흰 그늘]로 붙인 것은 자못 의미가 깊다고 아로새긴다. 이제 김 시인의 그 '흰 그늘'이라는 낱말을 쫓아 가보기로 한다.

'흰 그늘' 개념은 하늘의 묵시(黙示)였다!

김 시인은 자신의 회고록 [흰 그늘의 길3, 학고재, 2003] 가운데 '흰 그늘' 제하(題下)의 글에서 "흰 그늘은 생명문화운동의 새 구호다. 그리고 내 삶이요 죽음, 즉 나의 시다"라고 술회하고 있다. 이렇듯 '흰 그늘'은 그의 미학과 시학 등의 총괄 테마가 되었다. 그렇다면 그는 '흰 그늘'이라는 낱말을 언제 어떻게 처음 접하게 되었을까. 이에 관해 다음과 같이 두 번에 걸쳐 고백하고 있다. 그 하나는 2003년 바로 자신의 회고록 저서를 통해서, 그리고 또 하나는 2005년 한 언론사와 인터뷰를 통해서이다.

▶먼저 하나다.

"단기 4332년, 서기 1999년 가을의 한창 율려(律呂) 운동을 제창하던 무렵 어느 날, 낮잠에서 막 깨어날 때 눈앞에 문자계시와 형상계시가 나타났다. 한글로 '흰 그늘', 한자로 '백암(白闇)', 영어로는 'White shadow'였다. '형상'은 거뭇거뭇한 한 돌문 안에서 흰빛이 처음으로 배어나오는, 마치 '쉬르' 계열의 그림 같았다. 이것이 이른바 '여율적 율려'라는 것이다. 나의 책 [율려란 무엇인가]와 [예감에 가득찬 숲 그늘]은 모두가 '흰 그늘'을 테마로 한 것이다."

— [흰 그늘의 길3](271쪽)

▶다음 또 하나다.

"'흰 그늘'이란 내 자신이 겪은 몇 번의 정신신경계통 경험에서 우러난 일종의 묵시라 할 수 있다. 처음에는 눈부신 흰색 빛의 체험과 시커먼 그림자의 체험이 서로 별개였고 그 한 결과가 전남 해남에서 살 때 쓴 연작 구술 시(詩)인 〈검은산 하얀방〉이었다. 그런데 어느 날 문득 '흰 그늘'이라는 묵시가 왔다. 개인적으로는 이것을 통해 분열되어 있던 것이 정신적으로 통합된다는 느낌이 들었고, 더 나아가 모종의 미학적 개념의 출발이 될 수 있겠다 싶었다."

— [흰 그늘의 미학을 찾아서] 펴낸 김지하 시인(한겨례, 2005.11.2.)

이와 같이 김 시인 자신이 스스로 밝힌 두 가지 고백을 통해 우리는 다음과 같이 매우 중요한 세 가지를 유추하여 확인할 수 있다.

첫째, '흰 그늘'이라는 낱말은 김 시인이 스스로 창안한 것이 아니라, 사람의 지혜로는 알 수 없는 계시(啓示) 또는 묵시(黙示), 그러니까 일종의 '깨침'을 통해서였고 그것을 처음 접한 시기는 1999년 가을이었다. 그리고 총 3권으로 간행한 자신의 삶에 대한 회고록의 제목을 ['흰 그늘'의 길]로 정하여 2003년 처음 공개적으로 사용하였다.

둘째, '흰 그늘'은 겉으로 드러난 '흰'과 '그늘'은 서로 모순과 대립이지만, 속으로 드러나지 않는 '흰'과 '그늘'은 서로 융합과 의존 관계이다. 이렇듯 '흰'과 '그늘'이 한 몸인 것은 '흰'이 '그늘' 속에서 생성되기 때문이다. 그래서 '흰 그늘'이란 검은 '어둠'으로 부터 희망의 '흰빛'이 솟아오름이며, 울울한 시커먼 한(恨)의 '그늘'로 부터 차차차 솟아오르기 시작하는 새롭고 힘찬 '하얀' 신명의 '빛'이라는 개념으로 정리하였다.

셋째, '흰 그늘'이란 낱말을 자신이 대학시절부터 줄곧 깊이 살펴 연구해온 미학[3]과 접목시켜 ['흰 그늘'의 '미학']으로 발전시켰다. 그런데 그 미학은 전통적 의미의 미학이 아니라 정치·경제·과학·종교

---

[3] "미학은 어쩌면 나의 운명인지도 모르겠다. 지금은 거의 포기하고 있지만, 나의 나머지 생애가 아마도 미학과 결합되리라는 예감은 강하게 있다."(흰 그늘의 길1, 미학. 285쪽).

를 아우르는 문화의 총괄적 지침으로서의 미학이다. 그리고 우리 전통 민족민중 사상과 창조적으로 결합한 내용을 2005년 ['흰 그늘의 미학'을 찾아서, 실천문학사]라는 저술로 펴냈다. 이로서 '흰 그늘'이라는 낱말은 그의 삶과 문학과 생명론의 중심 개념으로 점차 자리 잡아가게 되었다.

흰 그늘의 미학을 찾아서

'흰 그늘의 미학'에 관한 연구서가 나오다!

이런 상황에서 2011년 6월 30일, 문학평론가인 홍용희 경희사이버대 교수(이하 '홍 교수')가 [김지하의 '흰 그늘의 미학'에 관한 고찰, 어문연구학회]라는 논문(이하 '논문')을 발표했다. 김 시인은 1999년 이후부터 2010년까지 각종 저술[4]과 대담과 강의 등을 통해서 '흰 그늘'을 담론으로 거론하고 있지만, 그 의미와 내용을 명확하게 규명하여 그 개념을 정립하는 데는 시간의 경과가 필요하였다.

홍 교수가 논문을 발표한 2011년에 와서야 김 시인의 '흰 그늘의 미학'에 관한 개념이 확실하게 정립된 것으로 보인다. 그해 11월 초 어느 날로 추측한다. 내가 원주 〈토지문화관〉을 방문했을 때 김 시인은 홍 교수의 논문에 자필로 서명을 한 후에 내게 건네주면서 꼭 읽어보

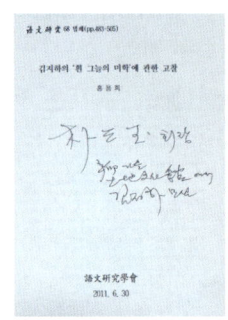

흰 그늘의 미학에 관한 고찰

라고 권유했다. 이후 나는 몇 차례 이를 정독하였다. 그리고 김 시인의 문학과 그의 사상을 총괄적으로 이해하는데 요긴한 도움이 되었다.

'흰 그늘의 미학'은 네오르네상스의 원형이다!

홍 교수는 논문의 서론에서 '흰 그늘'은 김 시인 스스로의 자전적 인생론과 문예미학론 및 사상론에 대한 귀납적인 의미의 규정이면서, 동시에 인생론과 문예미학론 및 사상론의 방향을 결정하는 연역적인 명제로서 생명의 생성 및 진화론의 원리에 상응한다고 강조하고 있다.

그리고 본론에서 '흰 그늘'이라는 낱말이 갖는 모순통합의 함의(含意), 즉 '흰 그늘'의 개념[5]을 갖가지 논거를 들어 자세하게 설명하였다. 또한 홍 교수는 '흰 그늘의 미학'이 구체적으로 어떤 내용과 성격과 원리로 김 시인의 문예미학은 물론 인생론과 사상론의 요체가 되고, 나아가 우주생명 논리와 한민족 생명문화의 원천으로까지 연결되는지 면밀하게 고찰하고 다음과 같이 결론짓고 있다.

---

4) 2010년까지 '흰 그늘'이라는 명칭이 책명으로 들어간 저서는 ▶흰 그늘의 길 1. 2. 3(2003), ▶흰 그늘의 미학을 찾아서(2005), ▶흰그늘의 산알 소식과 산알의 흰그늘 노래(2010) 등이다.
5) 1990년 중반부터 김지하가 언급해온 '그늘'의 미의식이 표상화 된 것이 '흰 그늘'로 파악된다. 따라서 '흰 그늘의 미학'을 이해하려면 먼저 '그늘'의 미의식에 대한 이해가 필요하다. '그늘'이란 판소리의 시김새는 물론 사람의 내면에서 배어나오는 유현하고 그윽한 미감을 가리키는 보편적 용어이다. 한편 '흰 그늘'의 '흰'은 초월적 아우라로서 그 출처는 '그늘'이다. 그늘 속에 숨어 있는 성스럽고 거룩한 것의 승화가 '흰 그늘'이다.-'흰 그늘의 미학에 관한 고찰'에서 발췌.

"김지하는 우리 시사에서 보기 드물게 시인이면서 동시에 문예이론가와 생명사상가로서 활발한 활동을 지속해왔다. 그의 초기 문예미학은 주로 문예창작의 보고(寶庫)로서의 민중민예의 잠재적 가능성과 민중문학의 형식론에 집중되었다면, 1980년대 중반 이후부터는 민족민중문화의 전통 속에서 살림의 세계관을 적극적으로 들어 올리고 논리화하는 데 집중한다. '흰 그늘의 미학'은 이러한 그의 사상과 미학적 도정의 표상이면서 동시에 그가 추구하는 우주생명학의 인식론이며 실천론이도 하다." 〈中略〉

이와 같이 '흰 그늘의 미학'은 주로 민족문화의 전통 속에서 규명되고 검증되며 동시에 세계적 보편성과 미래문화의 가치를 지닌다. 그래서 '흰 그늘의 미학'은 '생명과 평화의 길'이며 목적의식이 된다. '흰 그늘'로 표상되는 이중적인 교호작용과 반대일치의 역설이 궁극적으로는 지속가능한 생명의 발전이 절실하게 요구되는 21세기 문명적 가치의 원형으로서 의미를 지니기 때문이다. 〈中略〉 따라서 그의 '흰 그늘의 미학'은 민족미학의 범주를 뛰어넘어 전 지구적 차원의 21세기형 네오르네상스의 원형으로서 보편적인 의미를 지니게 된다.

"김지하는 우리 역사에 틀림없이 남을 겁니다"

김지하는 이 세상에서 문학가와 사상가로 활동하면서 아시아, 아프리카 작가회의 로터스 특별상(1975) 등 뜻 깊은 각종 상[6]을 수상하였다. 그리고 이제는 저 세상으로 떠나갔다. 그렇다면 우주생명학적 새 길을 향한 우리 민족의 사명은 무엇일까? 김 시인은 그의 저서인 [초미(初眉)·첫 이마](238~239쪽)에서 다가올 새 문명시대에 우리나라와 우리 한민족의 역할에 대해 이렇게 피력하고 있다.

"대한민국은 애당초부터 인구나 국토 면적이나 국력이 강대국이 될 나라가 아니다. 그렇지만 대박통일이 되고 문예부흥만 된다면, 세계 10위에서 5위 정도의 경제와 그리고 문화를 통해서 온 인류에게, 또 중생에게까지 참 '우주생명학'을 스스로 보여 가르쳐 주는 '메시지민족'이 될 나라다. 몇십 년 전 죽은 독일의 인지학자(人智學者)인 루돌프 슈타이너(Rudolf Steiner, 1861~1925)와 그의 일본인 제자인 다까하시 이와오(高橋巖)가 강조한 '성배(聖杯)의 민족'이다. 마치 옛 로마 후기의 이스라엘처럼"…

"김지하와 함께 존재한 사실에 보람과 긍지를 느낀다"

그리고 여기에 꼭 덧붙일 내용이 하나 있다. 바로 2022년 10월 4일 향년 94세로 작고한 김동길(金東吉, 1928~2022) 연세대 명예교수는

---

[6] 김 시인은 아시아, 아프리카 작가회의 로터스 특별상(1975), 국제시인회의 위대한 시인상(1981), 크라이스키 인권상(1981), 이산 문학상(1993), 정지용문학상(2002), 만해문학상(2002), 대산문학상(2002), 공초문학상(2003), 만해대상(2006), 영랑시문학상(2010), 민세상(2011) 등을 받았다.

조선일보에 연재한 〈김동길 인물 에세이 100년의 사람들〉[7] 가운데 '김지하' 편-"진보가 뭔지도 모르고 친북이니 종북이니… 투사는 용납할 수 없었다"-에서 이렇게 쓰고 있다."-(조선일보, 2018. 2. 24-25, 土日 섹션 Why. B1)

김동길-백년의 사람들(김지하 편)

"동아일보사에서 주필을 지냈고 국사학에 일가견을 가졌던 천관우(千寬宇, 1925-1991)가 어느 날 나에게 이런 말을 한 적이 있다. 우리가 하는 일은 역사에 남을 만한 것이 없지만 김지하의 일은 역사에 남을 겁니다. 국사학계에 참신한 바람을 일으키기도 하던 천관우의 한마디였기 때문에 나는 지금도 그 말을 잊지 않고 기억하고 있다. 김지하가 한 일은 우리 역사에 남을 것이라고 나도 믿고 있다." 〈中略〉

"그는 진보라는 개념이 무엇인지도 모르면서 진보라는 깃발을 들고 나와, 친북이니 종북이니 하는 어쭙잖은 가치를 내세우는 작자들을 단연 멀리했다. 대한민국을 어지럽히는 인간들을 향한 그의 확고한 부동자세는, 강남 일대에서 샴페인을 마시면서 무산자 혁명을 꿈꾸는 한심한 인간들과 달랐다. 나는 김지하와 내가 같은 시대를 살아오며 같은 생각을 하고 같은 고민을 하며 함께 존재해온 사실에 보람과 긍지를 느낀다. 천관우가 남긴 말을 되새겨본다. 김지하는 우리 역사에 틀림없이 남을 것이라는 그의 한마디를."

"민주통일·경제번영·문화창달 위해 GO! GO! GO!"

내가 2015년 광복70주년 8·15를 맞아 7일 동안 발달장애인 세 명과 고등학생 세 명이 포함된 남녀노소 서른 명과 함께, 맑고 깨끗한 '쪽빛 자전거'를 타고 오늘의 대한민국을 이룩한 피와 땀이 서린 역사의 여러 현장들을 찾아 가서, '민주통일'과 '경제번영'과 '문화창달'을 위해 GO! GO! GO!를 세 번 크게 외쳤던 추억이 이 순간 새삼 스침은 어인 까닭인가. 그것은 생전의 김 시인과 내가 대학 시절의 인연과 그 뒤 서로 바라는 뜻이 맞닿았던 '자전거포럼'을 통해 우리 역사의 온갖 현장에서 느꼈던 감격 때문이리라. 나는 그 GO! GO! GO! 세 가지 의미는 나의 신념이자 바로 김 시인의 염원이었다고 생각한다.

대한민국 정부, 금관문화훈장을 추서하다!

김 시인이 이 세상에 있을 때 변절 또는 배신했다며 매몰차게 비난하고 등을 돌렸던 그 일련의 사람들이, 그가 이 세상을 떠나자 정작 어떤 뉘우침이나 사과도 하지 않은 채 오히려 주최가 되어, '49재'라는 추모행사를 마련하고 그럴싸한 좋은 발언들을 쏟아내는 아이러니가 있었다. 왜일까? 이는 분명 '김지하'라는 이름을 자기진영으로 편

---

7) '김동길 인물 에세이 100년의 사람들'의 조선일보 연재는 54회(2018.12.22.)로 끝나고, 김동길 교수의 개인 블로그에서 계속 이어져 100명(2019.11.26.)을 채웠다. 그리고 [김동길 인물한국사-백년의 사람들, 2020.2.12. 나남]으로 출간되었다.

입시켜 계속 이용하려는 기만적인 저의에서 나온 정략적(政略的) 행동이 아닐까? 바로 김지하가 남긴 유산을 자기네가 취득하려는 '속임수가 아닌가?'라는 의심을 떨칠 수가 없다.

이런 의심스러운 일이 자행되고 있는 가운데 2022년 10월 21일 정부(문화체육관광부)는, 김 시인에게 민주화운동에 참여한 저항시인으로서, 아울러 생명사상을 정립하고 전통문화를 계승시킨 현저한 공로를 인정하여 금관문화훈장을 추서한다고 발표하였다. 정녕 김 시인이 대한민국에 해를 끼친 반역자였다면 과연 정부가 금관문화훈장을 추서하는 결정을 내렸겠는가?

그를 오랫동안 지켜 본 나의 견해로는 김지하는 반역자도 변절자도 배신자도 아니었다. 그는 자유와 민주와 생명이 존중받는 세상을 향한 비원과 더불어 대한민국을 사랑한 보기 드문 애국자였다고 생각한다. 거듭 말하지만 이것도 어디까지나 나의 생각일 뿐이다. 그래서 말인데 생전의 김 시인과 선연(善緣)으로나 악연(惡緣)으로나 관심을 가졌던 분들께 감히 간곡히 부탁드린다.

앞으로는 김 시인을 어느 진영이든 진영에 끌어 들이지 말고 진영논리로 평가하지도 말며 김지하를 그냥 김지하인 채로 내버려 두시라! 훗날 혼탁한 세태가 정돈되고 나면 우리의 후손들이 김지하의 문학과 그의 사상과 그의 천재성과 그의 인생을 정당하게 평가할 것이다.

제3장.

시인 김지하, 그의 아내 김영주를 모시다!

고뇌의 주름살이 깃든 모습이었다!

　나는 김지하 시인에게 금관문화훈장이 추서되었다는 소식을 듣는 순간, 곧바로 그의 아내인 김영주 〈토지문화관〉 관장의 모습이 떠올랐다. 이젠 두 분 다 저세상으로 떠났지만 만약 김 시인이 이 세상에 살아있었다면 자신의 서훈에 대해 뭐라고 말하였을까? 의문이 떠올랐다. 내 상상으론 "나는 그런 훈장 따위 전혀 필요 없소! 당신들이 정 나에게 훈장을 주고 싶으면 나 대신 내 아내 '김영주'에게 주시오!"라고 했을 것 같다.

　내가 왜 그런 생각을 하게 되었을까? 이제 그 까닭을 써야할 것 같다. 한때 내가 〈자전거포럼〉을 만들어서 김 시인의 도움을 받고자 〈토지문화관〉을 찾을 때면, 김영주 관장께서는 거동은 좀 불편했지만 늘 미소로서 반갑게 맞아주었

김지하 결혼사진
(김지하, 김영주, 김수환 추기경)

다. 하지만 김수환 추기경의 주례로 김지하와 결혼식을 올리던 그 날 (1973.4.7.) 내가 명동성당 '반지하 묘역'에서 보았던 그 젊은 시절의 미모는 여전히 남아 있긴 하였으나 고뇌의 주름살이 늘어난 모습이었다.

김영주 관장(이하 '김영주')은 한국의 대문호인 박경리 선생의 따님으로 태어나 천재 시인 김지하의 부인이 된 여성이다. 바로 어머님도 유명하고 남편도 유명한 명망가의 여인이었으나 기구한 삶을 살았다. 김영주는 어릴 때는 남편 없이 딸 하나 데리고 살기위해 모진 시련을 겪어야 했던 어머니의 고통과 고뇌를 함께 나누며 자랐고, 김지하와 결혼해서는 곧바로 감옥에 들어간 남편의 옥바라지를 하면서 갓 태어난 아들을 홀로 키워야만 했다.

나날이 불효를 통회(痛悔)하며 살았다!

막상 생활을 꾸려갈 변변한 수입이 없었다. 물론 어머니 박경리 작가가 도와주었을 것이지만 작가의 글 수입이 그리 넉넉하였겠는가? 박경리 선생에겐 "끝나지 않는 백팔번뇌"였고 김영주에겐 어머니에게 폐를 끼치는 불효를 통회(痛悔)하는 나날이었다. 그러나 단지 '통회'로서 끝날 일이 아니었다. 우선 어린 아들을 제대로 먹이고 입힐 일이 큰 걱정이었고 여기에 감옥에서 병든 남편을 뒷바라지해야할 여유도 없었으며 아들이 아파도 병원에 곧바로 데려갈 수가 없었다고 한다.

가난! 옛말에 "가난 이길 장사 없다"고 하였다. 김영주가 어떻게 버텼을까? 어머니가 유명하면 뭘 하며 남편이 유명하면 뭘 할 것인가? 김영주는 남편의 출옥만을 기다렸다. 출옥만 하면 해결이 될 것으로 믿었다. 아니 믿고 싶었다. 그러나 현실은 그렇게 풀리지가 않았다. 남편은 병자가 되어 출옥하였다. 갑자기 울음을 터뜨리며 고함을 치는 발작증세를 보였다고 한다. 이 때문에 김 시인은 12번이나 정신병원에 입원을 해야만 했다.

이미 모두(冒頭)에서 밝힌 것처럼 지하 형은 저 세상으로 떠나기 전 자신의 마지막 저서인 [우주생명학]과 [흰 그늘]이라는 두 권의 책을 내게 보내주었다. 나는 지하 형이 당부한 것처럼 생전의 그를 생각하며 이 두 가지 책을 읽고 또 읽었다. 그래서 [우주생명학]의 내용을 읽고 김 시인이 '궁예(弓裔, 857?~918)'를 동정하게 된 까닭을 알게 되었으며, [흰 그늘]에 실린 시들을 읽고서는 김 시인과 그의 아내 김영주와의 '갈등과 절망과 모심'을 살펴볼 수 있게 되었다.

'궁예'를 동정한 것은 '동병상련'이었다!

[우주생명학]에서는 태봉국(泰封國)을 세웠던 '궁예(弓裔)'가 언급되고 있다(179쪽). '궁예'는 궁(宮) 내외 호족들의 이간계(離間計)에 속아 자신의 아내와 두 아들을 죽였다. '궁예'는 뒤늦게 모략에 속은 것을 깨닫고는 밤마다 소리쳐 우는 '울음병(하노바-후회증)'을 앓았다. 참으로 묘하게도 김 시인도 감옥에서 '울음병'에 걸렸고 감옥 밖에 여린 아내와 어린 아들을 내팽겨 친 것은 '궁예'가 모략에 속아 처자식을 죽인

것과 다름없다고 의식한 것 같다.

그런 연유로 나는 김 시인이 동병상련(同病相憐)의 심정에서 '궁예'를 특별히 동정하게 된 것으로 유추하게 되었다. 이와 관련하여 내가 2011년 7월 〈자전거포럼〉회원들과 중원지역 역사·문화탐방을 갔을 때, 평소에도 궁예를 언급하던 김 시인이 일부러 우리들을 원주의 신림(神林)지역으로 안내하고 치악산(雉岳山)에 자리했던 '양길(梁吉)'의 옛 진영 터를 가리키며 '궁예'가 처음 그곳을 찾아간 내력을 설명한 뜻도 새삼 일깨워졌다.

아내에 대한 감정을 詩로서 읊고 있다!

김 시인은 자신이 옥중에 있을 때 방치하였다고 생각하는 불쌍한 아내와 아들이 살아있는 것만으로도 감사하고 그래서 더욱 소중하게 여겼다. 김 시인을 두고 '애처가'나 '공처가'였다고 하는 말만으로는 그의 아내에 대한 사랑과 존중을 절대로 다 표현할 수가 없다. 2018년 7월에 발간된 [흰 그늘]이라는 시집에 실린 시(詩)들은 모두 김 시인이 병신(丙申)년인 2016년에 쓴 것으로 아내에 대한 절절한 심정을 토로하고 있다. 이제부터 그런 사연이 담긴 시들을 여기에 소개한다. 시를 쓴 날짜에 따라 순서를 배열하였고 제목은 맨 뒤쪽에 붙였다.

김영주 이사장

왜냐하면 시를 쓴 시기에 따라 부부관계의 긴장 추이와 변화하는 김 시인의 심정을 유추해 볼 수 있기 때문이다. 또한 시 내용의 시기적 특징에 따라 3개의 단원(單元)으로 묶어서 나누었고 인용하면서 분량관계로 싯귀(詩句)들을 일부 생략한 것도 있다. 각 단원이 끝날 때마다 내 나름의 해설을 붙였다. 이 일련의 시들을 통해 김 시인과 그의 아내 김영주 간의 긴장과 화해의 모습을 짐작할 수 있고, 아울러 인간 김지하의 변화하는 심리 상태와 변함없는 그의 마음(恒心)도 헤아려볼 수 있을 것이다.

단원1, "김 시인은 일하고 싶다고 울부짖었다!"

① 2016년 4월 9일

아주 / 먼 / 옛날 // 목포 변두리 내가 좋아하던 / 작은 함석집 // 거기 // 나 // 그림 못 그리게 어머니 매를 맞아 / 손을 못 쓰고 / 입으로만 빗속의 / 맹꽁이 소리 흉내 내던 그 집 // 아아 / 지금 / 칠십 년이 지난 이 늙은 몸 / 아내가 사들인 / 작은 / 다물집 // 아아아아아 // 강원도 원주 변두리 / 대안리 / 흥업 // 자그마한 산 아래 집 / 닭 울음소리만 들리는 // 아아 / 내 집 // 내 고향집 // 눈물이 난다 / 일흔여섯 살 나이 // 아 / 한 장 /그림을 그려볼까나 / 땡.

- (28~29쪽)〈**내 마음**〉

② 2016년 4월 13일

느을 / 아내의 / 짜증 섞인 푸념 // 아이구 / 힘들어! // 밥 얻어 먹는 나는 도통 / 노동이란 걸 / 못해 // 공부밖엔 / 글쓰기 그림그리기밖엔 // 하하 // 어쩔 수 없지 // 그래도 / 이런 내가 과거엔 / 몇 달을 / 스태바에서 // 또 / 몇 달을 // 탄광 시커먼 막장에서 // 내 나이 / 일흔여섯 // 늙는 게 내겐 구원이다 // 하하하.
― (31~32쪽)〈**노동**〉

③ 2016년 9월 18일

잠들기 전에 잠깐 / 아내에게 / 사과하고 나서 / 잠 // 아내가 마고(麻姑)가 되어서 / 단군(檀君)이 되어서 / 지배자가 되어서 // 새벽에 / 문득 / 아내가 밖에서 소리친다 // 흥업(興業)은 울금 / 울금은 강황 / 강황은 복승 / 복승은 개벽 // 깨어보니 / 없다 // 아내는 목욕탕에 / 길고 긴 / 씻음을 위해 가고 없다 // 백운산(白雲山) 너머 / 추석 / 해가… // 하하하하하.
― (58~59쪽)〈**나의 마고(麻姑)**〉

④ 2016년 10월 16일

나는 / 이곳에 홀로 / 성(城)을 쌓고 있는 거구려 // 매일 / 아파서 피를 쏟는 당신 // 곧 / 가시렵니까 // 아니라오 / 죽다니 / 천만의 말씀이라오 // 하느님 / 왈이요 // 지금 처음 들었소 // 그래 / 성을 쌓으리다 / 당신의 / 성(城) // 생명과 원만의 성(城).

- (85~86쪽) 〈**나는 이곳에 홀로**〉

⑤ 2016년 10월 24일

내가 / 누구냐 / 애당초부터 / 너를 / 네 목숨을 먹여살린 / 한 / 일꾼 // 너는 날더러 / 일할 줄 모른다고 친다만 / 친다만 / 나는 / 일했다 / 그래서 이렇게 쓴다 // 쓰기가 / 그리 쉬우냐? / 일이 아니냐? / 그보다 더 어려운 일이 어디 또 있느냐? // 나는 어젯밤 / 캄캄한 잠자리에서 // 속으로 울며 / 울고 울고 또 울며 / 곁방의 아내가 못 듣도록 // 숨죽여 울며 // 일하고 싶다고 울부짖었다 // 어떻게? / 짐승처럼 으흐응! / 깜짝 놀란 아내가 소리를 친다 // 뭐라는지 / 나는 모른다 // 아하하 / 웃음이 아니다 // 이것은 한편의 詩다 // 이 집은 다물(多勿) 집이고 / 이 방은 / 불함(不咸) 방이다 / 아하 // 나 / 이제/ 한마디로 / 늙은 등걸 하이얀 꽃 / 그야말로 // 시김새다 // 어허허 // 시김새다 / 김치다.

- (80~84쪽) 〈**나는 너에게**〉

〖단원1 해설〗

내면의 슬픔을 은밀히 내비치고 있다!

▶①번 詩, [내 마음]에서는 아내가 어렵게 번 돈으로 작은 내 집을 마

련함[8]에 따른 감회와 아내에 대한 미안함과 고마움을 토로하고 있다. 그리고 불과 4일 후에 쓴 ▶②번 詩, [노동]에서는 늘 아내의 '짜증'으로 힘들어하고 자신은 공부, 글쓰기, 그림그리기 밖에 못하지만 투옥 전엔 곧잘 노동도 했다고 푸념하고 있다. 그래서 '김영주의 짜증'은 분명 경제적 문제와 관련하여 늘상 김지하를 핍박하는 '아킬레스의 건'이었다.

▶③번 詩, [나의 마고(麻姑)]는 돈 못 버는 김 시인 자신은 주눅이 들어 아내 앞에 쩔쩔매는 모습이, 마치 마고(麻姑) 즉, 전설에 나오는 새의 발톱처럼 긴 손톱을 가진 '신령한 할미'의 하수인이 되어버린 격이라고 자신을 비하한다. ▶④번 詩, [나는 이곳에 홀로]는 아내가 집을 마련한지 반년 정도 경과한 시점에서 쓴 시이다. 아마도 김 시인의 아내가 몹시 편찮아서 입원을 한 것 같다. 홀로 집에서 하느님께 아내의 안녕을 빌며 '생명과 원만'의 성(城), 즉 '선후천융합개벽'을 완성하리라고 다짐한다.

▶⑤번 詩, [나는 너에게]는 김 시인 자신에게 일할 줄 모른다고 하지만 자신은 세상에서 가장 어려운 일인 '저술활동'에 매진하고 있다고 변명한다, 하지만 그래도 아내가 인정하는 그런 돈 버는 일을 하고 싶다고, 곁방의 아내가 못 듣도록 숨죽여 울며 꿈결에서도 일하고 싶다고 짐승처럼 '으흐응' 울부짖는다.『단원1』의 시 5편을 종합하면 경제적으로 무력한 현실이 빚어내는 비참한 환경 속에서, 자존심 강한 김 시인이 내면의 고통스런 슬픔을 은밀하게 내비치고 있다.

단원2, "말 걸지 말라고? 그럼 난 어떻게 살라고?"

⑥ 2016년 11월 3일

너 // 나 혼자 이 세상을 / 어떻게 살라고 / 그래 // 말 걸지 말라고 그러는가 // 나 혼자 / 이 세상을 / 어떻게 // 일그러진 이 세상을 어떻게 고쳐 세우며 / 밥을 먹고 살라고 // 그리 / 냉정한가 // 왜?

- (95쪽)〈**나 혼자 이 세상을**〉

⑦ 2016년 11월 6일

내가 나에게 / '똥개야! 이리와!' // 자주 / 내 방에서 낮은 소리로 나를 부른다 // 옛날 / 네 살 때 // 산정리 검은 함석집에서 / 내가 얻은 / 별명.

- (102쪽)〈**내가 나에게**〉

⑧ 2016년 11월 14일

나 // 오직 // 하나만 말하마 // '죽고 싶다' // 왜 / ? // 저 세상은 유리와

---

8) 2016년 4월 9일에 쓴 시 〈내 마음〉에서는 '아내가 사들인 작은 다물집'이라고만 표현하고 있어 구체적인 내용은 알 길이 없다. 아내가 번 돈이라면 〈토지문화관〉에서 펼치는 문학 강좌 등 사업에 따른 수입과 박경리 선생의 유족이 승계하는 저작권 수입 등을 생각해 볼 수 있다.-저자

같은 // 그리고 / 맑은 / 물 같은.

- (117쪽)〈나 오직 하나〉

⑨ 2016년 11월 22일

나 // 이미 / 병신이다 / 다리병신, 심장병신 / 눈병신, 이빨병신, 또 / 오줌병신 // 中略. 강가에 나가 / 물이 / 어떻게 여자처럼 흐르는가만 / 보다가 보다가 / 집에 와 // 허허허 벼엉신!

- (126~127쪽)〈병신〉

⑩ 2016년 11월 29일

지금 / 누나는 어디 가 있나 // 찾을 수도 없고 / 찾지도 않았고 // 찾아오지도 소식을 전하지 않는다 // 누나 / 누나가 무엇인가? / 이래도 되는가? // 이렇게 / 나 / 외로운데 / 이렇게 / 나 / 늙어 가는데 / 병들어 차차 죽어 가는데.

- (136쪽)〈누나〉

⑪ 2016년 12월 2일

한 겨울 / 오늘 아침 햇살 / 너무 / 아름답다 / 저 귀퉁이 가득찬 / 나의 / 옛 책들 / 가득/ 가득/ 화안히 / 비친다 / 아하 // 웬일인가? / 목포와 원주 / 해남까지도 // 나의 모든 세월 / 비친다 / 아하 // 나 / 이제 죽어도 좋다 / 아무 / 한(恨) 없다 / 다만 // 아내만 / 건강하게 오래살고 다만 / 그야말로 / 원만 속에 크게 크게 / 흥업(興業)한다면 / … // 햇빛 / 겨울 아침 햇빛 // 이제 / 나의 / 선(禪).

- (138~139쪽)〈**겨울 햇빛**〉

〚**단원2 해설**〛

나 이제 죽어도 좋으나 다만 아내가 오래 살고……

▶⑥번 詩, [나 혼자 이 세상을]은 어느 날 김영주가 말다툼 끝에 앞으로 내게 "말 걸지마!"라고 김 시인께 내뱉은 모양이다. 그래서 김 시인은 혼자 어떻게 살라고 "나에게 말 걸지 말라"고 하는지 또 "어떻게 밥을 먹고 살라고 그리 냉정한가?"라고 절규하고 있다. 아마도 이 시를 쓰기 바로 직전인 2016년 10월 24일 최순실 국정농단이 처음 보도되고, 이틀 후부터 박근혜 대통령 하야 촉구 촛불시위가 본격화 된 것을 두고 두 분 사이에 이견이 있었던 것 같다.

▶⑦번 詩, [내가 나에게]는 김 시인 자신을 네 살 때의 별명인 '똥개'라고 새삼스레 자조적으로 뇌까리고 있다. ▶⑧번 詩, [나 오직 하나]는 김 시인이 극단적으로 "죽고 싶다"는 표현을 쓰고 있다. 아내와의 불화에 극도로 절망한 김 시인은 죽고 싶은 심정이 된다. ▶⑨번 詩, [병신]은 김 시인은 자신을 다리병신 심장병신, 눈병신, 이빨병신 오줌병

신으로 비하하고 ▶⑩번 詩, [누나]는 없는 누나를 부르며 외로움을 토로하기도 한다. ▶⑪번 詩, [겨울 햇빛]은 아내 김영주만 오래 건강하게 살고 원만 속에 흥업한다면, 즉 아내의 건강과 〈토지문화관〉만 잘 된다면 김 시인 자신은 죽어도 좋다고 한다.

따라서 〖단원2〗의 시 6편을 종합하면 바깥세상에서는 김지하를 영웅으로 알고 있다. 그러나 아내(김영주)에게서 존중받지 못하는 남편 김지하는 정말 비참하였다. 그래서 그의 심정은 죽음의 문전에 이르며 진정으로 죽고 싶어 한다. 다만 바라는 것은 아내가 건강을 회복하여 오래 살고 흥업(興業)에 있는 〈토지문화관〉사업이 잘 되는 것뿐이라고 생각한다. 이렇게 김 시인의 절망감은 절정에 이르렀다.

단원3, "고맙다! 모시겠다! 아아 유리여!"

⑫ **2016년 12월 3일**

정역(正易)이 말한 / 4천 년 유리의 시작이 / 틀림없다 / 한 겨울의 아침 햇 빛! / 처음이다 / 박근혜 대통령 탄핵사태 / 최순실 사태로 / 인해 / 아내가 / 나에게 / 말도 안하던 한 달여 만에 / 어제 // 내 밤 인사에 단 한 마디 / 대답 / "네에" / 아아아 / 말! // 유리다 / 〈中略〉 나 / 이제 // 방안에서 공부나 하고 책이나 쓰고 / 일절 말없이 살면서 / 그래 / 아니, 그것조차 버리고 / 그림만 그리며 / 새 세상을 기다리겠다 // 새 세상 / 아아!
　　　　　　　　　　　　　　　　　　　　　　　－ (140~141쪽) 〈**유리**〉

⑬ 2016년 12월 8일

건대 강의 / 끝났다 / 날씨 전체가 흐리다 / 그러나 // 아내가 러시아로 떠나고 // 무사하기를 빌고 빌면서 나는 또 / 아침에 / 감악산으로 / 가리파를 넘는다 // 가자 / 죽는 날까지 // 그림과 / 산 // 둘뿐이다 / 어린 시절의 한(恨) / 돌아간다.

― (148~149쪽) 〈**흐린 유리2**〉

⑭ 2016년 12월 11일

용두산 밑 / '기남이 길'을 넘으며 내내 기이하다 // 어째서 / 유리를 주의해야 하는가? // 이 밝고 밝은 / 기이한 겨울날에 / 궁예의 바위 / 큰 곰바위 앞 / 육조혜능계 선종의 / 금선사 입구 / 돌 미륵상이 / 히히히 / 누군가를 보고 웃고 있다 / 방향을 살펴보니 / 궁예의 / 큰 곰바위 / 왜 / ?

― (152~153쪽) 〈**흐린 유리5**〉

⑮ 2016년 12월 18일

박 정권 옹호 시위가 한창이다 // 촛불유리가 / 흐려졌다 // 춘분 추분의 4천 년 유리세계가 / 오늘 / 매우 흐리다 // 이러다 / 오후엔 / 오후엔 해가 뜨려나? // 나는 / 여자를 옹호하고 싶다 / 여자가 우뚝 나서라! / 지난 두 달간 내게 말도 안하던 / 아내가 내게 / 어제부터 말한다 / 오늘 아침 / 밥도 같이 먹었다 // 내 마음의 할 말은 이것 / 고맙다 / 모시겠다 // 아아 // 유리!

- (157~158쪽) 〈**흐린 유리8**〉

⑯ **2016년 12월 19일**

아내가 / 문화관에 출근하며 / 멀리서 / 소리 지른다 / '나 가요오-' // 내가 대답했다 / '네에, 안녕히 다녀오세요' // 더 / 할 말 없다 / 하늘에 태양이 눈부시다 // 그것 / 또한 / 화안한 보름달!

- (159쪽) 〈**흐린 유리9**〉

⑰ **2016년 12월 20일**

다섯 줄로 / 내 마지막 詩를 쓴다 / 마지막 운 / 나 / 아내를 모심.

- (159쪽) 〈**다섯 줄**〉

〖**단원3 해설**〗

나의 아내 '김영주'를 지극정성으로 모시련다!

▶⑫번 詩 [유리]. 박근혜 대통령 사태로 인해 말도 안하던 한 달여 만

에 아내가 "네"라고 대답을 했다. 사천 년 '유리'의 시작이 틀림없다. 김 시인 자신은 이제 그림만 그리며 새 세상을 기다리려고 한다. ▶⑬번 詩, [흐린 유리2]는 아내도 건강이 어느 정도 회복되어 러시아 여행을 떠났다. 자신도 기운이 돌아와 감악산으로 가리파를 넘는다. 죽는 날까지 그림, 산, 두 가지 뿐이다. 어린 시절의 한(恨)으로 돌아간다. ▶⑭번 詩, [흐린 유리5]는 금선사 입구 돌 미륵상이 누군가를 보고 웃고 있다. 방향을 보니 궁예의 큰 곰바위다.

▶⑮번 詩, [흐린 유리8]은 김 시인은 여자를 옹호하고 싶다. 여자가 우뚝 나서라! 지난 두 달간 자신에게 말도 안하던 아내가 어제부터 말한다. 오늘 아침 밥도 같이 먹었다. 김 시인 마음의 할 말은 이것! 고맙다! 모시겠다! ▶⑯번 詩, [흐린 유리9]는 아내가 〈토지문화관〉에 출근하며 "나가요~"한다. 그래서 김 시인이 대답했다. "네에 안녕히 다녀오세요" 하늘에 태양이 눈부시다. ▶⑰번 詩, [다섯 줄]은 김 시인이 마지막 시를 쓴다. 마지막은 김지하! "아내를 모심!"이로다.

『단원3』의 詩 6편을 종합하면 절언(絶言) 한 달 만에 아내가 대답한 "네" 단 한마디에 김 시인의 마음은 절망에서 기쁨으로 180도 반전한다. 김 시인은 기력을 회복하여 그가 동정하는 '궁예의 바위'를 찾아갔다. 돌부처가 '궁예'를 바라보며 웃는 것 같다. 마치 돌부처가 자신을 축하하며 웃는 것 같이. 아내도 건강이 어느 정도 회복되어 러시아 여행을 떠났다.

김 시인은 아내의 무사여행을 빌고 또 빌며 자신도 힘이 나서 산에

오른다. 그렇게 1박 2일로 러시아를 다녀온 김영주는 이제 말을 하기 시작했고 밥도 같이 먹었다. 김 시인은 아내가 너무도 고맙고 고마웠다. 그래서 아내를 모시기로 결심한다. 시인으로서 김지하가 이 세상에서 마지막으로 쓴 시(詩)인 '다섯줄'에서 "아내를 모심"이라는 '다섯 자'로 끝을 맺는다. 김 시인에 있어 아내 〈김영주〉는 화평한 '유리세계' 그 자체였다.

김지하 부부 묘소

제4장.
책을 마치며~

김지하 시인은 다른 인생을 살수도 있었으리라!

　김 시인이 이 세상을 떠난 후 나는 때때로 그를 생각하며 안타까움을 금치 못한다. 그의 인생을 생각할 땐 더욱 가슴이 먹먹해진다. 그의 인생은 비범하였지만 처절하였다. 그는 평화를 사랑하였으나 평화로운 적이 없었고, 정의를 사랑하였으나 정의롭게 대접 받은 적이 없었고, 인간을 사랑하였으나 사랑을 받은 적이 없었고, 자유를 사랑하였으나 자유롭지 못하였다. 그는 쫓기고 고문당하고 투옥되고 가족들로부터 격리되고 병들고 때론 오해도 당하였다. 김지하의 저서와 담론에서 '행복'이라는 단어는 보이지 않는다. 아니 2016년 6월 2일에 쓴 '없음'이라는 시에서 단 한번 '행복'이란 단어를 썼을 뿐이다.

- 없음 -

대낮 / 창밖에 / 하늘 있고 산 있고 / 수풀 있고 / 또 있다 / 집 있다 / 사람도 / 인생도 // 개똥도 / 소똥도 더러운 정치도 이념도 전쟁도 있다 // 다 있으니 / 없는 것 없으니 참 좋구나 // 행복 빼고 없는 것 하나도 없으니 /

내가 생각하는 인생 / 그런 건 어디에도 없고 // 주머니에 / 한푼 돈도 없고.
- ['흰 그늘' 시집](48~49쪽)

지하 형은 자신에겐 '행복'이 없었고 자신이 생각하는 인생도 없었다고 쓰고 있다. 그는 꼭 그렇게 살아야 할 운명이었단 말인가? 정말 인간에게 운명이라는 것이 있는 것일까? 정녕 그에게 다른 삶은 없었을 것인가? 나의 어리석은 생각이겠지만 거창하게 말할 것도 없이, 단지 미술대 미학과가 문리대로 오지 않고 그냥 미대에 그대로 머물러 있었다면 김지하의 인생은 많이 달라졌을 것이라는 생각이 문득 떠오른다.

그가 미대에 머물렀다면 서양미술이든 동양미술이든 조각이든 디자인이든 시각예술에 심취했을 것이고 미술계의 거성으로 대성했을 것이다. 그는 어릴 때부터 그림그리기를 좋아하여 환쟁이가 되지 말라는 어머니로부터 매를 맞은 미술가로서의 천부의 소질을 지닌 사람이었다. 아니 그는 미술 뿐 만 아니라 문학, 미술, 노래, 연극 등 예술 분야에서 무엇이라도 뛰어나게 잘 할 수 있는 재능을 지니고 태어난 천재였다.

김지하가 천재라는 사실에는 아무런 이의가 없었다!

김지하를 진정으로 잘 아는 지인들은 그와 친하거나 덜 친하거나 상관없이 그가 천재라는 사실에는 아무런 이의가 없다. 그는 대학 시절 기가 막히게 글도 잘 지었고 글씨도 잘 썼으며 그림도 잘 그렸고 노래도 잘 불렀다. 그의 수많은 재능 중에서 그가 처한 환경에 의해 그 중 한 두 가지가 발휘되는 것이었다. 그가 문리대로 왔기 때문에 자유 분망한 학풍(學風) 속에서 글을 쓰고 말을 하는 시인이 되었고 담론가가 되었고 사상가가 되었다. 그리고 그의 시와 담론과 사상은 세상을 움직였다.

그가 만약에 미대에 머물러 있을 수 있었다면 그는 화가가 되거나 조각가가 되거나 디자이너가 되어서 또한 세상을 진동시켰을 것이다. 그래서 상상해 본다. 화가 김지하! 그는 한국의 미켈란젤로가 되고 피카소가 되어서 불후의 명작을 남겼을 것이다. 그렇게 되었으면 김지하의 명성은 지금과 같겠지만 그의 삶은 좀 더 편안하고 풍요로웠을 것이다.

그리운 지하 형! 왜 하필이면 '문리대생'이 되었습니까? 그래서 문사철(文史哲)의 기인(奇人)들을 친구로 사귀어, 데모에 앞장서고 유신독재에 정면으로 맞서 싸우다 고생, 고생, 만고생으로 추위와 더위와 독거(獨居) 감방의 적막을 견뎌야 했습니까? 그리하여 죄 없는 가족들까지 가난과 불안과 눈물 속에 쳐 박은 인생을 살아야했습니까? 세상 사람들이 천재는 절대 개념이라 해서 왈가왈부하지 않는다고 하니 나 또한 어찌 지하 형을 가름하리까?

지하 형께 나의 졸시 한편을 바친다!

아무쪼록 나의 이 졸저가 '김지하'의 진면목의 일부나마 올바르게 알리는 길라잡이가 되기를 희망한다. 이제 아쉽지만 이 책을 마감하면서 나의 졸시 한편을 지하 형에게 띄우려고 한다. 이 세상을 비범하게 살다간 비상한 시인이었던 지하 형에게 드리는 아우 '옥삼'이의 첫 시이다. 하지만 이것이 곧바로 추모 시가 되고 있음을 안타까워하며 한탄한다.

원주 행구 수변공원

참으로 그리운 지하 형!
이쪽 세상처럼 '오적'도 없고
사악한 '편가르기'와
'시기'도 '음모'도 '감옥'도 없는
그쪽 바른 정토세계에서
이제 부디 푹 쉬옵소서!

우리 그 '박달재'에서
언젠가 다시 만날 때까지~
이 세상의 '옥삼'이는

'타는 목마름으로'
'황톳길'과 '살림길'에서
자전거 페달을 밟으면서
참으로 간절히 비옵니다!

그리운 님이여
어서 빨리 돌아오소서
'아우라지 美學의 길'
홀로 다시 걸어오시는 날
정선 '연포' '골덕내' '나리소'와
원주 흥업 '매지리' '대안리'에
'생명'의 꽃비가 폴폴 흩날리리라!

오! '흰 그늘'이여
아! '우주생명학'이여
그래서 정녕 찬란하리라
이제 '海印의 美學'을 쫓아서
우리 함께 '춤추는 바다'로
또 '흰 그늘의 미학'을 찾아서
신문명의 길, 바로 당신의 길을
힘차게 줄기차게 달려가리라!

2023년 5월 눈부신 신록은 다시 왔는데~
- 지하 형을 그리는 '옥삼'이가 -

온북스
ONBOOKS